质检普法丛书

ZHIJIAN PUFA CONGSHU

通用法律基础教材

Tongyong Falü Jichu Jiaocai

国家质量监督检验检疫总局法规司 编

中国质检出版社
中国标准出版社
北京

图书在版编目（CIP）数据

通用法律基础教材/国家质量监督检验检疫总局法规司编 . —北京：中国质检出版社，2015.2（2015.6 重印）

（质检普法丛书）

ISBN 978 -7 -5026 -4017 -0

Ⅰ. ①质…　Ⅱ. ①国…　Ⅲ. ①质量检验—法规—中国—教材　Ⅳ. ①D922.292.5

中国版本图书馆 CIP 数据核字（2014）第 146253 号

中国质检出版社
中国标准出版社　出版发行

北京市朝阳区和平里西街甲 2 号（100029）

北京市西城区三里河北街 16 号（100045）

网址：www. spc. net. cn

总编室：(010)68533533　发行中心：(010)51780238

读者服务部：(010)68523946

中国标准出版社秦皇岛印刷厂印刷

各地新华书店经销

*

开本 700 × 1000　B5　印张 15　字数 341 千字

2015 年 2 月第一版　2015 年 6 月第二次印刷

*

定价 **65.00** 元

质检普法丛书编委会

前　言

普法是建设法治质检的重要基础性工作。为做好质检系统“五五”普法工作，2008 年 4 月国家质检总局组织编写了全国质检系统普法专用教材。教材的出版对增强质检系统干部职工法律素质和法治意识，提高依法行政能力和水平发挥了重要作用。为深入推进质检系统“六五”普法工作，在进一步梳理质检法律法规规章基础上，国家质检总局于 2013 年启动了普法专用教材的修订工作。

党的十八届四中全会对全面推进依法治国做出战略部署，开启了建设法治中国新航程。当前，以质检法律、行政法规为主干，以部门规章为基础，以地方法规规章为补充的质检法律规范体系已经初步建立。质检法律规范体系所确立的法定职责、行为规范和工作制度，为质检依法履职尽责，为质检事业的发展壮大，为坚定走中国特色质检之路奠定了坚实基础。强化质检普法工作是构建质检法治保障体系的重要组成部分，是推动质检法治实施体系高效运行的重要手段和措施。以贯彻落实四中全会精神为契机，经系统全面修改和完善，现正式出版《质检普法丛书》。

《丛书》吸收了社会主义法治研究的最新理论成果，对法律基础知识部分进行了更新，使法律基础理论与时俱进，理论常新；及时补充完善了近年来新颁布实施的质检法律法规相关内容，使质检法律制度内容更加全面和丰富。同时，基于教材内容组织编制了配套试题库，供质检系统领导干部法律知识测试，行政执法人员考试等选择使用，提升教材使用效能。

我们相信，教材修订是因时而需，应需而为。新版教材一定会为质检系统全面推进依法行政、依法治检，有效提高干部职工遵法守法用法的法治理念和法治思维做出应有的贡献。

编　者

2015 年 1 月

目　　录

第一篇　法理学、《宪法》基础知识

第二篇　行政法律制度

第一篇

法理学、《宪法》基础知识

第一章　法理学基础知识

第一节　法的一般原理

一、法的概念

（一）法的定义

法是由国家制定、认可并由国家强制力保证实施的规范体系。法是国家意志的体现，由社会物质生活条件决定，其目的在于确认、保护和发展国家所期望的社会关系、社会秩序和价值目标。在阶级对立社会，法体现的国家意志实质上是统治阶层的意志。

法在很多场合与法律通用。在我国，广义的法律包括作为国家根本法的宪法，全国人民代表大会及其常务委员会制定的法律，国务院制定的行政法规以及其他国家机关制定的地方性法规、自治条例和单行条例、规章等。狭义的法律仅指全国人大及其常委会制定的法律。

（二）法的特征

1. 法是调整人们行为的社会规范，即法具有规范性

法是一种社会规范。法的规范性体现在它为人们的行为提供了一个模式、标准和方向，其内容具有概括性，并且能够反复适用。而作为一种社会规范，法仅仅约束和调整人的外在行为。法的这一特征使法既区别于思想意识、社会舆论等其他社会调整手段，又区别于非规范性的决定、命令，如法院判决。

2. 法是出自国家的社会规范，即法具有国家意志性

法是由国家专门机关制定或认可的。所谓国家制定，是指国家机关通过立法活动产生规范性法文件。所谓国家认可，是指国家承认或赋予某种习惯、判例、法理具有法律效力。从产生途径上看，法是以国家名义允许、要求或禁止人们作出某种行为，具有国家意志的属性。法的这一特征使法区别于政党的章程、道德规范、宗教规范等其他社会规范。

3. 法是具有普遍性的社会规范

法具有普遍性，包括普遍有效性、普遍平等对待性和普遍一致性。所谓普遍有效性，是指法在其管辖范围内具有普遍的效力和约束力。所谓普遍平等对待性，是指法律面前人人平等，任何单位和个人都不具有法外之权。所谓普遍一致性，是指尽管有民族性和地域性特点，但法的内容总体上与人类的普遍要求相一致。

4. 法是规定权利和义务的社会规范

法通过权利和义务的设定与运行实现对人们行为的调整，因而法的内容主要表现为权利和义务。这是法区别于其他社会规范的又一特征。法所规定的权利和义务是相对应的。一般来说，一方的权利，意味着其他有关方面承担的义务。反之亦然。没有无权利的义务，也没有无义务的权利。而道德规范、宗教规范等社会规范，基本上是义务性的，不包含权利内容。政党章程虽然也有权利和义务的内容，但权利和义务并不构成其主要内容。

5. 法是由国家保证实施的社会规范

任何一种社会规范都有保证其实施的社会力量。但不同规范的强制性在性质、范围、程度和方式方面不尽相同。法由国家强制力保证实施。法的国家强制性既表现为国家对违法行为的否定和制裁，也表现为对合法行为的肯定和保护。需要强调的是，法由国家强制力保证实施，是指国家强制力是法实施的最后一道防线，并不意味着法的每一个实施过程都要借助国家暴力，也不意味着国家强制力是保证法实施的唯一力量。社会成员的自觉遵守，也是法实施的重要方式。

（三）法的本质

对于法的本质，学者有过多种解释。自然法学将法的本质归结为人的理性，认为法的终极目标是实现公平正义，世界上存在着一个理想和绝对的完美法律，它是一切法律的基础。分析法学认为，实在法之外没有超越性的理想法存在，法是主权者的命令。社会法学认为，法可以是“非国家的法”和“行动中的法”，即法并不限于国家制定或认可，它还包括一切社会生活中通行的、能够有效约束人们行为的规范，以及现实中的各种法律行为和法律活动。

根据马克思主义法学理论，法的本质可以从以下两个方面来概括：

1. 法是国家意志的体现

法是以国家政权意志形式出现的，具有正式性，即国家性。在阶级对立社会，法首先和主要体现了统治阶层的意志。但即便如此，在统治阶层形成共识的过程中，其他阶层的意见和利益并不能被完全排除。由于法调整的社会关系的复杂性，法在处理社会公共事务，执行社会职能时，往往以反映全社会利益的面目出现，具有广泛的社会性。

2. 法最终决定于社会物质生活条件

法是人们有意识创造的，而人的意识是由生活在其中的社会物质生活条件所决定的。因此，法是建立在一定社会经济基础之上的上层建筑的一个重要组成部分。法的性质和发展由经济基础决定，反过来，又对经济基础具有能动作用。这就要求国家在立法时注意现实的经济条件以及相应的经济规律。此外，法的内容还要受到经济以外诸多因素不同程度的影响，如地理环境、人口状况、历史传统、国家形式、道德、文化、民族、宗教、风俗习惯乃至国际环境等。

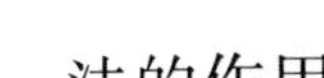

二、法的作用

（一）含义与分类

法的作用，是指法对人的行为、社会生活和社会关系所产生的影响。

根据作用对象和形式不同，法的作用可以分为规范作用和社会作用。法的规范作用是指法作为行为规则，直接作用于人的行为所产生的影响。法的社会作用是指法作为社会关系调整器对社会所产生的影响。法的规范作用是法作用于社会的特殊形式，社会作用则是法规制和调整社会关系的目的。法的规范作用具有形式性和表象性，社会作用则具有内容性和本质性。

（二）法的规范作用

1. 指引作用

指引作用是法首要的规范作用，指法所具有的能够为人们的行为提供一个既定的模式，从而引导人们在法所允许的范围内从事某种社会活动的作用。这里，行为的主体是自己。通过法的指引，人们可以选择如何行为或不行为。

2. 评价作用

评价作用指法作为一种行为标准，具有判断、衡量他人行为合法与否的评判作用。这里，行为的对象是他人。在现代社会，法越来越成为评价人们行为的基本准则。

3. 预测作用

预测作用指凭借法的存在，可以预先估计到人们相互之间将如何行为，以及会产生怎样的行为后果，进而根据这种预知对自己的行为作出合理的安排。法的预测作用的对象是人际之间的互动关系。法的预测作用是社会秩序的基础。

4. 教育作用

教育作用指通过法自身的存在和实施，对社会公众产生广泛的影响和启发，起到一种示范和示警的作用。法的教育作用对于提高全社会法律意识，促使公民自觉遵守法律具有重要意义。

5. 强制作用

强制作用指通过制裁违法犯罪行为来加强法的权威性、保护人们的正当权利、强制人们遵守法律。强制作用的对象是违法者。

（三）法的社会作用

法的社会作用涉及政治生活、社会经济生活、思想文化生活等多个领域，总的来说，可以分为对国家治理的作用和对社会管理的作用。

1. 法对国家治理的作用

法对国家的存在和国家职能的正常发挥至关重要。

（1）法确立国家的政治格局。一个国家的阶级属性、政权结构形式、国家政治生活的基本准则、社会经济制度等重大问题，都必须以法的形式解决，否则，国家很难正常运转。确立国家政治格局的任务主要通过宪法来实现。

（2）法维护国家权力的运行秩序。在现代社会，国家职能的实现依赖于国家公共权力。要维护国家权力的运行秩序，则必须由法对此作出合理规定和设计。概括起来，法对此有三个方面的作用：授予权力以解决其合法性；分配权力以形成相互制衡；调控权力以发挥其功用。

2. 法对社会管理的作用

（1）维护社会秩序与稳定。法对社会秩序与稳定所起的作用表现在各个方面。法必须维护一个良好的生活秩序。如，通过禁止和惩罚犯罪保证人身安全；通过制定交通规则保证出行安全等。法还必须维护市场经济安全，保护社会公平和国民经济正常运行。如，为市场经济活动确立规则，维护平等有序的竞争秩序；运用税收、金融等机制对市场活动进行调节和约束等。

（2）保障社会发展与进步。法不仅仅是消极的禁止和惩罚，还必须为社会提供积极的管理和服务，保障公民的经济、社会、文化权利的实现，促进人的进步和社会的全面发展。如，通过设定职权和责任督促政府积极作为，为社会提供全方位服务；健全社会保障制度，保护劳工权益，救助社会贫弱；注重科学、教育、文化事业发展；注重环境保护，实现人与自然和谐发展等。

（3）解决社会纠纷和争端。在现代社会，法是最权威和最公平的纠纷解决机制。它代表国家，由专业而冷静的职业人员主持，在严格的程序下进行，当事人在法律面前一律平等。

（四）法的局限性

随着社会的发展进步，法在国家治理和社会管理中发挥着越来越大的作用。但法不是万能的，法有其不可克服的局限性。就法自身而言，法的作用范围有限，法相对于社会生活总是落后和不全面的，法的概括性规定会带来个案处理的不公正。就法的实施而言，法的适用是以事实的确定为前提的，但有些案件事实难以确定甚至无法确定。法的实施效果取决于很多法外因素，且运用成本相对较高。因此，在强调法的作用的同时，还必须重视道德教育，关注行业自律，树立其他社会规范的权威，形成在法主导下的多元化调控。

三、法的要素

法是由若干部分构成的一个统一体。构成法的整体的各个主要组成部分，称为法的要素。一般认为，法由法律概念、法律原则和法律规范三个要素构成，法律规范是法的主体。

（一）法律概念

法律概念是法律上规定的或人们在法律推理中通用的概念。如产品质量法第四十六条“本法所称缺陷，是指产品存在危及人身、他人财产安全的不合理的危险；产

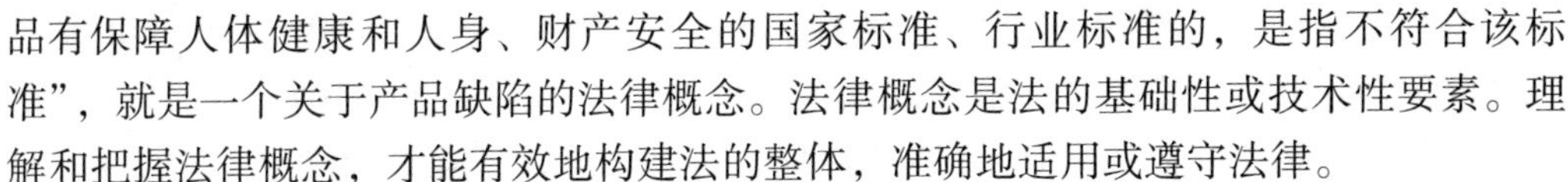

品有保障人体健康和人身、财产安全的国家标准、行业标准的，是指不符合该标准”，就是一个关于产品缺陷的法律概念。法律概念是法的基础性或技术性要素。理解和把握法律概念，才能有效地构建法的整体，准确地适用或遵守法律。

（二）法律原则

法律原则是法律上规定的可作法律规范的基础或本源的综合性、稳定性的原理和准则。如“维护社会主义法制的统一和尊严”，就是《中华人民共和国立法法》（以下简称《立法法》）的重要原则。法律原则是法的基本性质、基本内容和基本价值取向的集中反映，对法律的解释和推理有直接的作用。法律原则不仅可以指引人们如何正确适用法律规范，而且在没有相应规范时，可以代替规范来作出裁决。

（三）法律规范

法律规范，又称法的规则，是调整人与人之间一定社会关系的行为规范。

1. 法律规范的逻辑结构

法律规范通常有严密的逻辑结构。对法律规范的逻辑结构的分析，法学界主要有以下两种代表性的观点：

（1）三要素学说。该学说认为法律规范由假定、处理、制裁三部分构成。假定是法律规范中指出适用这一规范的条件或范围；处理是法律规范所要求的作为和不作为；制裁是指法律规范所规定的主体违反规范规定所应当承担的法律责任。近年来又有新的三要素学说，即认为法律规范由假定、处理、法律后果构成，或者由假定、行为模式和法律后果构成。

（2）二要素学说。二要素学说是在三要素学说的基础上形成的一种学说，这里作重点介绍。二要素说认为，每一法律规范都由行为模式和法律后果两要素构成。行为模式是法律规范中为主体如何行为提供标准或准则的范式。大体可分为三类：可以这样行为；应该这样行为；不应该这样行为。这三种行为模式分别对应三种行为规范：授权性规范；命令性规范；禁止性规范。后两类可以合称义务性规范，即通常所说的“令行禁止”。法律后果是法律对主体的具有法律意义的行为赋予的某种后果。大体可分为两类：其一是肯定性法律后果，即法律承认这种行为合法、有效并加以保护或奖励。其二是否定性法律后果，即法律不承认或禁止这种行为，并予以撤销或制裁。

需要指出的是，法律规范与法律条文是既相互联系又相互区别的两个概念。法律规范是法律条文的内容，法律条文是法律规范的表现形式。并不是所有的法律条文都直接规定法律规范，也不是任何条文都完整地表述了一个规范。法律规范逻辑结构中的行为模式和法律后果可以体现在同一法律条文、同一法律中，也可以体现在不同法律条文、不同法律中。

2. 法律规范的分类

法律规范一般分为如下几类：

（1）按法律规范所设定的行为模式不同分类

即分为授权性和义务性两种规范，或者授权性、命令性和禁止性三种规范。

授权性规范是指授权或者允许主体可以这样行为的规范。通常采用“可以”、“有权”、“有……自由”的表述。按其内容又可分为两种形式。其一是授予国家机关、公职人员某种权力（职权），如《行政处罚法》规定“行政机关在收集证据时，可以采取抽样取证的方法”。其二是授予公民或其他社会组织某种权利，如《中华人民共和国宪法》（以下简称《宪法》）规定“中华人民共和国公民有言论、出版、集会、结社、游行、示威的自由。”

义务性规范是指规定主体必须为或者不得为一定行为的规范，也可分为两类。其一是命令性规范，又称积极义务，通常采用“应当”、“必须”的表述。其二是禁止性规范，又称消极义务，通常采用“不得”、“禁止”的表述。如《中华人民共和国产品质量法》（以下简称《产品质量法》）规定：“产品质量应当检验合格，不得以不合格产品冒充合格产品。”

（2）按法律规范效力强弱或刚性程度不同分类

即分为强制性和任意性规范。

强制性规范指不问主体意愿如何必须加以适用而不得违反或变通的规范。义务性规范通常属于强制性规范。公法如《刑法》、《行政法》、《诉讼法》等，主要涉及社会公共利益，其中的强制性规范较多。

任意性规范指适用与否由主体自行选择的规范。授权性规范多属任意性规范。私法如民商法等，主要涉及私人利益，任意性规范较多。但授权性规范并非任意性规范的另一种说法，授予国家机关职权的规范就不具有任意性。

（3）按法律规范内容的确定性程度不同分类

即分为确定性、委托性和准用性规范。

确定性规范明确规定一定行为规范，不必再援用其他法律规范。这是法律规范最常见的形式。

委托性规范并未规定具体行为规范，而是委托（授权）其他机关加以规定。如《中华人民共和国计量法》（以下简称《计量法》）第九条关于“实行强制检定的工作计量器具的目录和管理办法，由国务院制定”的规定，就属于委托性规范。

准用性规范没有规定具体行为规范，而是明确规定可以或应当依照、援引或参照其他法律或法律条文。如《棉花质量监督管理条例》第三十八条关于“毛、绒、茧丝、麻类纤维的质量监督管理，比照本条例执行”的规定，就属于准用性规范。

四、法律关系

法律关系是法律规范在调整人们行为过程中所形成的法律上的权利和义务关系。法律关系以现行法律的存在为前提，以法律上的权利和义务为内容，以国家强制力为保障。

法律关系具有三个构成要素：主体、内容和客体。

（一）法律关系主体

法律关系主体，又称权利主体或权义主体，即法律关系的参加者，是法律关系中

一定权利的享有者和一定义务的承担者。其中享有权利的一方称为权利人，承担义务的一方称为义务人。

1. 法律关系主体的类别

中国法律关系主体主要有以下三类：

（1）自然人。自然人包括中国公民、居住在中国境内或在境内活动的外国公民和无国籍人。公民是自然人中最基本的法律关系主体，能够参加多种法律关系，如财产、婚姻、劳动、行政等。一些重要的法律关系只能由公民参加，如选举法律关系。居住在中国境内或在境内活动的外国公民和无国籍人参与法律关系的范围是有限制的，具体由我国法律以及我国与其他国家签订的国际条约确定。

（2）法人和非法人组织。法人是具有民事权利能力和民事行为能力，依法独立享有民事权利和承担民事义务的组织。法人应当具备四个条件：依法成立；有必要的财产或经费；有自己的名称、组织机构和场所；能独立承担民事责任。《中华人民共和国民法通则》（以下简称《民法通则》）把法人分为企业法人和机关、事业单位、社会团体法人。其中，机关法人包括权力机关、行政机关、审判机关和检察机关等，它们在其职权范围内活动，能够成为宪法关系、行政法关系、诉讼法关系等多种法律关系的主体。机关法人也可以以民事法律关系主体的身份参加民事法律关系，只是，此时其活动不具有行使职权的性质。非法人组织不具备法人条件，但也是依法享有法律权利的组织，如企业的分支机构享有依法经营权、名称权等。

（3）国家。国家作为一个整体，是某些重要法律关系的参加者。国家作为主权者既可以是国际公法关系的主体，也可以直接以自己的名义参加国内的法律关系，如成为国家所有权关系的主体。

2. 权利能力和行为能力

公民和法人要成为法律关系的主体，享有权利和承担义务，就必须具有权利能力和行为能力，即具有法律关系主体构成的资格。

（1）权利能力。权利能力是权利主体享有权利和承担义务的能力，它反映了权利主体取得一定权利和承担一定义务的法律资格。权利能力依据享有权利能力的主体范围不同，可以分为一般权利能力和特殊权利能力。一般权利能力是一国所有公民都能享有的，如民事权利能力，中国公民从出生时起到死亡时止，具有民事权利能力。特殊权利能力是公民在特定条件下具有的法律资格，如国家机关及其工作人员行使职权的资格。

（2）行为能力。行为能力是法律关系主体能够通过自己的行为实际取得权利和承担义务的能力。行为能力是将权利能力的可能性化为现实性的一个重要条件。行为能力必须以权利能力为前提。但公民有权利能力却并不一定有行为能力。《民法通则》根据是否达到法定年龄、智力是否健全、能否对自己的行为负完全责任将公民分为完全民事行为能力人、限制民事行为能力人和无民事行为能力人。

① 18 周岁以上的公民是成年人，具有完全民事行为能力；16 周岁以上不满 18 周岁的公民，以自己的劳动收入为主要生活来源，视为完全民事行为能力人。

② 10 周岁以上的未成年人是限制民事行为能力人，可以进行与他的年龄、智力相适应的民事活动；不能完全辨认自己行为的精神病人是限制民事行为能力人，可以进行与他的精神健康状况相适应的民事活动。其他民事活动由其法定代理人代理，或者征得其法定代理人的同意。

③ 10 周岁以下的未成年人，不能辨认自己行为的精神病人是无民事行为能力人，由其法定代理人代理民事活动。

社会组织的行为能力与权利能力相伴始终。自然人的行为能力一般通过自身实现，法人的行为能力则通过其法定代表人实现。

责任能力是行为人因违法而承担法律责任的能力，是行为能力的特殊表现形式。一般的，如果一个人具有行为能力，就相应地具有责任能力。在刑事和行政法律关系中，责任能力具有独立的意义，表现为行为人具有了解自己行为性质、意义和后果，并自觉控制其行为和对其行为负责的能力。《中华人民共和国刑法》（以下简称《刑法》，和《中华人民共和国行政处罚法》（以下简称《行政处罚法》）对行为人的责任能力有年龄和智力方面的特殊规定。如《行政处罚法》规定："不满 14 周岁的人有违法行为的，不予行政处罚，责令监护人加以管教；已满 14 周岁不满 18 周岁的人有违法行为的，从轻或者减轻行政处罚。""精神病人在不能辨认或者不能控制自己行为时有违法行为的，不予行政处罚，但应当责令其监护人严加看管和治疗。间歇性精神病人在精神正常时有违法行为的，应当给予行政处罚。"

（二）法律关系内容

法律关系内容是法律权利和法律义务。

1. 法律权利

法律权利又称法定权利，是指法所确认和规定的权利人所享有的某种权能。包括权利享有者按照自己的意愿，在法规定的范围内作出一定的行为；要求他人（义务承担者）为或不为一定行为；当受到不法侵害时依法请求国家强制力予以保护等。法律权利根据权利主体的不同，通常分为公民的权利和国家机关及其公职人员行使公务时的职权。前者又称私权利，后者又称公权力或职权。对私权利而言，法无限制即自由。对公权力而言，法无授权即无权。

2. 法律义务

法律义务是法所规定的义务人承担的某种必须履行的责任。法律义务的特点是必要性。义务人必须为或不为某种行为，否则权利人的权利就不能实现。如果义务人不履行义务，就可能受到国家强制力的制裁。法律义务根据主体的不同，也可以相应地分为公民的义务和国家机关及其公职人员的义务。

3. 法律权利和法律义务的关系

法律权利和法律义务是对立统一的关系。

（1）法律权利与法律义务是法律主体交互行动中两个相互分离、内容对立的成分和因素。权利意味着一定的行为自由，而义务则意味着行为的约束。在总量不变的情况下，权利和义务成反比。

(2) 法律权利与法律义务之间相互依存，有不可分割的联系。首先，权利主体的权利实现离不开义务主体的配合。其次，权利主体享有行动自由的同时往往也要承担一定的义务，没有无限度的义务，也没有无限度的权利，权利的限度就表现为权利主体进行自我约束的义务。第三，权利和义务具有价值的一致性和功能的互补性。权利直接体现法的价值目标，义务保障价值目标和权利的实现。义务因其特有的约束机制而更有助于建立秩序，权利以其特有的利益导向和激励机制而更有助于实现自由。

（三）法律关系客体

法律关系客体是指法律关系主体之间权利和义务所指向的对象。大致可分为以下四类：

1. 物

法律意义上的物，是指法律关系主体所支配的、在生产和生活中所需要的客观实体。作为法律关系客体的物与物理意义上的物既有联系，又有区别。物理意义上的物要成为法律关系的客体，必须具备如下条件：要得到法律上的认可；能够被人类认识和控制；能够给人们带来某种物质利益，具有经济价值；具有独立性。

在中国，大部分天然物和生产物都可以成为法律意义上的物。但需要指出的是，以下四类物不得进入国内商品流通领域，不能成为私人法律关系的客体：人类公共之物或国家专有之物（如海洋、空气等）；文物；军事设施、武器（枪支、弹药等）；危害人类之物（如毒品、淫秽物品等）。

2. 人身

人身是指由各个生理器官组成的有机体。随着现代科技和医学的发展，输血、植皮、器官移植、精子提供等现象大量出现，使得人身不仅是人作为法律关系主体的承载者，而且在一定范围内成为法律关系的客体。但需要注意的是：①活人的身体不得视为法律上的物，不能成为物权、债权、继承权等的客体。拐卖人口、买卖婚姻，是法律所禁止的违法或犯罪行为。②权利人对自己的身体不得进行违法或有伤风化的活动。如，自残、自杀系法律所不提倡的行为，卖淫则属于违法行为。③对人身行使权利时必须依法进行，严禁对他人人身非法行使权利。如，有监护权的父母不得虐待未成年子女的身体。

3. 精神产品

精神产品主要指人们从事智力活动所取得的成果。如著作、发明、专利、商标、商业秘密等，通称知识产权。精神产品属于非物质财富，也称为“智力成果”或“无体财产”。

4. 行为结果

行为结果是指义务人完成其行为所产生的能够满足权利人利益要求的结果。这种结果一般分为两种：一种是物化结果，即义务人的行为凝结于一定的物体，产生一定的物化产品或营造物（如道路、桥梁）。另一种是非物化结果，即义务人的行为没有转化为物化实体，而仅表现为一定的行为过程，最后产生权利人所期望的结果。如家庭关系中父母对子女的抚养，演出合同关系中演员的表演，医患关系中医生的诊治等。

（四）法律事实

1. 法律事实的含义

法律事实是法律规范所规定的、能够引起法律关系产生、变更和消灭的现象。法律关系产生、变更和消灭的根据是法律规范。但是，一般情况下，法律规范仅仅是法律关系的产生、变更和消灭的前提。只有当法律规范中假定的事实发生时，才能引起法律关系的产生、变更和消灭。

2. 法律事实的种类

根据是否以权利主体的意志为转移，法律事实可以分为法律事件和法律行为。

（1）法律事件。法律事件是不以权利主体的意志为转移而引起法律关系形成、变更或消灭的客观事实。由于这种现象的发生，根据法的有关规定，便引起了法律关系的产生、变更和消灭。例如，人的出生，引起亲属法律关系的产生。人的死亡，又导致亲属关系的消灭和继承关系的产生等。

（2）法律行为。法律行为是以权利主体的意志为转移、能够引起法的后果的法律事实，包括合法行为和违法行为。合法行为是与法的要求一致的行为，如订立合同、登记结婚等。违法行为是与法的要求不一致的行为，如违约行为、侵权行为等。

五、法的演进

（一）法的起源与历史类型

法不是从来就有的，而是人类社会发展到一定历史阶段的产物。法是随着生产力的发展、社会经济的发展而产生的。法的产生是一个长期的社会历史过程，它经历了由氏族习惯到习惯法、又由习惯法到成文法的发展过程，经历了与道德规范、宗教规范浑然一体到逐步分化直至相对独立的发展过程。

迄今为止，人类社会依次出现过四种历史类型的法，即奴隶制法、封建制法、资本主义法和社会主义法。原始社会没有阶级和国家，因此也没有法，只有习惯、道德规范和宗教规范等社会规范。法的历史类型更替的根本原因是社会基本矛盾，即生产关系和生产力、上层建筑和经济基础之间矛盾的运动，更替的基本途径是社会革命。不同历史类型的法之间虽有本质区别，但新法是在旧法的基础上发展起来的，与旧法有批判的，也即有选择的继承关系。

（二）法系

1. 法系的含义

法系是西方学者根据各国法的特点、历史传统及其源流关系对法所作的分类。根据多数学者的观点，整个世界的法可以分为五大法系，即：中华法系、印度法系、伊

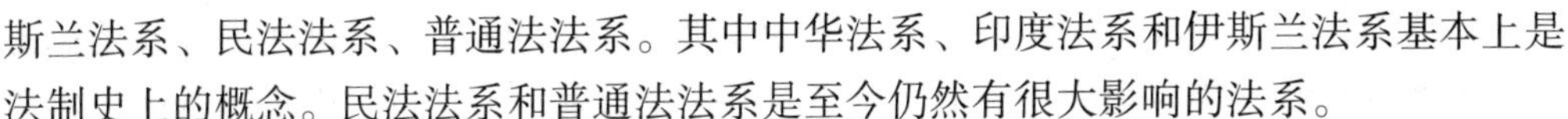

斯兰法系、民法法系、普通法法系。其中中华法系、印度法系和伊斯兰法系基本上是法制史上的概念。民法法系和普通法法系是至今仍然有很大影响的法系。

2. 民法法系

民法法系是以古代罗马法，特别是以十九世纪初法国民法典为传统发展起来的各国和地区的法的总称。由于该法系的影响范围主要是在欧洲大陆国家，特别是法国和德国，且主要法律的表现形式均为法典，因此又称大陆法系、罗马－德意志法系、法典或成文法系。属于这一法系的除欧洲大陆国家外，还有法国、德国、葡萄牙、荷兰等国殖民地以及因其他原因受其影响的国家和地区。

3. 普通法法系

普通法法系是指以英国中世纪的法律、特别是以普通法为基础和传统产生与发展起来的各个国家和地区的法律的总称。由于它主要渊源于英国普通法，以判例法为主要表现形式，在现代又由英国法和美国法两大分支构成，因此又称英国法系、判例法系、英美法系。这一法系的范围，除英国（不含苏格兰）以外，还包括曾为英国殖民地、附属国的许多国家和地区，如美国、加拿大、印度、新加坡、澳大利亚、新西兰及非洲个别国家和地区。

4. 民法法系与普通法法系比较

民法法系与普通法法系在法的本质、经济基础、基本原则等方面有共同之处，在现代也正发生着一些融合。由于他们各自产生发展的历史背景不同，又各有其特点。例如：

在法律思维上，民法法系属于演绎型思维，而普通法法系属于归纳式思维，注重类比推理。

在法的渊源上，民法法系以制定法为法的正式渊源，而普通法法系制定法和判例法都是法的渊源。

在法的分类上，民法法系国家一般都将公法与私法的划分作为分类的基础，而普通法法系则以普通法和衡平法为法的基本分类。

在诉讼程序上，民法法系采用纠问制，而普通法法系则采用对抗制。

在法典编纂上，民法法系的主要发展阶段都有代表性的法典，近代以来更是进行了大规模的法典编纂。普通法法系制定法的数量虽然也在不断增加，但从总体上不倾向进行系统的法典编纂。

此外，两大法系在司法体系、法律概念、法律适用技术等方面也都有许多差别。

第二节　法的制定

一、法的渊源

法的渊源，又称“法源”或“法律渊源”，是指法的效力来源，也即根据法的效力来源而表现的法的不同形式，如制定法、判例法以及习惯法、法理等。

当代中国正式意义上的法的渊源主要是以宪法为核心的各种制定法，包括：宪法，法律，行政法规，地方性法规，自治条例和单行条例，规章，以及军事法规和军事规章，特别行政区法和国际条约。作为我国法的渊源补充存在的还有政策、习惯、判例。

（一）宪法

宪法是国家的根本法，具有最高的法律效力。从内容上看，中国宪法规定了当代中国根本的社会、经济和政治制度，各种基本原则、方针、政策，公民基本权利和义务，各主要国家机关的组织和职权等，涉及社会生活各个领域最根本、最重要的方面。从效力等级上看，宪法具有最高的法律效力，一切法律、法规都不得与宪法相抵触。从制定程序上看，宪法制定和修改的程序最为严格。

（二）法律

法律分为基本法律和基本法律以外的法律。基本法律由全国人大制定和修改。全国人大闭会期间，全国人大常委会有权对其进行部分补充和修改，但不得同其基本原则相抵触。基本法律规定国家和社会生活中具有重大意义的问题，如刑事、民事、国家机构等。基本法律以外的法律由全国人大常委会制定和修改，规定国家和社会生活中某一方面的重要问题。两种法律具有同等效力。全国人大及其常委会就有关问题作出的规范性的决议或决定，与法律具有同等效力。法律的效力高于除宪法以外的其他形式的法。

（三）行政法规

行政法规是国务院根据宪法和法律制定的有关行政管理活动的规范性文件，其效力低于宪法和法律而高于其他形式的法。行政法规在中国法的渊源体系中起着承上启下的作用，规定的事项远比法律更广泛和具体。凡是为执行法律规定的事项，宪法规定国务院行政管理职权的事项，以及全国人大及其常委会授权的事项，都可以根据需要制定行政法规。

（四）地方性法规和自治法规

地方性法规是省、自治区、直辖市、较大的市（指省、自治区的人民政府所在地的市，经济特区所在地的市和经国务院批准的较大的市，下同）的人大及其常委会根据本行政区域的具体情况和实际需要，在不同宪法、法律和行政法规相抵触的前提下，依照法定的程序制定的规范性文件。地方性法规的效力低于宪法、法律和行政法规。较大的市的人大及其常委会制定的地方性法规效力低于本省、自治区的地方性法规。

自治法规是民族自治地方的人大根据当地民族的政治、经济和文化特点，依照法定权限和程序制定的自治条例和单行条例。其中自治条例是关于区域自治的基本组织原则、机构设置、职权和工作制度等重大事项的综合性法文件，单行条例是调整某一方面事项的法文件。自治条例和单行条例可以对法律和行政法规的规定作出变通规

定，但不得违背其基本原则，不得对宪法和民族区域自治法的规定以及其他有关法律、行政法规专门就民族自治地方所作的规定作出变通规定。

（五）规章

规章包括部门规章和地方政府规章。部门规章是指国务院各部门根据法律和国务院行政法规、决定、命令，在本部门的权限内，依照法定的程序制定的规范性文件。部门规章在全国实施。地方政府规章是有权制定地方性法规的地方的人民政府为执行法律、法规的需要制定的在本行政区域内实施的规范性文件。规章不得与宪法、法律、行政法规相抵触。地方政府规章不得与上级和同级地方性法规相抵触。较大的市的政府规章不得与本省、自治区的政府规章相抵触。

（六）其他法的渊源

除上述法的渊源外，中国还有几种成文法的渊源：中央军事委员会制定的军事法规和军内有关方面制定的军事规章；一国两制条件下特别行政区的法；我国同外国缔结的条约或我国加入并生效的国际条约等。

二、法律体系

法律体系是指一国现行的全部法律规范按照不同的法律部门分类组合而形成的有机联系整体。而法律部门是指调整同一类社会关系的现行法律规范的总和，是一个国家法律体系的构成部分。一般地，按照法律规范的调整对象和调整方法，法可以划分为不同的法律部门。

中国特色社会主义法律体系主要可以划分出下列法律部门：

（一）宪法及其相关法

《宪法》及其相关法是法律体系中居于主导地位的部门法，是整个法律体系的基础。除了《中华人民共和国宪法》及其修正案外，宪法部门还包括：有关国家机关组织及活动的法，如《全国人民代表大会、国务院、地方各级人民代表大会和地方各级人民政府、人民法院、人民检察院组织法》《全国人民代表大会和地方各级人民代表大会代表法》《各级人民代表大会常务委员会监督法》《全国人民代表大会常务委员会议事规则》《全国人民代表大会和地方各级人民代表大会选举法》《民族区域自治法和城市居民委员会组织法、村民委员会组织法》《关于香港、澳门特别行政区的立法》；有关公民基本权利和义务的单项立法，如《集会游行示威法》《戒严法》；维护国家统一和权益的法，如《反分裂国家法》《专属经济区和大陆架法》《领海及毗连区法》《国籍法》《国旗法》；有关宪法的解释等。

（二）民商法

民商法是调整作为平等主体的公民之间、法人之间、公民和法人之间财产关系、人身关系的法律规范的总称。在建设社会主义市场经济过程中，民商法地位举足轻重。长期以来，我国民商法远不如西方发达国家，理论也相对落后。经过二十多年的努力，这一部门法初具规模。如，总类方面有《民法通则》；物权方面有《物权法》；债权方面有《合同法》《担保法》《侵权责任法》；知识产权方面有《商标法》《专利法》《著作权法》；亲属、继承方面有《婚姻法》《继承法》《收养法》；商事方面有关于市场主体、银行、保险、票据、证券、信托、海商、破产、拍卖、招标投标、电子签名等一系列法律。

（三）行政法

行政法是指调整国家行政关系的法律规范的总称。主要包括关于行政管理体制，行政管理基本原则，行政活动的方式、方法、程序以及有关国家机关工作人员的法律规范。行政法对建设法治政府，实现国家职能具有十分重要的意义。目前，我国行政法正在成为一个规范众多，结构完整的法律部门。从行政活动的各个主要环节看，行政主体方面有《公务员法》《人民警察法》等，行政行为方面有《行政处罚法》《行政许可法》《行政强制法》等，行政监督方面有《行政复议法》《国家赔偿法》等。行政活动的各个主要领域如治安、民政、经济、交通、城建、科教文卫等，都在不同程度上有了法律的调整。

（四）经济法

经济法是调整国家在经济管理中发生的经济关系的法律规范的总和。经济法是一个随着社会主义市场经济体制的建立，适应国家宏观经济调控需要而快速发展起来的法律部门。经济法涉及的范围比较广泛，一般包括有关企业管理的法，如《全民所有制工业企业法》《中小企业促进法》；财政、金融和税务方面的法，如《预算法》《审计法》《商业银行法》《税收征收管理法》等；有关能源、交通、通讯方面的法，如《电力法》《铁路法》《邮政法》；有关农林牧渔和商贸方面的法，如《农业法》《对外贸易法》等；有关市场秩序的法，如《反垄断法》《产品质量法》《反不正当竞争法》《广告法》等。

（五）社会法

社会法是调整劳动关系、社会福利、特殊社会成员保护等社会关系的法律规范的总称。目前，社会法部门中，属于社会组织、慈善事业方面的有《工会法》《红十字会法》《公益事业捐赠法》等；属于劳动用工、劳动保护方面的有《劳动法》《劳动合同法》《劳动争议调解仲裁法》《就业促进法》《矿山安全法》《安全生产法》《职业病防治法》等；属于保障特殊群体权益方面的有《妇女权益保障法》《未成年人保护法》《残疾人保障法》《老年人权益保障法》《预防未成年人犯罪法》等。社会法部门的发展和完善，对于社会的稳定和发展，具有特殊的意义。目前这个部门法中的绝大多数，还是法规和规章。进一步制定社会保障和救济方面的法律，完善社会法部门，是我国立法的一大任务。

（六）刑法

刑法是关于犯罪和刑罚的法律规范的总称。刑法部门是一个最基本的法律部门，在国家生活中起着非常重要的作用。中国现阶段有关犯罪和刑罚的基本规定集中体现在 1997 年《中华人民共和国刑法》这一法典中。此外，还有若干刑法修正案和全国人大常委会关于刑法的决定等，与这部刑法典共同构成中国现行刑法部门。

（七）环境法

环境法又称自然资源和环境保护法，是有关保护人类生存环境和自然资源，防治污染和其他公害方面的法律规范的总称。环境法是现代社会生产的发展和科技进步的结果，是我国法律体系中一个新兴的部门。目前，属于自然资源方面的法主要有：《森林法》《草原法》《渔业法》《水法》《野生动物保护法》《矿产资源法》等；属于环境保护方面的法有《环境保护法》《环境影响评价法》《海洋环境保护法》《大气污染防治法》《固体废物污染环境防治法》《环境噪声污染防治法》《水污染防治法》《放射性污染防治法》《水土保持法》《防沙治沙法》《防震减灾法》《防洪法》《清洁生产促进法》《节约能源法》等。

（八）诉讼与非诉讼程序法

程序法是关于诉讼和非诉讼程序的法律规范的总称。我国诉讼程序方面有《刑事诉讼法》《民事诉讼法》《行政诉讼法》《海事诉讼特别程序法》《引渡法》等；非诉讼程序方面有《仲裁法》。

三、法的制定

法的制定（立法）是指法定的国家机关，依照法定的职权和程序，创制、认可、修改、废止、解释法的活动。2000 年 3 月 15 日，《中华人民共和国立法法》经第九届全国人民代表大会第三次会议审议通过，并于 2000 年 7 月 1 日起施行。《立法法》对立法体制、立法原则、立法程序作了明确规范。《立法法》的制定颁布，为规范立法活动，解决立法中的各种问题，提供了法律依据。

（一）立法体制

立法体制是关于国家立法机关的体系及其立法权限划分的制度。一个国家的立法体制主要受该国的国体、政体、国家结构形式、历史传统、民族等因素影响。一般分为单一、复合和制衡立法体制。

我国是单一制立法体制的国家，实行的是统一的、分层次的立法体制。现行立法体系在纵向上分为中央立法和地方立法两大层次，在横向上分为权力机关立法和行政机关立法两大系统。具体如下：

1. 中央级立法

（1）最高国家权力机关及其常设机关

全国人民代表大会和全国人民代表大会常务委员会行使国家立法权，制定法律。其中，全国人大制定和修改刑事、民事、国家机构的和其他的基本法律，全国人大常委会制定和修改除应当由全国人大制定的法律以外的非基本法律。在全国人大闭会期间，全国人大常委会对全国人大制定的法律进行部分补充和修改，但是不得同该法律的基本原则相抵触。

全国人大及其常委会对十个方面的事项依法享有专属立法权，具体为：有关国家主权的事项；各级人民代表大会、人民政府、人民法院和人民检察院的产生、组织和职权；民族区域自治制度、特别行政区制度、基层群众自治制度；犯罪和刑罚；对公民政治权利的剥夺、限制人身自由的强制措施和处罚；对非国有财产的征收；民事基本制度；基本经济制度以及财政、税收、海关、金融和外贸的基本制度；诉讼和仲裁制度；必须由全国人大及其常委会制定法律的其他事项。

应当制定法律的事项尚未制定法律的，全国人大及其常委会有权作出决定，授权国务院根据实际需要，对其中的部分事项先制定行政法规，但是，有关犯罪和刑罚、对公民政治权利的剥夺和限制公民人身自由的强制措施和处罚、司法制度等事项除外。授权立法决定应当明确授权的目的、范围。制定法律的条件成熟时，全国人大及其常委会及时制定法律，终止相应立法授权。

（2）最高国家行政机关及其部门

国务院根据宪法和法律，就下列事项制定行政法规：为执行法律的规定需要制定行政法规的事项；《宪法》第八十九条规定的国务院行政管理职权的事项。此外，国务院有权对全国人大及其常委会授权立法的事项制定行政法规，条件成熟时，提请全国人大及其常委会制定法律。

国务院各部、委员会、中国人民银行、审计署和具有行政管理职能的直属机构，根据法律和国务院的行政法规、决定、命令，在本部门的权限范围内，制定规章。

2. 地方级立法

（1）地方各级权力机关及其常设机关

省、自治区、直辖市的人民代表大会及其常委会，在不同宪法、法律和行政法规相抵触的前提下，制定地方性法规。较大的市的人大及其常委会在不同宪法、法律、行政法规和本省、自治区的地方性法规相抵触的前提下，制定地方性法规，报省、自治区人大常委会批准后施行。

民族自治地方的人大有权根据当地民族的政治、经济和文化特点，制定自治条例和单行条例。自治区的自治条例和单行条例报全国人大常委会批准后生效。自治州、自治县的自治条例和单行条例，报省、自治区、直辖市的人大常委会批准后生效。

（2）地方各级行政机关

省、自治区、直辖市和较大的市的人民政府，根据法律、行政法规和本省、自治区、直辖市的地方性法规，制定规章。

3. 其他级立法

中央军事委员会有权根据宪法和法律，制定军事法规。中央军委各总部、军兵种、军区，有权根据法律和军事法规、决定、命令，在其权限范围内，制定军事规章。军事法规、军事规章在武装力量内部实施。

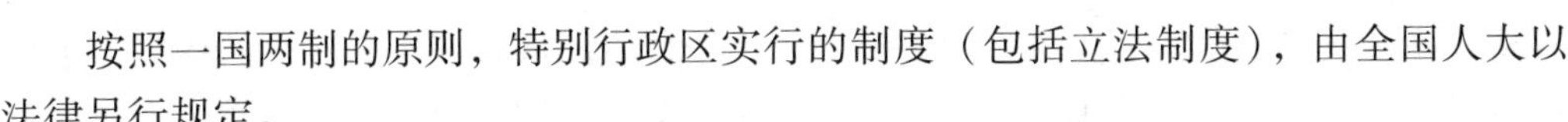

按照一国两制的原则，特别行政区实行的制度（包括立法制度），由全国人大以法律另行规定。

（二）立法原则

立法活动是立法机关制定社会行为规则的活动。根据《立法法》，我国的立法活动应当遵循以下几个基本原则：

1. 合宪性与合法性原则

立法是法治建设的基础，因此立法必须首先坚持合宪性与合法性原则。合宪性与合法性原则要求：一切立法活动要遵循宪法的基本原则，不得同宪法相抵触；立法要从国家整体利益出发，维护社会主义法制的统一和尊严，下位阶的法不得违反上位阶的法，同位阶的法之间也要协调一致；立法应当遵循法定的权限和程序。

2. 民主原则

民主是现代法治与专制的本质区别，因此立法必须坚持民主原则。民主原则要求：立法应当体现人民意志，反映最广大人民群众的根本利益和长远利益；立法应当发扬社会主义民主，保障人民通过多种途径参与立法活动。为此，立法程序应当更加具有开放性、透明度，立法过程应当更好地坚持群众路线。

3. 科学原则

良法更容易被实施，因此立法必须坚持科学原则。科学原则要求：立法要从实际出发，科学、合理地规范社会关系。从实际出发，最根本的是从中国的国情出发，深入调查研究，分析社会生活各方面的实际问题，建立完善事关国家改革、发展、稳定大局的法律制度，保障和促进各项事业发展。科学、合理地规范社会关系，就是要科学、合理地规定公民、法人和其他组织的权利与义务，科学、合理地规定国家机关的权力与责任，使权利与义务相统一，权力与责任相一致。

（三）立法程序

立法程序是立法的步骤和方式。完善的立法程序，对于保证立法的规范化、科学化，减少立法的随意性，维护法的稳定性、权威性，提高立法质量具有重要意义。

1. 权力机关立法程序

全国人大及其常委会制定法律，一般要经过三个大的阶段。第一是立法的准备阶段，包括接受立法建议、制定立法规划、进行立法调研、组织起草法律草案等。第二是法律的确立阶段，包括法律案的提出、审议、表决、公布四个环节。第三个阶段是法律的完善阶段，包括法律的修改、废除、解释以及清理、汇编、编纂等。其中第二个阶段是立法工作的核心阶段，是狭义的立法活动。根据《立法法》规定，其程序主要包括：

（1）法律案的提出

法律案的提出，是指享有专门权限的机关或个人向法律制定机关提出关于制定、修改、废除某项法律的建议。

全国人大主席团、全国人大常委会、国务院、中央军事委员会、最高人民法院、最高人民检察院、全国人大各专门委员会、一个代表团或者三十名以上的代表，可以提出属于全国人大职权范围内的法律案。委员长会议、国务院、中央军委、最高人民法院、最高人民检察院、全国人大各专门委员会、常委会组成人员十人以上，可以提出属于全国人大常委会职权范围内的法律案。《宪法》的修改，由全国人大常委会或者五分之一的全国人大代表提议。提出法律案，应当同时提出法律草案文本。

上述法律案必须经过一定程序，方能列入议程。国家机关提出的法律案，分别由主席团或委员长会议决定列入会议议程。代表团、代表联名提出的法律案，常务委员会组成人员联名提出的法律案，分别由主席团或委员长会议决定是否列入会议议程，或先交有关专门委员会审议，再决定是否列入会议议程。

（2）法律案的审议

法律案的审议，是指全国人大及其常委会对列入会议议程的法律案进行审查和讨论的活动。全国人民代表大会常务委员会审议法律案一般实行“三审制”，即法律案一般应当经过三次常务委员会会议审议后再交付表决，对重大的、意见分歧较大的法律草案，审议的次数可以超过三次。提请全国人民代表大会审议的法律草案，要经过代表大会会议、代表团全体会议、代表小组会议的反复审议；提请全国人民代表大会常务委员会审议的法律草案，要经过常务委员会全体会议、分组会议的反复审议。法律委员会根据有关审议意见对法律案进行统一审议、修改，提出法律草案表决稿。

为提高立法质量，立法机关根据需要采取座谈会、论证会、听证会，以及向有关机关、组织和专家发送法律草案等多种形式，广泛听取各方面意见，增强立法的透明度和公众参与度。关系公众切身利益或者涉及需要设立普遍的公民义务的法律草案，还要在新闻媒体上全文公布，征求全体人民的意见。

为保证代表和常委充分行使立法权，对法律草案发表意见，中国宪法和法律规定：“全国人民代表大会代表，全国人民代表大会常务委员会组成人员，在全国人民代表大会和全国人民代表大会常务委员会各种会议上的发言和表决，不受法律追究。”

（3）法律案的通过

法律草案的通过，是指立法机关对法律草案作出同意决定，使之成为法律的活动。这是全部立法程序中具有决定意义的步骤。通过法案的基本原则是少数服从多数。宪法的修改，需由全国人大以全体代表的三分之二以上的多数通过。全国人大审议的法律案由全体代表的过半数通过。全国人大常委会审议的法律案由全体组成人员的过半数通过。

（4）法律的公布

法律的公布也称颁布，是指立法机关和国家元首采用特殊的方式将法公之于众的活动。

在中国，法律由国家主席签署主席令予以公布。法律公布后在全国人大常委会公报和全国范围内发行的报刊上刊登，其中在常委会公报上刊登的法律文本为标准文本。

地方性法规、自治条例、单行条例的制定，参照法律的制定程序进行，并应当在公布后的三十日内按照法定途径报全国人大常委会和国务院备案。地方性法规、自治条例、单行条例与上位法相抵触的，全国人大法律委员会与有关专门委员会有权要求制定机关修改；制定机关不予修改的，全国人大常委会有权依法撤销。

2. 行政立法程序

相比权力机关的立法程序，行政立法程序较为简便灵活。根据《立法法》《行政法规制定程序条例》，行政法规的制定一般经过以下几个环节：

（1）立项。国务院有关部门认为需要制定行政法规的，应当向国务院报请立项。

（2）起草。列入年度立法计划的行政法规由国务院组织起草。起草工作可以由国务院的一个部门或者几个部门具体负责，也可以由国务院法制机构起草或者组织起草。起草部门应当采取座谈会、论证会、听证会等多种形式，认真听取有关机关、组织和公民的意见，涉及其他部门的职责或者与其他部门关系紧密的规定，要与有关部门充分协商。

（3）审查。起草工作完成后，起草部门应当将草案及其说明、各方面对草案主要问题的不同意见和其他有关资料送国务院法制机构进行审查。国务院法制机构在广泛征求意见，协调有关部门的基础上，向国务院提出审查报告和草案修改稿，也可以根据具体情况决定缓办或者退回起草部门。

（4）决定与公布。行政法规草案由国务院常务会议审议，或者由国务院审批。行政法规由总理签署国务院令公布，并在国务院公报和在全国范围内发行的报纸上刊登。在国务院公报上刊登的行政法规文本为标准文本。

（5）备案。行政法规应当在公布后30日内报全国人大常委会备案。行政法规与宪法、法律相抵触的，全国人大法律委员会与有关专门委员会有权要求国务院修改；不予修改的，全国人大常委会有权依法撤销。

规章的制定程序参照行政法规进行，《规章制定程序条例》对此作了规定。

四、法的解释

（一）概述

法的解释是指特定的人或组织对法的具体内容和含义所作的说明。法的解释是保证法律准确实施的一项重要措施。

按照解释主体和效力，法的解释可以分为法定解释和非法定解释。法定解释又称正式解释，可分为立法解释、司法解释和行政解释，具有普遍约束力。非法定解释又称学理解释，不具有约束力，但在法学研究和教育以及法制宣传等方面有重要作用。

目前，中国法定解释的权限划分依据，是《宪法》《立法法》、1981年全国人大常委会《关于加强法律解释工作的决议》以及《行政法规制定程序条例》、《规章制定程序条例》等。具体如下。

（二）立法解释、司法解释和行政解释

1. 立法解释

立法解释，从狭义上说，专指全国人大常委会对法律所作的解释。从广义上说，是指所有依法有权制定法律、法规、规章的机关对自己制定的法律、法规、规章所作的解释。这里的立法解释是广义的。当法的规定本身需要进一步明确具体含义，或者法制定后出现新的情况，需要明确适用依据、作出补充规定时，法的制定机关按照法定程序，作出立法解释。立法解释是立法的延续，与所解释的法具有同等的效力。

中国宪法和法律解释权属于全国人大常委会。国务院、中央军事委员会、最高人民法院、最高人民检察院和全国人民代表大会各专门委员会以及省、自治区、直辖市的人民代表大会常务委员会可以向全国人民代表大会常务委员会提出法律解释要求。该要求被接受后，由全国人大常委会工作机构拟订法律解释草案，列入会议议程，由常委会全体组成人员过半数通过。这一解释具有法定效力。此外，全国人大常委会工作机构可以对有关具体问题的法律询问进行研究予以答复，并报常委会备案。

2. 行政解释

行政解释是指国家行政机关在依法行使职权时，对有关法律、法规、规章如何具体应用所作的解释。分为两种情况：①不属于审判和检察工作中的其他法律规范如何具体应用的问题，由国务院及主管部门进行解释。譬如，对属于行政工作中具体应用行政法规的问题，省、自治区、直辖市人民政府法制机构以及国务院有关部门法制机构请求国务院法制机构解释的，国务院法制机构可以研究答复；其中涉及重大问题的，由国务院法制机构提出意见，报国务院同意后答复。②凡属于地方性法规、政府规章如何具体应用的问题，由省、自治区、直辖市人民政府主管部门进行解释。这种解释仅在所辖地区发生效力。

3. 司法解释

司法解释，是指国家最高司法机关在适用法律、法规的过程中对如何具体应用法律、法规的问题所作的解释。具体包括：①审判解释，即最高人民法院对属于法院审判工作中具体应用法律、法令的问题所作的解释。②检察解释，即最高人民检察院对属于检察院检察工作中具体应用法律、法令的问题所作的解释。③审判、检察联合解释，即最高人民法院和最高人民检察院对具体应用法律的共同性问题所作的联合解释。

此外，为了工作配合上的便利，有时司法机关与行政机关会对法律应用中的共同性问题作出联合解释。

第三节　法的实施

法的实施是指通过执法、司法、守法、法律监督等途径，使法在社会生活中获得实现的活动。法的实施过程，就是把法律规范的要求转化为主体行为的过程。

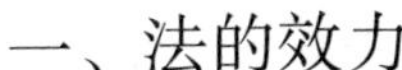

一、法的效力

法的效力指法在什么时间、什么领域及对什么人有效的问题。即通常所说的法的时间效力、空间效力和对人的效力。

（一）法的时间效力

1. 法的生效

法的生效时间通常有几种情况：自法公布之日起生效；由该法明文规定生效时间；规定法公布后达到一定期限生效。

2. 法的失效

法的失效一般分为明示的废止和默示的废止两种。明示的废止指在新法或其他法律文件中明文规定废止旧法。默示的废止，是司法和执法实践中确认旧法与新法相冲突时适用新法的原则，因而实际上是废止旧法的一种方式。

3. 法的溯及力

法的溯及力指法溯及既往的效力，即法对其生效以前的事件和行为是否适用的问题。如果适用，该法就具有溯及力；否则，就没有溯及力。由于人们不可能根据尚未颁布实施的法处理社会事务，因此，近代以来，各国立法普遍采用法不溯及既往的原则。但法不溯及既往并不绝对。包括中国在内的现代各国刑法一般采用从旧兼从轻的原则，即新法原则上不溯及既往，但是新法不认为犯罪或处罚较轻的，适用新法。中国《立法法》也规定“法律、行政法规、地方性法规、自治条例和单行条例、规章不溯及既往，但为了更好地保护公民、法人和其他组织的权利和利益而作的特别规定除外。”

（二）法的空间效力

法的空间效力，是指法在哪些地域有效力。根据国家主权原则，一国的法，如果没有规定特定的空间效力的话，适用于该国主权范围所及的全部领域，包括陆地、水域及其底土和领空，以及作为领土延伸的本国驻外使领馆、在外船舶及飞行器。在中国，宪法、法律、行政法规、部门规章在全国范围内有效。但是，特别行政区基本法、民族区域自治法只在特定区域生效；地方性法规、自治条例和单行条例以及政府规章只在制定机关管辖范围内有效。

（三）法对人的效力

法对人的效力是指法适用于哪些人。由于国情不同，各国法对人的效力采用不同原则，主要有以下几种：

1. 属人主义

即以人的国籍和组织的国别为标准，本国的人和组织无论在国内还是在国外，都受本国法的约束。

2. 属地主义

即以地域为标准，一国的法对其主权管辖范围内的一切人和组织均有效。本国人和组织在域外不受约束。

3. 保护主义

即以保护本国利益为标准，主张不论国籍或者地域如何，侵害了哪国利益，就适用哪国的法律。

4. 折衷主义

即以属地主义为基础，以属人主义、保护主义为补充。这是近代以来包括我国在内的多数国家采取的原则。

根据我国法律，法对人的效力包括两个方面。一方面是对中国人的效力。中国公民在中国领域内一律适用中国法律。在境外，原则上也应当遵守中国法律并受其保护，但同时应当遵守所在国的法律。发生法律冲突，要本着既维护我国主权，也尊重他国主权的原则解决。如，民法通则规定“中华人民共和国公民定居国外的，他的民事行为能力可以适用定居国法律。”另一方面是对外国人的效力。根据国家主权原则，外国人在中国领域内，除法律另有规定外，均适用中国法律，特别是在刑事方面。外国人在中国领域外对中国国家或公民犯罪，按中国刑法规定最低刑为三年以上有期徒刑的，可以适用中国刑法，但是按照犯罪地的法律不受处罚的除外。

二、法的适用规则

立法主体的多元化使法律规范之间的不一致或冲突难以完全避免。这就需要通过法的适用规则来解决法律规范之间发生冲突时如何选择适用法律的问题。《立法法》确立了以下几项适用规则：

（一）上位法优于下位法

效力等级高的法是上位法，效力等级低的法是下位法。二者发生冲突时，应当优先选用效力等级高的法，即上位法优于下位法。这是解决法律冲突的一般规则。在中国，宪法具有最高的法律效力；法律的效力高于行政法规、地方性法规、规章；行政法规的效力高于地方性法规、规章；地方性法规的效力高于本级和下级地方政府规章；上级政府规章的效力高于下级政府规章；自治条例和单行条例依法对法律、行政法规、地方性法规作变通规定的，在本自治地方适用自治条例和单行条例的规定；经济特区法规根据授权对法律、行政法规、地方性法规作变通规定的，在本经济特区适用经济特区法规的规定。

（二）同位阶的法具有同等法律效力

同位阶的法律规范没有上下高低之分。部门规章之间、部门规章与地方政府规章之间具有同等效力，在各自的权限范围内施行。

（三）特别规定优于一般规定

特别规定优于一般规定，也就是“特别法优于一般法”，适用于同一机关制定的法律规范之间冲突的情形。特别规定是指根据某种特殊情况和需要制定的调整某种特

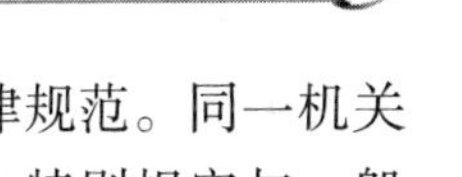

殊社会的法律规范。一般规定是指为调整某类社会关系而制定的法律规范。同一机关制定的法律、行政法规、地方性法规、自治条例和单行条例、规章，特别规定与一般规定不一致的，优先适用特别规定。

（四）新的规定优于旧的规定

新的规定优于旧的规定，即“新法优于旧法”，也是适用于同一机关制定的法律规范之间冲突的情形。同一机关制定的法律、行政法规、地方性法规、自治条例和单行条例、规章，新的规定与旧的规定不一致的，适用新的规定。

（五）法不溯及既往原则

法不溯及既往是一项通行的现代法治原则，其目的是为了更好地保护公民、法人和其他组织权益。如果不溯及既往对公民、法人和其他组织更加不利时，也可以溯及既往。因此，《立法法》规定，“法律、行政法规、地方性法规、自治条例和单行条例、规章不溯及既往，但为了更好地保护公民、法人和其他组织的权利和利益而作的特别规定除外。”需要注意的是，这里的“公民、法人和其他组织”，是指法所直接指向的公民、法人和其他组织。不能借口保护多数人的权益而使法所直接指向的公民、法人和其他组织的权益受到溯及既往的损害。如果那样，就违背了法不溯及既往的初衷。

（六）有权机关裁决原则

前述五项适用规则并不能解决所有法律规范之间的冲突，如同一位阶的法，新的一般规定与旧的特别规定不一致如何适用？《立法法》根据立法主体之间的监督权限，明确了裁决机制。即：法律之间对同一事项的新的一般规定与旧的特别规定不一致，不能确定如何适用时，由全国人大常委会裁决；同一机关制定的法规、规章中新的一般规定与旧的特别规定不一致，不能确定如何适用时，由制定机关裁决；地方性法规与部门规章之间对同一事项的规定不一致，不能确定如何适用时，由国务院提出意见，国务院认为应当适用地方性法规的，应当决定在该地方适用地方性法规的规定，国务院认为应当适用部门规章的，应当提请全国人民代表大会常务委员会裁决；部门规章之间、部门规章与地方政府规章之间对同一事项的规定不一致时，由国务院裁决；根据授权制定的法规与法律规定不一致，不能确定如何适用时，由全国人大常委会裁决。

三、执法与司法

（一）执法

1. 执法的含义

广义的执法，是指国家行政机关依照法定职权和程序，贯彻实施法律的活动，又称行政执法。狭义上的执法，是指特定的行政机关和法律、法规授权的组织，依据法律、法规、规章的规定，对违反行政管理秩序的公民、法人或者其他组织给予行政处罚的活动。

执法是法的实施的重要组成部分。中国宪法规定，国家行政机关是国家权力机关的执行机关，国家权力机关制定的法律和其他规范性法文件，主要通过国家行政机关的日常职务活动贯彻执行。

2. 执法的特点

（1）执法主体具有特定性。在中国，只有国家行政机关、法律法规授权的组织以及行政机关依法委托的组织才具有执法权。其中，行政机关委托的组织以委托它的行政机关的名义执法。

（2）执法活动具有主动性和单方性。执法既是行政机关对社会进行管理的权力即职权，又是行政机关对社会和民众的义务即职责。多数情况下，行政机关应当以积极的行为主动执行法律，而不一定依赖于行政相对人的请求，作出行政决定时，也不需要行政相对人的同意。

（3）执法内容具有广泛性。执法是以国家名义对社会进行全方位的组织和管理，它涉及国家社会、经济生活的各个方面。特别在现代社会，社会事务愈加复杂，行政管理的范围变得更为广泛，执法的范围也正日益扩大。

3. 执法的基本原则

（1）合法性原则。合法性原则是执法的最基本原则，它要求行政机关必须根据法定权限、法定程序、法定内容和法治精神执行法律，进行社会管理，违法或不当行使职权，应当依法承担法律责任。

（2）合理性原则。它要求行政机关在执法时应当权衡多方面的利益因素和具体情况，正确行使自由裁量权，在严格执行规则的前提下做到公平、公正、合理、适度。

（3）效率原则。它要求行政机关应当在依法行政的前提下，有效行使职权，以取得最大的行政执法效益。

（二）司法

1. 司法的含义

司法是指国家司法机关依照法定职权和程序，具体应用法律处理案件的专门活动。司法是法的实施的一种方式，对实现立法目的，发挥法的作用具有重要意义。

2. 司法的特点

司法不同于其他国家机关、社会组织和公民实施法律的活动，其特点如下：

（1）专属性。司法是由特定国家机关实施法律的专门活动，具有职权的法定性。司法权只能由享有司法权的国家司法机关及其司法人员行使，其他任何国家机关、社会组织和个人都不能行使此项权力。

（2）程序性。司法是严格依照法定职权和法定程序运用法律处理案件的活动，具有严格的程序性。

（3）专业性。司法是运用法律裁判是非，解决纠纷的专门活动，需要由具有精

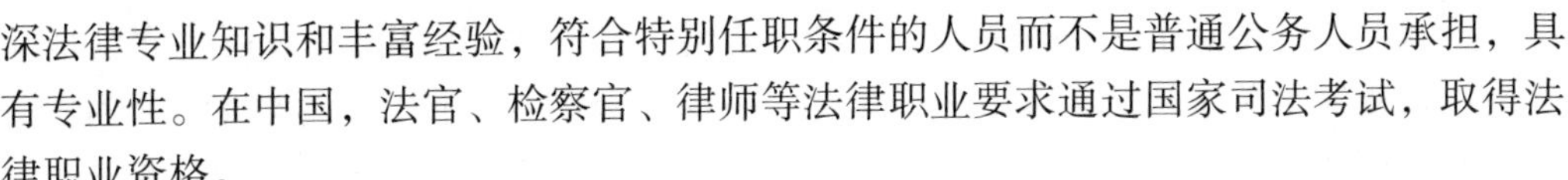

深法律专业知识和丰富经验，符合特别任职条件的人员而不是普通公务人员承担，具有专业性。在中国，法官、检察官、律师等法律职业要求通过国家司法考试，取得法律职业资格。

（4）权威性。司法是以国家强制力为后盾，以国家的名义实施法律的活动，具有裁决的权威性。司法机关依照法定职权和法定程序对案件所作出的裁决是具有法律效力的裁决，任何组织和个人都必须执行，不得擅自修改和违抗。

3. 司法的要求和基本原则

司法公正是对司法的总体要求。司法公正是社会正义的重要组成部分，是法治社会的标志和追求的目标，也是司法的生命。

我国司法的基本原则如下：

（1）司法平等原则。在中国，司法平等原则具体地体现为“公民在法律面前一律平等”原则，它包括以下几个方面的含义：法对全体公民，不论其民族、种族、性别、职业、社会地位、宗教信仰、财产状况等，在适用法律上一律平等；公民依法享有平等权利，承担平等义务，不允许有超越法律的特权；任何公民的合法权益都受法律保护，违法行为都受法律追究；在诉讼活动中，所有当事人的诉讼地位平等。

（2）司法独立原则。司法独立原则，即司法机关依法独立行使职权。其基本内容是：国家审判权和检察权由人民法院和人民检察院分别行使，其他任何组织和个人均无此权；司法机关独立行使职权，不受行政机关、社会团体和个人干涉；司法机关必须严格依照法律规定和法律程序行使司法权，准确适用法律。

（3）司法法治原则。司法法治原则具体体现为“以事实为根据，以法律为准绳”的原则。以事实为根据，要求司法人员在司法活动中以客观事实而不是主观臆断为依据，做到事实清楚，证据确凿。以法律为准绳，要求严格依法办案，遵守法定程序，按照法的规定确定案件性质，正确区分是非曲直、权益归属、合法与违法、罪与非罪、此罪与彼罪等界限，处理适当，合情合理。

四、守法与违法

（一）守法

守法是指国家机关、社会组织和公民个人以法律为自己的行为准则，依照法律行使权利，履行义务的活动。守法是法的实施的一种基本形式，是建设社会主义法治国家的必要条件，也是广大人民群众实现自己根本利益的必然要求。

1. 守法的构成要素

（1）守法的主体。守法的主体，是指在一个国家和社会中应当遵守法律的主体，即一定守法行为的实施者。守法的主体，与法律的本质、政体的性质、社会力量的对比关系、历史及文化传统有直接关系。在中国古代，君主创制法，官员执行法，老百姓被要求遵守法。在中世纪欧洲，专制统治者在形式上也被要求遵守法律，即“国王在万人之上，却在上帝和法律之下”。当今中国，一切组织和个人都是守法的主体。一切国家机关、武装力量、政党、社会团体、企事业组织；中华人民共和国公民；在中国领域内的外国组织、外国人、无国籍人都要遵守宪法和法律，在宪法和法律的范围内活动。

（2）守法的范围。守法的范围，是指守法主体必须遵守的行为规范的种类。它不仅包括宪法、法律、法规、规章等所有法的渊源，还包括国家机关在执法和司法过程中所作出的、具有法律效力的非规范性文件，如行政处罚决定书、判决书。

（3）守法的内容。守法包括履行法的义务和行使法的权利两方面的内容。在守法上，我们必须强调履行法律义务和行使法律权利的有机统一。

2. 守法的要求

（1）要具有良好的法律意识，这是守法的前提条件。人们只有知法懂法，尊重法律，才能积极主动地遵守法律。要提高全社会的法律意识，普及法律知识、倡导法治精神具有十分重要的意义。

（2）要按照法律规范规定的行为模式履行义务、行使权利，这是守法的实质性要求。国家机关及其工作人员要带头遵守法律，严格依法办事，维护法的尊严，作守法的模范。

（3）发生违法行为或法律规定的后果时，要主动承担法律责任，恢复被侵害的权利，这是守法的保障性要求。

（二）违法

1. 违法的含义

广义的违法，是指一切违反法律规定的行为，包括刑事违法（犯罪）、民事违法、行政违法和违宪。狭义的违法仅指一般的违法行为，不包括犯罪。这里的违法指广义的违法。

2. 违法的构成要素

违法行为一般由以下几个要素构成：

（1）客观方面。违法必须是某种违反法律规定的行为。包括积极的作为和消极的不作为，即作了法律所禁止的行为和没有作法律所要求的行为。违法的确定必须以法的规定作为前提，以行为作为客观依据，法无规定不违法，思想问题不违法。

（2）客体。违法行为必须在不同程度上侵犯了法律所保护的社会关系。行为的违法性与行为的社会危害性具有密切联系。制定和实施法律，是为了通过建立一定的法律秩序，进行社会控制，保障并促进社会发展，维护人们的利益。没有侵犯法律所保护的社会关系，就不构成违法。

（3）主观方面。违法一般要有行为人的故意和过失。故意和过失在不同的法律领域有不同的意义。在刑事领域是判定主观恶性的重要依据，也是区别罪与非罪、此罪与彼罪、轻罪与重罪的重要依据。在民事法律领域，故意和过失统称过错，是构成一般侵权行为的要素。在行政法律领域，一般实行过错推定的方法。只要行为人实施了

违法行为，就视为有过错，不必再深究其主观因素。但是，法另有明确规定的除外。

（4）主体。违法者必须具有法定行为能力或责任能力。

五、法律责任

法律责任是指行为人由于违法行为、违约行为或者法律规定而应承受的某种不利的法律后果。

（一）法律责任的种类

以引起责任的行为性质为标准，法律责任可以划分为刑事责任、民事责任、行政责任、国家赔偿责任、违宪责任。

1. 刑事责任

刑事责任是指由于违反刑事法律而应承担的一种法律责任。刑事责任产生的原因是行为人严重的违法行为，即犯罪。刑事责任是犯罪人向国家所负的一种责任，是一种惩罚性责任，基本上是一种个人责任（单位犯罪除外）。刑事责任是最为严厉的一种法律责任。追究刑事责任唯一的依据是刑事法律。

2. 民事责任

民事责任是指由于违反民事法律、违约或者由于民事法律规定所应承担的一种法律责任。民事责任主要是财产责任，是一方当事人对另一方的责任，是对当事人损失的补偿，在法允许的条件下，民事责任可以由当事人协商解决。根据产生的原因，民事责任又可分为三种：由违约行为产生的违约责任；由民事违法行为，即侵权行为产生的一般侵权责任；由法律规定产生的特殊侵权责任。

3. 行政责任

行政责任是指因违反行政法或因行政法规定而应当承担的法律责任。行政责任产生的原因是行为人的行政违法行为和法律规定的特定情况。承担行政责任的主体是行政主体和行政相对人。通常情况下，行政责任实行过错推定的归责原则，在法律规定的一些场合，实行严格责任。

4. 国家赔偿责任

国家赔偿责任是国家对于国家机关及其工作人员违法行使职权，损害公民、法人和其他组织的合法权益所承担的赔偿责任。产生国家赔偿责任的原因是国家机关及其工作人员在执行职务过程中的不法侵害行为。国家赔偿责任的主体是国家。国家赔偿责任的范围包括行政赔偿和刑事赔偿。

5. 违宪责任

违宪责任是指由于违反宪法而产生的法律责任。违宪通常是指有关国家机关制定的某种法律、法规和规章，以及国家机关、社会组织或公民的某种活动与宪法的规定相抵触。

（二）法律责任的归结

法律责任的归结，简称归责，是指国家机关或其他社会组织根据法律的规定，依照法定程序判断、认定、归结和执行法律责任的活动。

1. 归责原则

（1）责任法定原则。责任法定原则要求法律责任作为一种否定性的法律后果，应当由法律规范预先规定，当违法行为或法定事由出现时，按照事先规定的责任范围、方式等追究责任人的责任。责任法定原则反对责任擅断，反对对行为人不利的溯及既往。

（2）因果联系原则。认定和归结法律责任时，必须首先考虑因果关系。即人的行为与损害结果或危害结果之间的因果联系；人的意志、心理等主观因素与外部行为之间的因果关系等。

（3）责任相当原则。责任相当原则是指法律责任的大小、处罚的轻重应与违法行为或违约行为的轻重相适应，做到“罪责均衡”、“罚当其罪”。

（4）责任自负原则。责任自负原则要求凡是实施了违法行为或违约行为的人，都应当独立承担法律责任；同时，没有法的规定，不得让没有违法或违约行为的人承担责任，防止株连或变相株连。

2. 免责条件

法律责任的免除也称免责，是指法律责任由于出现法定条件被全部或部分免除。从我国法律规定和法律实践看，主要存在以下几种免责条件：

（1）时效免责。指法律责任经过了一定的期限后而免除。其意义在于保障当事人的合法权益，督促法律关系的主体及时行使权利，提高司法机关和行政机关工作效率，稳定社会生活秩序。

（2）不诉或协议免责。指如果受害人或有关当事人不向法院起诉，行为人的法律责任就实际上被免除，或者双方当事人在法律允许的范围内协商同意免责。在这些场合，法律将追究责任的决定权交给受害人或有关当事人。需注意的是，协议免责一般不适用于犯罪行为和行政违法行为，仅适用于民事违法行为。

（3）自首立功免责。指对违法后有自首或立功表现的人，依法免除其部分和全部的法律责任。这是将功抵过的免责形式。

（4）人道主义免责。指财产责任中，在责任人确实没有能力全部或部分履行法律责任的情况下，有关的国家机关或权利主体可以出于人道主义考虑免除或部分免除责任主体的法律责任。

（5）不可抗力、正当防卫或紧急避险免责。指出现不能预见、不能避免并不能克服的情况，或者为免受正在进行的不法侵害采取正确适当的防卫措施，或者在紧急情况下为使公共利益、个人合法权益免受危害而采取不得已的行为，依法免除其部分或全部责任。

（6）自助免责。是指对自助行为所引起的法律责任的减轻或免除。所谓自助行为是指权利人为保护自己的权利，在情势紧迫而又不能及时请求国家机关予以救助的情况下，对他人的财产或自由施加扣押、拘束或其他相应措施，而为法律或社会公共

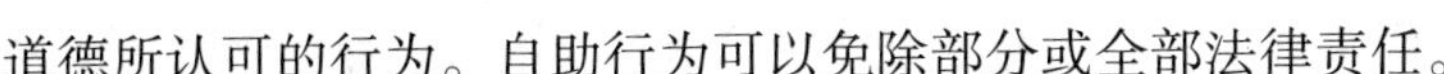

道德所认可的行为。自助行为可以免除部分或全部法律责任。

（三）法律制裁

1. 法律制裁的含义

法律制裁是由特定国家机关对违法者依其法律责任而实施的强制性惩罚措施。

法律制裁与法律责任有密切联系。一方面，法律制裁是承担法律责任的一个重要方式。法律责任是前提，法律制裁是结果。法律制裁的目的，是强制责任主体承担法律责任，惩罚违法者，恢复被侵害的权利和法律秩序。另一方面，法律制裁又不等同于法律责任。有法律责任并不等于有法律制裁。比如，在违约的情况下，如果违约方主动承担法律责任，就不存在民事制裁。

2. 法律制裁的种类

与法律责任相对应，法律制裁可以分为以下几类：

（1）刑事制裁。刑事制裁是司法机关对犯罪者根据其刑事责任所确定并实施的强制惩罚措施。刑事制裁是一种最严厉的法律制裁，一般由检察机关以国家名义提起公诉，以刑罚为制裁方式，以剥夺或限制自由为主要内容。刑罚分为主刑和附加刑。主刑包括管制、拘役、有期徒刑、无期徒刑、死刑。附加刑包括罚金、剥夺政治权利、没收财产。

（2）民事制裁。民事制裁是由人民法院确定并实施的对民事责任主体给予的强制性惩罚措施。承担责任的方式主要包括停止侵害；排除妨碍；消除危险；返还财产；恢复原状；修理、重作、更换；赔偿损失；支付违约金；消除影响、恢复名誉；赔礼道歉等。此外，法院在审理民事案件时，还可以予以训诫、责令具结悔过、收缴进行非法活动的财物和非法所得，并依法处以罚款和拘留。

（3）行政制裁。行政制裁是国家行政机关对行政违法者依其行政责任所实施的强制性措施。行政制裁可以分为行政处罚和行政处分。

（4）违宪制裁。违宪制裁是根据宪法的特殊规定对违宪行为所实施的一种强制措施。在我国，全国人大及其常委会行使宪法实施的监督权。承担违宪责任的主体主要是国家机关及其领导人员。制裁形式主要有撤销同宪法相抵触的法律、法规，罢免国家机关领导人等。

六、法律监督

（一）法律监督的含义和意义

法律监督，亦即法律实施的监督，通常有广义和狭义两种含义。狭义上的法律监督，是指由特定国家机关按照法定权限和程序，对立法、司法和执法活动的合法性所进行的监督。广义上的法律监督是指由所有国家机关、社会组织和公民对各种法律活动的合法性所进行的监督。这里从广义上使用法律监督一词。

当代中国的法律监督，是以人民民主为基础，以社会主义法治为原则，以权力的合理划分与相互制约为核心，依法对各种行使国家权力的行为和其他法律活动进行检查、约束和督促的法律机制，对维护法制统一和尊严，制约权力、防止腐败和保护公民合法权益，建立和完善社会主义市场经济体制，保障法律的正确实施具有十分重要的意义。

（二）法律监督体系

1. 权力机关的监督

权力机关的监督是指各级人大及其常委会所进行的监督。这种监督在国家监督中处于主导地位，其中全国人大及其常委会的监督在整个法律监督体系中具有最高法律效力。

权力机关监督的形式有立法监督、对宪法和法律实施的监督。

（1）立法监督。指国家权力机关对享有立法权的国家机关的立法活动及其结果的合法性所进行的监督。监督内容上，立法监督既要就立法活动本身在权限和程序上的合法性进行监督，又要就立法活动的结果即规范性法文件本身的合法性进行监督。监督对象和范围上，根据宪法和国家机关组织法的规定，不同层级的人大及其常委会监督的对象和范围各有不同。

（2）对宪法和法律实施的监督。根据宪法和组织法的规定，全国人大监督宪法的实施，全国人大常委会监督宪法和法律的实施，有权处理违宪事件，其处理方式包括宣布违宪的法律、法规和其他决定、命令无效，也包括罢免违宪失职的国家领导人。此外，还通过听取和审议最高行政机关、司法机关的工作报告，向有关机关提出质询案，对重大问题组织调查委员会进行调查处理等方式，对宪法和法律的实施进行监督。地方各级人大监督宪法和法律在本行政区域内的实施，享有广泛而层次有别的对宪法和法律实施的监督权。

2. 司法机关的监督

司法机关的监督包括检察机关的监督和审判机关的监督。

（1）检察机关的监督。检察机关是国家专门的法律监督机关。检察机关的监督是对有关国家机关执法、司法活动的合法性以及国家工作人员职务犯罪等所进行的监督。检察机关的监督或者与诉讼活动有密切联系，或者是在诉讼过程中进行，或者最终通过诉讼得以完成。主要表现在职务犯罪的侦查、对公安机关的侦查监督、对人民法院的审判监督和对监所的监督。

（2）审判机关的监督。人民法院是专门行使国家审判权的监督机关。人民法院依法对法院系统和其他国家机关、社会组织、公民的执法、司法、守法活动进行监督。其监督主要表现在对内监督和对外监督两个方面：对内监督是审判机关系统内部依照诉讼程序对具体审判活动及其裁决的合法性所进行的监督。对外监督是审判机关依诉讼程序对本系统外的国家机关、社会组织和公民行为的合法性所进行的监督，包括依照刑事诉讼程序对检察机关起诉的案件进行监督；依照行政诉讼程序对行政机关具体行政行为合法性的审查监督；依照民事、刑事诉讼程序对公民、法人和其他组织违法犯罪行为进行的监督等。

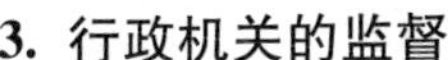

3. 行政机关的监督

行政机关的监督包括一般行政监督和专门行政监督。

（1）一般行政监督。指依照行政管理权限，行政隶属关系中上级行政机关对下级行政机关实施法律所进行的监督。包括上级政府对所属部门和下级政府的监督，上级政府部门对下级政府部门的监督。它同时也是行政机关行使内部管理职能的一种手段。如行政机关内部的执法检查等。

（2）专门行政监督。指行政系统内部的专门监督机关以特定的监督形式对国家行政机关及其公职人员违法违纪情况进行的监督，包括行政监察监督、行政复议监督和审计监督。行政监察监督是专门的行政监察机关对国家行政机关及其工作人员执行法律、法规、政策和决定、命令的情况以及违法违纪行为进行的监督。行政复议监督是行政复议机关依行政相对人的请求对具体行政行为的合法性、合理性进行的审查监督。审计监督是国家专门审计机关对有关行政机关及财政金融机构和企事业组织的财务收支、经济效益和财政法纪的执行情况所进行的监督。

4. 社会监督

社会监督，是指由国家机关以外的政治或社会组织和公民进行的不具有直接法律效力的监督。社会监督主体广泛，方式灵活，没有严格的程序规定，是人民群众行使民主权利，参与国家事务管理的重要手段。主要包括各政党的监督、社会组织的监督、社会舆论的监督、人民群众的监督。

第四节　法　　治

一、法治概述

法治是当今世界大多数国家选择的以约束权力、保障权利、尊重法的权威等为主要特征的国家治理之道。法治是法律史上一个经典的概念，历来有不同的理解和表述，如“依法治国”、“以法治国”、“法的统治”、“法的治理”等。它至少可以有以下几个层面的含义：法治是一种治国方略或社会调控方式，是一种依法办事的原则，是一种良好的社会秩序，代表某种具有价值规定性的社会生活方式，表示一种对法律的信仰。

1. 法治是一种治国方略或社会调控方式

法治作为一种治国方略，是指一个国家在各种社会调控方式面前选择以法律为主的手段对社会进行调控。在这一意义上，“法治”与儒家所主张的“人治”、“礼治”、“德治”相对立，与春秋战国时期法家所谓的“以法治国”也有本质区别。人治主要依靠执政者个人的贤明、道德的力量、政策的调控治理国家，同时把法作为维护专制统治的辅助性手段。法家所主张的“以法治国”，实质上是以严刑峻罚统治国家。而法治则是依靠表现为法律形式的人民意志治理国家，使法律成为社会调控的主要手段。

2. 法治是一种依法办事的原则

不同的社会对依法办事的主体要求不同。在专制社会，依法办事主要是针对下级官吏和普通百姓的，统治阶层往往可以不受法律的约束。现代法治社会要求社会成员普遍依法办事，立法、行政、司法等国家权力依法行使，公民受到法律平等的管辖与保护，任何人都没有凌驾于法律之上的特权。

3. 法治是一种良好的社会秩序

在法治社会，社会生活的基本方面已经法律化和制度化，社会成员和社会组织都有明确的权利和义务，每个法律主体都积极而正确地行使法定权利，忠实地履行法定义务，良好的社会秩序在法律秩序的基础上建立起来。无论是作为治国方略，还是作为依法办事的原则，法治最终都要表现为一种良好的秩序。这种秩序不是等级差别维持的秩序，更不是靠专制统治建立的秩序，而是在人人平等自由基础上形成的秩序。

4. 法治代表某种具有价值规定性的社会生活方式

法治不是单纯的法律秩序，而是具有特定价值基础和价值目标的法律秩序，是具有价值规定性的社会生活方式。就现代社会来说，法治的价值基础和取向至少应当包含以下内容：法律必须体现人民主权原则，是人民根本利益和共同意志的反映，以维护和促进全体人民的综合利益为目标；法律必须承认、尊重和保护人民的权利和自由；法律面前一律平等；法律承认利益多元化，对一切正当的利益施以无歧视性的保护。如果法律制度或法律秩序缺乏这些最低限度的价值基础和目标，就不能称为法治。希特勒统治下的纳粹德国，可以说是有法律制度和秩序，但不能被认为是法治国家。

5. 法治表示一种对法律的信仰

法治不是靠法律的严酷乃至残暴来使人们遵守法律，而是依靠对法律的信仰得以实现。作为一种法律信仰，法治包含以下内容：在观念上，法律在社会中获得至高无上的地位，人们普遍将法律的要求内化为自己行为的动机，自觉接受法律的评判。在情感上，法律神圣化，被视为正义的化身，体现着更多的真理，成为人们的精神归宿。在意识上、态度上，人们积极主动认同、尊重和遵守法律。

二、法治的要素

法治是良法善治，是通过法的调整在正义基础上形成秩序。良好的法、全社会普遍地依从法、确保国家机关守法的权力制衡机制是法治的基本要素。

（一）良好的法

良法应当表现为形式上的良好和实质上的正义，二者缺一不可。

1. 良法的形式特征

所谓良法，首先是指法在用语、结构、效力等方面所表现的形式上的良好，具有如下特征：

（1）普遍性，即法对主体和行为规定具有普遍性。法的内容不能因主体身份不同而作区别对待，法应当对某一种类行为而不是个别人的个别行为作出规定。

（2）明确性，即法律规范的条件、权利和义务的内容、法律责任的规定必须是明确的，同时，法的语言、文字表述也必须语义清楚、含义明确。

（3）统一性，即一个国家的法要具有整体性，一致性，法律规范之间要尽可能避免冲突的存在，一但发生冲突，可以依据既定的准则加以解决。

（4）稳定性，即法应当在较长时间内保持不变。

（5）先在性，即法律规范在先，守法行为在后。当国家企图指责某人的行为并追究其责任时，必须根据已经制定出的法律。

（6）可行性，即法对人的要求必须是人的能力所能达到的，必须符合人的本性。

（7）公开性，即按照法定的程序公布法。

2. 良法的实质要求

所谓良法，也是指法作为一种规范体系本身必须具有实质上的正义性，具有以下功能或价值取向：

（1）建立秩序。建立秩序是指通过法的调整，建立和维护政治统治秩序、社会公开秩序、社会结构组织秩序。秩序是法律调整的出发点，是法所要保护和实现的其他价值的基础，但不是终极价值。法的秩序价值应当与其他价值相协调。

（2）保障安全。保障安全是指法对社会成员的生命、人身、财产加以保护，不容侵犯。

（3）维护平等。维护平等是指法使社会成员在平等的基础上进行利益交往。平等包括法律地位的平等，利益交往的平等，承担责任的平等，获得机会的平等等。

（4）保证自由。保证自由是指法以最合理的义务性规范来约束每个人的行为，从而给社会全体成员提供一个尽可能大的自由活动空间。

（5）促进效率。促进效率是指法以合理的规范约束来保证社会成员能最大限度地自由谋取利益，从而间接地促使社会生产要素得到最合理的配置，并使人们在依法进行利益活动或诉讼活动时，能够简便、快捷。

法所追求的多重价值之间经常会发生冲突。解决法的价值冲突应当考虑价值位阶原则、个案平衡原则和比例原则。一般而言，自由处于法的价值的顶端，正义是自由的外化，秩序则必须接受自由、正义标准的约束。处于同一位阶的法的价值冲突时，应当考虑个案的特定情形，兼顾双方或多方利益。当某种价值的实现必须以侵害其他价值为代价时，应当出于“两利相权取其重，两害相权取其轻”的考虑进行取舍，并尽可能使侵害减至最小。

（二）全社会普遍地依从法

全社会普遍地依从法是法治的关键。只有当社会成员普遍信仰法，遵从法，使法具有至上权威时，国家的法治状态才能实现。

这一要求至少包含两个方面的内容：其一是普通公民守法。其二是国家公职人员守法，依法行使职权。相比前者而言，后者尤为重要。国家公职人员具有双重身份，既是普通公民，享受公民的权利和义务，又是国家机关的人格代表，代表国家行使职权。国家公职人员率先守法，能够给普通公民树立正面的榜样，增强人们对法的信任感，维护法的权威。公职人员守法，一方面要求公职人员在执行公务，履行职责时严格依照法定权限和程序办事。另一方面要求其在非执行公务时像普通公民一样守法，行使法定权利，履行法定义务，承担法定责任，不得追求超越普通公民的特权。

（三）确保国家机关守法的权力制衡机制

确保国家机关守法的权力制衡机制是法治的必要条件。国家机关公职人员行使职权的行为是一种代表国家的行为，这种行为一旦违法，将会给社会带来极大的损害。并且，对这种违法行为，普通民众很难加以纠正。为防止权力的滥用，保证国家机关能够及时纠正公职人员职务上的违法行为，必须建立权力制衡的机制，科学地划分国家机关的权力，使不同的权力由不同机关行使，一定的国家机关享有法定权力的同时，又受到来自其他法定权力的监督和制衡。

三、中国的法治历程

1. 近现代的法治追求

中华法系源远流长，为人类法制文明作出过重要贡献。

现代意义上的法治观念及实践引入中国始于晚清。为了改变国家和民族的苦难命运，一些仁人志士试图将近代西方国家的法治模式移植到中国，以实现变法图强的梦想。康有为、梁启超等人倡导的法律改革，目标就是为了建立中国的法治。历时百日的戊戌变法成为政治当局谋求法治的朦胧开端。19 世纪末 20 世纪初，清政府宣布预备立宪，任命沈家本等人主持修律，昭示着传统的法制模式开始转型变革。中华民国成立后，逐步建立了与政权性质相适应法律体系，但在法治的内容和理念上，还保留了一些中国封建社会法律文化的成分，已经制定的法律也没有得到全面实施。

2. 社会主义法制的兴起与挫折

中华人民共和国的建立至 20 世纪 50 年代中期，是中国社会主义法制的初创时期。这一时期，中国制定了具有临时宪法作用的《中国人民政治协商会议共同纲领》和其他一系列法律、法令，通过了一些有关国家机构组织方面的法律、法令法规，对巩固新生的共和国政权，维护社会秩序和恢复国民经济，起到了重要作用。1954 年第一部宪法的颁布，更为新中国法制建设打下了良好的基础。但在 1957 年以后，轻视法制的思想日渐盛行，国家立法工作陷于停顿，司法领域中的辩护制度、律师制度基本被废除，中国走上了所谓“运动治国”之路。及至“文化大革命”，本来就很脆弱的法制建设遭到了肆意践踏和破坏。

3. 社会主义法制的恢复和重建

“文化大革命”结束后，中国共产党总结历史经验，特别是汲取“文化大革命”的惨痛教训，作出把国家工作中心转移到社会主义现代化建设上来的重大决策，实行改革开放政策，并明确了一定要靠法制治理国家的原则。邓小平同志就多次提出“发扬社会主义民主，加强社会主义法制”“一手抓建设，一手抓法制”的主张。1978 年 12 月召开的中共十一届三中全会提出了健全社会主义法制和加强社会主义民主的方针。以 1982 年宪法和 1988 年宪法修正案为标志，中国的法治建设开始进入了准备阶段。中共十三大提出了社会主义初级阶段理论，把“高度民主，法制完备”作为建设有中国特色社会主义民主政治的一项基本内容和实现国家长治久安的重要保证，并提出“法制建设必须贯穿改革的全过程”的思想，有力推动了法制建设向纵深发展。其间，我国立法驶入快车道，出台了《刑法》《刑事诉讼法》《民事诉讼法》《民法通则》《行政诉讼法》等一批基本法律，司法和行政执法体制也不断完善。

4. 依法治国方略的确立和发展

20 世纪 90 年代以后，中国开始全面推进社会主义市场经济建设，由此进一步奠定了法治建设的经济基础，也对法治建设提出了更高的要求。1997 年中共十五大提出“依法治国，建设社会主义法治国家”的治国方略和建设中国特色社会主义法律体系的重大任务，1999 年宪法修正案确立了这一治国方略，2004 年又将“国家尊重和保障人权”载入宪法，中国的法治建设揭开了新篇章。截至 2012 年底，中国除宪法外，现行有效的法律共 243 件，行政法规共 721 件，国家经济、政治、文化和社会生活的各个方面基本实现了有法可依；人权得到可靠的法制保障；促进经济发展与社会和谐的法治环境不断改善；依法行政和公正司法水平不断提高；对权力的制约和监督得到加强。

2012 年中共十八大强调指出，“法治是治国理政的基本方式”，要“加快推进社会主义民主政治制度化、规范化、程序化，从各层次各领域扩大公民有序政治参与，实现国家各项工作法治化”，必须“坚持党的领导、人民当家作主、依法治国有机统一”“更加注重发挥法治在国家治理和社会管理中的重要作用，维护国家法制统一、尊严、权威，保证人民依法享有广泛权利和自由”这些论述显示了中国共产党对执政能力的自信和执政方式的成熟，也意味着依法治国基本方略将深入推进，全面落实，中国在法治化道路上又迈出了坚实的步伐。

四、依法治国，建设社会主义法治国家

1. 依法治国，建设社会主义法治国家的含义

对于依法治国，江泽民在十五大工作报告中论述道，“依法治国，就是广大人民群众在党的领导下，依照宪法和法律规定，通过各种途径和形式管理国家事务，管理经济文化事业，管理社会事务，保证国家各项工作都依法进行，逐步实现社会主义民主的制度化、法律化，使这种制度和法律不因领导人的改变而改变，不因领导人的看法和注意力的改变而改变。”从这一论述，可以概括出依法治国方略的基本内涵，即：依法治国的主体是人民群众；依法治国的客体主要是国家权力和公共事务；依法治国的依据是法律制度；依法治国的目的在于实现人民民主，依法治国的领导力量是

中国共产党。

2. 社会主义法治理念

社会主义法治理念是中国特色社会主义理论在法治建设上的体现。依法治国、执法为民、公平正义、服务大局、党的领导，五个方面相辅相成，体现了党的领导、人民当家作主和依法治国的有机统一。

3. 依法治国，建设社会主义法治国家的历史任务

根据十八大报告，实行依法治国，建设社会主义法治国家，就是要“推进科学立法、严格执法、公正司法、全民守法，坚持法律面前人人平等，保证有法必依、执法必严、违法必究。”这主要包括几个方面的内容：

（1）拓展人民有序参与立法途径，加强重点领域立法，建立完善部门齐全、结构严谨、内部和谐、体例科学、协调发展、充分体现社会主义的价值取向和现代法治精神的完备的法律体系。

（2）推进依法行政，建立严格的行政执法制度，切实做到严格规范公正文明执法。

（3）进一步深化司法体制改革，坚持和完善中国特色社会主义司法制度，确保审判机关、检察机关依法独立公正行使审判权、检察权。

（4）深入开展法制宣传教育，弘扬社会主义法治精神，树立社会主义法治理念，增强全社会学法尊法守法用法意识。特别要强化领导干部法治教育，提高领导干部运用法治思维和法治方式深化改革、推动发展、化解矛盾、维护稳定能力；建立起一支政治坚定、业务精湛、勤奋敬业的高素质的法律工作者队伍。

五、推进依法行政，建设法治政府

1. 依法行政概述

依法行政，是指行政机关必须依法取得、行使行政权力，并对行政行为的后果承担相应的责任。在我国，行政权力是国家权力的传统支柱，行政机关担负着依法管理国家事务、社会事务、经济文化事务的繁重任务，绝大部分的法律、法规和规章需要行政机关执行。行政行为最经常、最广泛、最密切地关系着社会公共利益和公民个人利益，体现着国家政权的性质。可以说，依法行政的质量，关系着法治建设的成败。只有建立法治政府，才能建立法治国家。为推进依法行政，国务院 1999 年发布了《国务院关于全面推进依法行政的决定》，2004 年发布了《全面推进依法行政实施纲要》，2008 年发布了《国务院关于加强市县政府依法行政的决定》，2010 发布了《国务院关于加强法治政府建设的意见》。其中，《全面推进依法行政实施纲要》强调了全面推进依法行政的重要性和紧迫性，确定了全面推进依法行政的指导思想和目标，明确了依法行政的基本原则和基本要求，规定了依法行政的任务，具有深刻的时代背景和现实意义，是推进依法行政的纲领性文件。《国务院关于加强法治政府建设的意见》以加大《全面推进依法行政实施纲要》的贯彻力度为主线，围绕新形势下推进

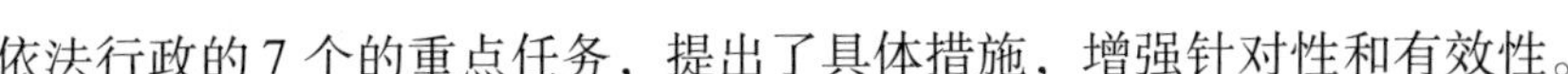

依法行政的 7 个的重点任务，提出了具体措施，增强针对性和有效性。

2. 全面推进依法行政的任务

根据《全面推进依法行政实施纲要》，全面推进依法行政主要有以下几个方面的任务：

（1）依法界定和规范政府职能，深化行政管理体制改革，理顺行政体制。

（2）建立健全科学民主决策机制。

（3）进一步规范行政立法和规范性文件制定，提高制度建设质量。

（4）理顺行政执法体制，加快行政程序建设，规范行政执法行为。

（5）探索高效、便捷和成本低廉的防范、化解社会矛盾的机制。

（6）完善行政监督制度和机制，强化对行政行为的监督。

（7）不断提高行政机关工作人员依法行政的观念和能力。

2012 年中共十八大报告指出，要“按照建立中国特色社会主义行政体制目标，深入推进政企分开、政资分开、政事分开、政社分开，建设职能科学、结构优化、廉洁高效、人民满意的服务型政府。”要“深化行政审批制度改革，继续简政放权，推动政府职能向创造良好发展环境、提供优质公共服务、维护社会公平正义转变。”这可以看作是今后若干年建设法治政府，推进依法行政的目标和重点任务。

3. 依法行政的基本要求

根据《全面推进依法行政实施纲要》，依法行政应当遵循以下几个方面的基本要求：

（1）合法行政

合法行政要求行政机关实施行政管理，应当依照法律、法规、规章的规定进行；没有法律、法规、规章的规定，行政机关不得作出影响公民、法人和其他组织合法权益或者增加公民、法人和其他组织义务的决定。

（2）合理行政

合理行政要求行政机关实施行政管理，应当遵循公平、公正的原则。要平等对待行政管理相对人，不偏私、不歧视。行使自由裁量权应当符合法律目的，排除不相关因素的干扰；所采取的措施和手段应当必要、适当；行政机关实施行政管理可以采用多种方式实现行政目的的，应当避免采用损害当事人权益的方式。

（3）程序正当

程序正当要求行政机关实施行政管理，除涉及国家秘密和依法受到保护的商业秘密、个人隐私之外，应当公开，注意听取公民、法人和其他组织的意见；要严格遵循法定程序，依法保障行政管理相对人、利害关系人的知情权、参与权和救济权。行政机关工作人员履行职责，与行政管理相对人存在利害关系时，应当回避。

（4）高效便民

高效便民要求行政机关实施行政管理，应当遵守法定时限，积极履行法定职责，提高办事效率，提供优质服务，方便公民、法人和其他组织。

（5）诚实守信

诚实守信要求行政机关公布的信息应当全面、准确、真实。非因法定事由并经法定程序，行政机关不得撤销、变更已经生效的行政决定；因国家利益、公共利益或者其他法定事由需要撤回或者变更行政决定的，应当依照法定权限和程序进行，并对行政管理相对人因此而受到的财产损失依法予以补偿。

（6）权责统一

权责统一要求行政机关依法履行经济、社会和文化事务管理职责，要由法律、法规赋予其相应的执法手段。行政机关违法或者不当行使职权，应当依法承担法律责任，实现权力和责任的统一。依法做到执法有保障、有权必有责、用权受监督、违法受追究、侵权须赔偿。

第二章 《宪法》基础知识

第一节 《宪法》概述

一、概念

（一）定义

宪法是规定国家的根本制度和根本任务，集中体现国家的意志和利益，保障公民基本权利的法律规范的总称。宪法在一个国家法律体系中具有根本法地位。

（二）特征

与其他法律相比，宪法具有如下特征：

1. 宪法是国家的根本法

在内容上，宪法规定国家最根本、最重要的问题；在法律效力上，宪法的效力最高；在制定和修改程序上，宪法最严格。

2. 宪法是公民权利的保障书

从历史发展看，宪法或宪法性文件最早是资产阶级在反对封建专制的斗争中，为确认取得的权利，巩固胜利成果而制定出来的。从内容上看，宪法不仅是系统全面规定公民基本权利的法律部门，而且其基本出发点就在于保障公民权利。

3. 宪法是民主制度法律化的基本形式

宪法与民主紧密相连，民主主体的普遍化是宪法得以产生的前提。基于宪法的根本法地位，以及宪法所确认的基本内容主要是国家权力的正确行使和公民权利的有效保障，因此，宪法是民主制度法律化的基本形式。

二、近代宪法的产生和发展

宪法是近代资产阶级革命的产物。资本主义生产关系的形成，资产阶级掌握国家政权和民主制度的确立，民主、自由、平等和人权等宪政思想的提出和深入人心，法律部门的增加和法律体系的完善等为宪法的产生提供了政治、经济、思想和法律条件。英国宪法是世界上最早的宪法，确立了君主立宪制的政治体制，是不成文宪法的典型。美国宪法是世界上第一部成文宪法，确立了三权分立的资产阶级民主共和政体，但在制定之初没有规定公民的权利和自由。1791 年产生的法国宪法，是欧洲大陆的第一部成文宪法，以人权宣言为序言，确认了公民的某些权利和自由。英、美、法三国宪法的产生，标志着宪法作为一个独立的法律部门已经形成。

宪法产生以后，在世界范围内得到了飞速发展。就内容而言，总体上反映出几个方面的趋势：重视人权保障，扩大公民权利；重视实施保障，维护宪法权威；重视国际协作，维护世界和平。

三、旧中国宪法的产生和发展

我国的宪政运动始于清末。1908 年，清政府颁布了《钦定宪法大纲》，规定以 9 年为期进行立宪准备。1911 年颁布宪法性文件《宪法重大信条十九条》，未及实施即被推翻。

民国时期，先后有几部宪法或宪法性文件问世。即 1912 年《中华民国临时约法》；1923 年《中华民国宪法》、1931 年《中华民国训政时期约法》和 1946 年《中华民国宪法》。中国共产党领导的农村革命根据地也颁布了《中华苏维埃共和国宪法大纲》《陕甘宁边区施政纲领》《陕甘宁边区宪法原则》等宪法性文件。

四、新中国宪法的历史发展

中华人民共和国成立后，先后颁布了一部宪法性文件和四部宪法，即：《中国人民政治协商会议共同纲领》（以下简称《共同纲领》）、1954 年宪法、1975 年宪法、1978 年宪法、1982 年宪法。

（一）《共同纲领》

1949 年 9 月，中国人民政治协商会议制定《共同纲领》，起到了临时宪法的作用。《共同纲领》肯定了中国人民革命的胜利成果，宣告了帝国主义、封建主义、官僚资本主义在中国统治的结束和人民共和国的成立；确认中国为新民主主义即人民民主主义的国家，实行人民民主专政；确认人民代表大会制度为我国的政权组织形式，规定中国的国家政权属于人民，人民行使国家政权的机关为各级人民代表大会和各级人民政府；宣布取消帝国主义在华的一切特权，没收官僚资本，进行土地改革；规定了新中国将要实行的政治、经济、军事、文化教育、民族和外交等各项基本政策；规定了公民享有的各项基本权利和自由。《共同纲领》对于巩固人民民主专政政权，加强民主与法制建设，维护公民权利和自由，恢复和发展国民经济有重要的指导意义和保障作用，也为中国制定正式宪法积累了经验。

（二）1954 年《宪法》

1954 年，第一届全国人民代表大会第一次全体会议在《共同纲领》的基础上制定了我国社会主义类型的宪法。1954 年《宪法》除序言外，共 4 章 106 条。该《宪法》在内容上充分反映了社会主义原则和人民民主原则：确认了新中国的国家制度，规定中国是工人阶级领导的、以工农联盟为基础的人民民主国家，规定中国实行民主集中制的人民代表大会制度，规定在我国实行单一制结构下的民族区域自治制度等；确认了中国社会主义过渡时期的经济制度，规定中国的生产资料所有制包括全民所有制、

劳动群众集体所有制、个体劳动者所有制和资本家所有制，规定了国营经济在国民经济中占领导地位，国家保证优先发展国营经济；确认了过渡到社会主义的方法和步骤，规定要依靠国家机关和社会力量，通过社会主义工业化和社会主义改造，逐步消灭剥削制度，建立社会主义社会；确认了公民在法律上一律平等，赋予了公民广泛的权利和自由；对国家机构作出了规定。1954 年宪法从指导思想、基本原则、主要内容到结构形式，都受到普遍称赞，为中国以后几部宪法的修改确立了基本模式。

（三）1975 年《宪法》

1975 年颁布的第二部《宪法》是一部内容很不完善并有许多错误的宪法。主要表现在：在国家性质方面，强调无产阶级必须在上层建筑领域对资产阶级进行全面专政；在民主权利方面，把大鸣大放大字报大辩论确认为人民群众创造的社会主义革命新形式；在经济制度方面，规定了否定个体经济存在，取消了公民对私有财产的继承权等一系列极左的城乡经济政策；在国家机构方面，确认了文化大革命造成的国家机构的混乱状况；在公民基本权利和义务方面，取消和限制了公民的许多权利和自由。与 1954 年《宪法》相比，该《宪法》在指导思想、宪法规范、宪法内容及内在的逻辑结构等方面都有很大的倒退。

（四）1978 年《宪法》

1978 年颁布的第三部《宪法》反映了特定历史时期的基本特点。一方面，总结了拨乱反正的初步成果，取消了 1975 年宪法中某些错误规定；但另一方面，未能完全摆脱极左思想的影响，虽经 1979 年和 1980 年两次局部修改，仍然不能适应新形势的需要。

（五）1982 年《宪法》及《宪法修正案》

1. 1982 年《宪法》

1982 年 12 月 4 日，第五届全国人大第五次会议通过了新中国历史上第四部《宪法》，即现行《宪法》。该《宪法》除序言外，有总纲；公民的权利和义务；国家机构；国旗、国徽和首都四章 138 条。这部宪法以四项基本原则为指导思想，主要体现了以下几个方面的基本精神：集中力量进行社会主义现代化建设；发展社会主义民主和健全社会主义法制；维护国家统一和民族团结；坚持改革开放，进行政治体制改革和经济体制改革。该《宪法》继承和发展了 1954 年《宪法》的基本原则，全面总结了我国社会主义建设正反两方面的经验，反映了我国改革开放以来各方面取得的巨大成就，规定了国家的根本制度和根本任务，是我国有史以来最好的一部宪法。

2. 《宪法修正案》

随着改革开放的深入和社会主义建设事业的发展，我国在政治、经济、文化等领域发生了巨大的变化。为适应这一变化，全国人大先后四次对现行《宪法》进行了修正，通过了 31 条宪法修正案。

（1）1988 年宪法修正案。1988 年宪法修正案共 2 条。一是增加规定允许私营经济的合法存在，并对其性质、地位等作了规定；二是修改了土地政策，明确“土地的使用权可以依照法律的规定转让。”

（2）1993 年宪法修正案。1993 年宪法修正案共 9 条，主要内容是：①在序言中把建设有中国特色社会主义理论确立为进行社会主义现代化建设的指南，把我国的建设目标修改为“富强、民主、文明的社会主义国家”。②增加了“中国共产党领导的多党合作和政治协商制度将长期存在和发展”的规定。③根据经营权和所有权分离的理论，把有关条文中的“国营经济”“国营企业”修改为“国有经济”“国有企业”。④将“农村人民公社、农业生产合作社和其他生产、供销、信用、消费等各种形式的合作经济，是社会主义劳动群众集体所有制经济”的规定修改为“农村中的家庭联产承包为主的责任制和生产、供销、信用、消费等各种形式的合作经济，是社会主义劳动群众集体所有制经济。”⑤将有关条文中的“计划经济”修改为“市场经济”，规定“国家实行社会主义市场经济”“国家加强经济立法，完善宏观调控”“国家依法禁止任何组织或者个人扰乱社会经济秩序”。⑥将县级人民代表大会的任期由 3 年改为 5 年。

（3）1999 年宪法修正案。1999 年宪法修正案共 6 条，主要内容是：①在序言中，明确了社会主义初级阶段的长期性，把邓小平理论与马克思列宁主义、毛泽东思想一样确立为指导我国社会主义现代化建设的理论基础。②增加了“中华人民共和国实行依法治国，建设社会主义法治国家”的规定。③对国家基本经济制度和分配制度作出调整，增加了“国家在社会主义初级阶段，坚持公有制为主体、多种所有制经济共同发展的基本经济制度，坚持按劳分配为主体、多种分配方式并存的分配制度”的规定。④进一步完善了农村集体经济组织的经营体制，规定“农村集体经济组织实行家庭承包经营为基础、统分结合的双层经营体制。”⑤调整了对非公有制经济的政策，规定“在法律规定范围内的个体经济、私营经济等非公有制经济，是社会主义市场经济的重要组成部分”“国家保护个体经济、私营经济的合法的权利和利益。国家对个体经济、私营经济实行引导、监督和管理。”⑥将“反革命的活动”修改为“危害国家安全的犯罪活动”。

（4）2004 年宪法修正案。2004 年宪法修正案共 14 条，主要内容是：①在序言中增加了“三个代表”重要思想，把“沿着建设有中国特色社会主义的道路”修改为“沿着中国特色社会主义道路”，增加了“推动物质文明、政治文明和精神文明协调发展”的规定，在关于爱国统一战线的表述中，增加了“社会主义事业的建设者”。②将关于土地征用的规定修改为“国家为了公共管理的需要，可以依照法律规定对土地实行征收或者征用并给予补偿。”③将保护公民财产所有权和继承权的规定修改为“公民的合法的私有财产不受侵犯。国家依照法律规定保护公民的私有财产权和继承权。国家为了公共利益的需要，可以依照法律规定对公民的私有财产实行征收或者征用并给予补偿。”④增加了“国家建立健全同经济发展水平相适应的社会保障制度”的规定。⑤增加了“国家尊重和保障人权”的规定。⑥在全国人民代表大会组成的规定中，增加了“特别行政区”。⑦将有关“戒严”的规定，改为“进入紧急状态”。⑧在中华人民共和国主席的职权中，增加“进行国事活动”的规定。⑨把乡、民族乡、镇的人民代表大会任期由三年改为五年。⑩把宪法第四章名称修改为“国旗、国歌、国徽、首都”，增加规定“中华人民共和国的国歌是《义勇军进行曲》。”

1982 年宪法颁布实施以来的四次修改，客观反映了中国改革开放和现代化建设的发展需要，体现了新时期社会主义建设对宪政制度提出的要求，不仅巩固了我国改革和发展的成果，而且从政治、经济、思想等方面为今后的改革和发展提供了宪法依据。

第二节 国家性质

国家性质，即国家的本质，是国家制度的核心，决定于国家政权的阶级本质、经济基础以及政治文明、精神文明。宪法规定，社会主义制度是中华人民共和国的根本制度，表明我国的国家性质是社会主义。

一、国家政权的阶级本质

（一）人民民主专政是中国的国体

国体，就是指社会各阶级在国家中的地位。宪法规定，“中华人民共和国是工人阶级领导的、以工农联盟为基础的人民民主专政的社会主义国家。”人民民主专政是中国的国体。

（二）人民民主专政的阶级结构

1. 工人阶级是领导阶级

工人阶级对国家的领导是人民民主专政的根本标志。工人阶级对国家的领导通过自己的政党——中国共产党实现。中国共产党的领导主要是政治领导、思想领导、组织领导。

2. 工农联盟是阶级基础

中国是农业人口占多数的国家，在长期斗争中建立和巩固起来的工农联盟是人民民主专政的基础，是革命和建设胜利的保障。现阶段，巩固工农联盟，必须重视农村和农民问题，大力发展农业，切实减轻农民负担，使工农联盟的物质基础不断强大。

3. 知识分子是依靠力量

作为先进生产力的开拓者，知识分子在建设中国特色社会主义事业中起着举足轻重的作用。因此宪法规定：“社会主义的建设事业必须依靠工人、农民和知识分子，团结一切可以团结的力量。”“国家培养为社会主义服务的各种专业人才，扩大知识分子的队伍，创造条件，充分发挥他们在社会主义现代化建设中的作用。”

4. 爱国统一战线扩大了国家政权的社会基础

统一战线是中国共产党在中国革命中克敌制胜的一大法宝。现阶段，中国结成了由中国共产党领导的，有各民主党派和各人民团体参加的，包括全体社会主义劳动者、社会主义事业的建设者、拥护社会主义的爱国者和拥护祖国统一的爱国者的广泛的爱国统一战线，扩大了国家政权的社会基础。中国人民政治协商会议，即政协，是有广泛代表性的统一战线组织。政协主要通过政治协商、民主监督、参政议政，在国家政治生活、社会生活和对外友好活动中，在进行社会主义现代化建设、维护国家的统一和团结的斗争中，发挥重要作用。

目前，中国共有中国国民党革命委员会、中国民主同盟、中国民主建国会、中国民主促进会、中国农工民主党、中国致公党、九三学社、台湾民主自治同盟等八个民主党派。

二、国家政权的经济制度

在社会主义初级阶段，中国实行以公有制为主体，多种所有制经济共同发展的基本经济制度。坚持按劳分配为主体、多种分配方式并存的分配制度。实行社会主义市场经济。

（一）所有制形式

1. 社会主义公有制

中国经济制度的基础是生产资料的社会主义公有制，即全民所有制和劳动群众集体所有制。

（1）全民所有制经济。全民所有制经济即国有经济，其主要组成部分是国有企业和国有自然资源。此外，还包括国家机关、事业单位、部队等全民单位的财产。国有经济是国民经济中的主导力量，国家保障国有经济的巩固和发展。

（2）劳动群众集体所有制经济。劳动群众集体所有制经济包括城、乡集体所有制经济。农村集体经济组织实行家庭承包经营为基础、统分结合的双层经营体制。农村中的生产、供销、信用、消费等各种形式的合作经济，是社会主义劳动群众集体所有制经济。城镇中集体所有制经济包括手工业、工业、建筑业、运输业、商业、服务业等行业的各种形式的合作经济。此外，由法律规定属于集体所有的森林、山岭、草原、荒地、滩涂，农村和城市郊区除由法律规定属于国家所有以外的土地，宅基地和自留地、自留山，也属于集体所有。集体所有制经济是国民经济的基础力量。国家保护城乡集体经济组织的合法权利和利益，鼓励、指导和帮助集体经济的发展。

2. 非公有制经济

非公有制经济包括劳动者个体经济和私营经济。非公有制经济是社会主义市场经济的重要组成部分，对促进生产、活跃市场、扩大就业及满足人民多方面的生活需求有重要意义。国家鼓励、支持和引导非公有制经济的发展，并对非公有制经济依法实行监督和管理。

3. “三资”企业

“三资”企业即按照我国法律规定成立的中外合资企业、中外合作企业和外商独

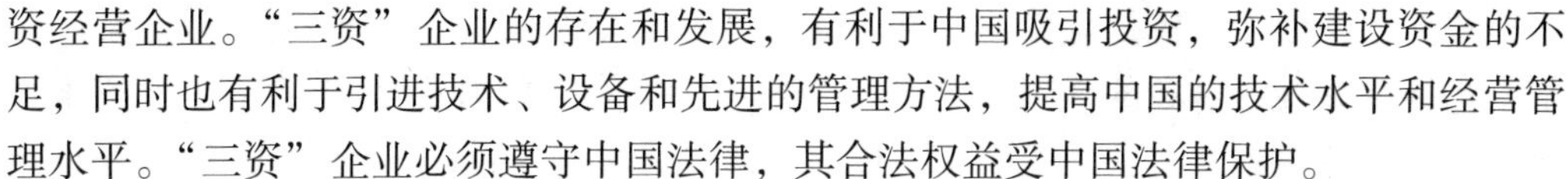

资经营企业。“三资”企业的存在和发展，有利于中国吸引投资，弥补建设资金的不足，同时也有利于引进技术、设备和先进的管理方法，提高中国的技术水平和经营管理水平。“三资”企业必须遵守中国法律，其合法权益受中国法律保护。

（二）分配制度

与所有制形式相适应，中国实行各尽所能、按劳分配的原则。在社会主义初级阶段，坚持按劳分配为主体、多种分配方式并存的分配制度。实行这一制度，把按劳分配和按生产要素分配结合起来，有利于调动广大群众的劳动积极性，有利于优化资源配置和提高劳动生产率，从而促进经济发展和社会稳定。当前，除按劳分配这一主要分配方式外，其他常见的分配方式还有：按资分配，如存款利息、股息收入；按经营收入分配，如风险收入；按社会保障原则分配，如福利性收入等。

（三）经济体制

经济体制是国家管理国民经济的机构、手段和方式的总称。宪法规定“国家实行社会主义市场经济。”社会主义市场经济就是要以生产资料公有制为基础，适应社会化大生产和商品经济的要求，在国家宏观调控下，依靠市场机制配置资源，按照市场规律进行活动。

三、三个文明协调发展

2004 年宪法修正案提出，国家要“推动物质文明、政治文明和精神文明协调发展，把中国建设成为富强、民主、文明的社会主义国家。”

物质文明、政治文明和精神文明是人类文明的三个有机组成部分。物质文明为政治文明和精神文明提供物质基础；政治文明为物质文明、精神文明提供制度保障；精神文明为物质文明、政治文明提供精神动力和智力支持。政治文明的核心是民主和法治。宪法规定，我国实行依法治国，建设社会主义法治国家的治国方略。精神文明主要包括文化建设和思想道德建设两方面的内容。要实现三个文明协调发展，必须树立全面、协调和可持续的科学发展观，正确处理改革发展稳定的关系，着力推动三个文明建设。

第三节 国家形式

我国的政体是人民代表大会制度，国家结构形式是单一制，国家象征是国旗、国歌、国徽、首都。

一、政体

（一）概述

政体，也即政权组织形式，是一个国家的根本政治制度。它主要是指最高国家权力机关的组织形式，包括政权的构成、组织程序和最高权力的分配情况，以及公民参加管理国家和社会事务的程序和方式。政体与国体是形式与内容的关系。当今资本主义国家的政体主要有君主立宪制和共和制。其中共和制又分为议会制、总统制和委员会制三种。

（二）人民代表大会制度是中国的政体

人民代表大会制度是中国的政体，是人民民主专政的政权组织形式。它是指国家的一切权力属于人民，人民在普选的基础上选派代表，按照民主集中制的原则组成全国人民代表大会和地方各级人民代表大会，行使国家权力，其他国家机关由人民代表大会产生，对其负责并受其监督，人民代表大会对人民负责，最终实现人民当家作主的一项根本政治制度。人民代表大会制度是中国根本政治制度，体现了中国一切权力属于人民的本质要求，是其他一系列政治制度产生的基础，反映了国家政治生活的全貌。

（三）人大代表选举制度

1. 基本原则

（1）选举权普遍性原则。选举权普遍性原则是指，凡年满 18 周岁的中国公民，除依照法律被剥夺政治权利外，都有选举权和被选举权。

（2）选举权平等性原则。选举权平等性原则的基本含义是：每一选民在一次选举中只有一个投票权；每一选民所投的票效力一样，禁止特权和歧视等。中国宪法规定的选举权的平等性并不是指绝对意义上的平等，而是着眼实际民主，从政治、经济与文化发展的实际水平与可能性出发，不断提高选举权的平等程度。

（3）直接选举与间接选举相结合的原则。在中国，县、乡两级人大代表由选民直接选举，其他由下一级人大选举。直接选举与间接选举并用的原则，是根据国家的经济、政治与文化发展的实际情况确定的，具有现实的客观基础。随着社会的发展与进步，直接选举的范围将会不断扩大。

（4）无记名投票原则。全国和地方各级人大选举，一律采取无记名投票。

2. 选举的组织与程序

（1）选举的组织。中国选举组织工作有两种类型：一是在实行直接选举的地方，设立选举委员会主持本级人大代表的选举。二是在实行间接选举的地方，由人大常委会主持本级人大代表的选举。

（2）选区划分和选民登记。选区是以一定数量的人口为基础划分的区域，是选民选举产生人大代表的基本单位。根据选举法的规定，县、乡两级人大代表名额分配到选区，由选民按选区直接投票选举。选区可以按照居住状况划分，也可以按照生产单位、事业单位、工作单位划分。划分的原则是从实际情况出发，便于选民行使权利，便于代表联系选民和接受选民监督。

选民登记是对选民资格的法律认可。凡年满 18 周岁没有被剥夺政治权利的公民都应列入选民名单。

(3) 代表候选人的提出。根据选举法规定，各级人大代表候选人按选区或者选举单位提名产生。各政党、各人民团体可以联合或单独推荐候选人。选民或者代表10人以上联名，也可以推荐候选人。选举组织机构根据提名情况，按照法定程序，经各选民小组或全体代表反复酝酿、讨论、协商，确定正式候选人并予以公布。各级人大代表均实行差额选举。

(4) 选举投票。直接选举的投票工作由选举委员会主持，投票可以通过召开选举大会、设立投票站和票箱的方式进行。间接选举的投票由人大主席团主持。投票结束后，要对选票进行统计和核对，对选举结果进行确定，并予以宣布。直接选举时，选民过半数参加投票的，选举有效，候选人获得参加投票的选民过半数的选票即为当选。间接选举时，候选人必须获得全体代表过半数的选票才能当选。

(5) 对代表的罢免和补选。人大代表受选民和原选举单位监督。罢免直接选举所产生的代表，须经原选区过半数的选民通过。罢免间接选举产生的代表，须经原选举单位过半数的代表通过，在代表大会闭会期间，须经各该级人大常委会组成人员过半数通过。罢免决议须报上一级人大常委会备案。人大代表可以提出辞职。代表因故在任期内出缺，由原选区或原选举单位补选。

二、国家结构形式

(一) 概述

国家结构形式是指国家整体和部分之间，中央机关和地方机关之间的相互关系。现代国家基本上有两种国家结构形式，即单一制和复合制，其中复合制又包括联邦和邦联两种形式。

中国的国家结构形式是单一制。根据宪法规定，中国是统一的多民族国家，中央和地方国家机构职权的划分，遵循在中央的统一领导下，充分发挥地方的主动性、积极性的原则。

中国的行政区域划分如下：全国分为省、自治区、直辖市；省、自治区分为自治州、县、自治县、市；县、自治县分为乡、民族乡、镇。直辖市和较大的市分为区、县。自治州分为县、自治县、市。此外，国家在必要时得设立特别行政区。目前，中国有四个直辖市、五个自治区、二十三个省、二个特别行政区。

(二) 民族区域自治制度

1. 概述

民族区域自治制度，是指在国家的统一领导下，按照宪法规定，以少数民族聚居区为基础，建立相应的自治地方，设立自治机关，行使自治权，使实行区域自治的民族当家作主，管理本民族内部地方性事务的制度。民族区域自治制度是中国长期坚持的解决民族问题的重要政策和有效政治途径。

2. 自治地方和自治机关

中国的民族自治地方分为自治区、自治州、自治县三级。民族自治地方的自治机关是人民代表大会和人民政府。人民代表大会中，除实行区域自治的民族的代表外，其他居住在本行政区域内的民族也有适当名额的代表。人大常委会主任或者副主任中应当有实行区域自治的民族的公民。自治区主席、自治州州长、自治县县长由实行区域自治的民族的公民担任。

3. 自治权

民族自治地方的自治权包括：①依照当地民族的政治、经济和文化的特点，制定自治条例和单行条例。②根据当地民族的实际情况，贯彻执行国家法律和政策。③自主管理地方财政。④在国家计划的指导下，自主管理地方性经济建设。⑤自主管理教育、科学、文化、卫生、体育事业，保护和整理民族的文化遗产，发展和繁荣民族文化。⑥依法组织维护社会治安的公安部队。⑦使用当地通用的一种或者几种语言文字。国家保障民族区域自治权，从财政、物资、技术等方面帮助各少数民族加速发展经济建设和文化建设事业，帮助民族自治地方从当地民族中大量培养各级干部、各种专业人才和技术工人。

（三）特别行政区制度

1. 特别行政区和一国两制

特别行政区，是指在我国领土内，根据宪法和法律所设立的具有特殊的法律地位，实行特别的政治、经济、法律制度，享有高度自治权的地方行政区域。设立特别行政区，是“一国两制”方针的体现。目前，中国共设立有香港和澳门两个特别行政区。

“一国两制”，即一个国家，两种制度，是中国解决历史遗留问题，和平实现祖国统一的重大方针，也是中国设立特别行政区的理论依据。实行“一国两制”，就是在一个中国的前提下，国家的主体坚持社会主义制度；香港、澳门和台湾作为中国不可分割的组成部分，保持原有资本主义制度不变，在国际上代表中国的是中华人民共和国政府。

2. 特别行政区与中央的关系

中央对特别行政区的监督与管辖权体现为国家主权，主要包括：特别行政区的创制权；特区政府组织权；紧急状态宣布权；外交权；防务权；对基本法的制定、修改、解释权。

特别行政区享有高度自治权和参与国家管理的权力，主要包括：行政管理权；立法权；独立的司法权和终审权；自行处理有关对外事务的权力；参与管理全国性事务的权力。

3. 特别行政区的政治体制与法律制度

特别行政区政治体制的基本内容，是司法独立，行政主导，立法与行政既制衡又配合。

特别行政区的法律制度主要包括：基本法；被采用的原有法律；特别行政区立法机关制定的法律；在特别行政区实施的全国性法律。

三、国家象征

国家象征是一个主权国家的代表和标志，主要包括国旗、国歌、国徽、首都。中华人民共和国国旗是五星红旗；国歌是《义勇军进行曲》；国徽中间是五星照耀下的天安门，周围是谷穗和齿轮；首都是北京。

第四节　公民的基本权利与义务

一、公民的基本权利

公民的基本权利又称人权或基本人权。宪法规定，中国公民享有广泛的基本权利和自由，包括平等权、政治权利、宗教信仰自由、人身权利、社会经济权利和文化教育等权利。

（一）平等权

平等权是指公民依法平等地享有权利，不受差别对待，要求国家同等保护的权利。宪法规定："中华人民共和国公民在法律面前一律平等。"

（二）政治权利

政治权利又称参政权，是公民参与国家政治活动的一切权利和自由的总称。在中国，政治权利主要包括选举权和被选举权、表达自由、监督权等。

1. 选举权和被选举权

选举权和被选举权是指公民依法选举或被选举为代议机关代表和特定国家机关公职人员的权利。二者通常合称为选举权。选举权是公民的基本政治权利。宪法规定："中华人民共和国年满18周岁的公民，不分民族、种族、性别、职业、家庭出身、宗教信仰、教育程度、财产状况、居住期限，都有选举权和被选举权；但是依照法律被剥夺政治权利的人除外。"

2. 表达自由

表达自由，又称表现自由，是指公民通过各种形式发表自己思想、意见、观点而不受他人非法干涉的自由。宪法规定，中国公民有言论、出版、集会、结社、游行、示威的自由。

3. 监督权

监督权是指公民监督国家机关及其工作人员活动的权利。主要包括批评、建议权，控告、检举权，申诉权，获得国家赔偿的权利。

（三）宗教信仰自由

宪法规定，中国公民有宗教信仰自由，国家保护正常的宗教活动。宪法同时规定了宗教信仰自由的界限，即：不得强制公民信仰宗教或者不信仰宗教，不得歧视信仰宗教的公民和不信仰宗教的公民，不得利用宗教进行破坏社会秩序、损害公民身体健康、妨碍国家教育制度的活动。中国的宗教团体和宗教事务不受外国势力的支配。

（四）人身权利

人身权利是公民一切权利的基础，是指公民的人身自由和人格尊严、住宅安全、通信自由等与人身有关的其他权利和自由受法律保护，不得被非法侵犯的权利。

1. 人身自由

宪法规定："公民人身自由不受侵犯。任何公民，非经人民检察院批准或者决定或者人民法院决定，并由公安机关执行，不受逮捕。禁止非法拘禁和以其他方法非法剥夺或者限制公民的人身自由，禁止非法搜查公民的身体。"

2. 人格尊严

宪法规定："中华人民共和国公民的人格尊严不受侵犯。禁止用任何方法对公民进行侮辱、诽谤和诬告陷害。"

3. 住宅安全

宪法规定："中华人民共和国公民的住宅不受侵犯。禁止非法搜查或者非法侵入公民的住宅。"

4. 通信自由

宪法规定："中华人民共和国公民的通信自由和通信秘密受法律的保护。除因国家安全或者追查刑事犯罪的需要，由公安机关或者检察机关依照法律规定的程序对通信进行检查外，任何组织或者个人不得以任何理由侵犯公民的通信自由和通信秘密。"

（五）社会经济权利

社会经济权利指公民依照宪法规定享有的具有物质经济利益的权利，是公民实现基本权利的物质保障。中国公民的社会物质权利主要包括财产权、劳动权、休息权和物质帮助权。

1. 财产权

宪法规定："公民的合法的私有财产不受侵犯。国家依照法律规定保护公民的私有财产权和继承权。国家为了公共利益的需要，可以依照法律规定对公民的私有财产实行征收或者征用并给予补偿。"

2. 劳动权

劳动权包括劳动就业权和取得报酬权。宪法规定公民有劳动的权利和义务。国家通过各种途径，创造劳动就业条件，加强劳动保护，改善劳动条件，在发展生产的基础上，提高劳动报酬和福利待遇，并对就业前的公民进行必要的劳动就业训练。

3. 休息权

宪法规定，劳动者有休息的权利，国家发展劳动者休息和休养的设施，规定职工的工作时间和休假制度。

4. 获得物质帮助权

获得物质帮助权是指失去劳动能力的公民有从国家获得物质帮助的权利。物质帮助权的实现有赖于社会保障制度的建立完善。宪法规定，国家建立健全同经济发展水平相适应的社会保障制度，实行企业事业组织的职工和国家机关工作人员的退休制度。公民在年老、疾病或者丧失劳动能力的情况下，有从国家和社会获得物质帮助的权利。国家发展为公民享受这些权利所需要的社会保险、社会救济和医疗卫生事业。

（六）文化教育权利

1. 受教育权利

宪法规定："中华人民共和国公民有受教育的权利和义务。"公民有受教育的权利和义务，是指学龄前儿童有接受学前教育的机会；适龄儿童有接受初等教育的权利和义务；公民有接受中等教育、职业教育和高等教育的权利；成年人有接受成人教育的权利；就业前的公民有接受必要的劳动就业训练的权利和义务。

2. 文化权利

根据宪法规定，公民有进行科学研究、文学艺术创作和其他文化活动的自由。国家对于从事教育、科学、技术、文学、艺术和其他文化事业的公民的有益于人民的创造性工作，给以鼓励和帮助。

（七）特定主体权利的保护

宪法除对一切公民所应普遍享有的权利和自由作出全面明确规定外，还对具有特定情况的公民给予特别保护。这些特定人群主要具体指妇女、儿童、老人、华侨和归侨、侨眷等。

二、公民的基本义务

宪法规定，中国公民的基本义务主要有：①维护国家统一和民族团结。②遵守宪法和法律，保守国家秘密，爱护公共财产，遵守劳动纪律，遵守公共秩序，尊重社会公德。③维护祖国的安全、荣誉和利益。④依照法律服兵役和参加民兵组织。⑤依法纳税。⑥其他义务，如夫妻双方有实行计划生育的义务；父母有抚养教育未成年子女的义务，成年子女有赡养扶助父母的义务等。此外，宪法还规定，劳动和受教育既是公民的权利，也是公民的义务。

第五节 国家机构

国家机构是为行使国家权力，按照一定的组织原则而建立的具有不同职能和层次、又有机联系在一起的国家机关的总称。在中国，按照国家机关的不同职能，可分为权力机关、行政机关、军事机关、审判机关和检察机关；按照国家机关的不同等级，又可分为中央国家机关和地方国家机关。

一、全国人民代表大会及其常务委员会

（一）全国人民代表大会

1. 概述

全国人民代表大会是国家最高权力机关，是行使国家立法权的机关，在整个国家机构体系中居于核心地位。全国人大由省、自治区、直辖市、特别行政区和军队选出的代表组成，每届任期5年。

2. 职权

（1）修改宪法和监督宪法实施。宪法的修改，由全国人民代表大会常务委员会或者五分之一以上的全国人大代表提议，并由全国人大以全体代表的三分之二以上的多数通过。宪法监督的内容主要包括两个方面：一是对各项法律、行政法规、地方性法规以及其他有关规范性文件是否同宪法相抵触进行审查。二是对国家机关及其工作人员的职务行为是否符合宪法进行审查。

（2）制定和修改基本法律。全国人大有权制定和修改刑事、民事、国家机构的和其他的基本法律。

（3）选举、决定和罢免国家机构组成人员。全国人大在人事方面有下列权力：①选举和罢免全国人大常委会委员长、副委员长、秘书长和委员，国家主席、副主席，中央军事委员会主席，最高人民法院院长，最高人民检察院检察长。②根据国家主席的提名，决定国务院总理的人选；根据国务院总理的提名，决定国务院副总理、国务委员、各部部长、各委员会主任、审计长、秘书长的人选；根据中央军委主席的提名，决定中央军委其他组成人员的人选，并有权罢免上述人员。③通过全国人大各专门委员会的主任委员、副主任委员和委员人选并撤销其职务。

（4）决定国家重大问题，主要包括：审查和批准国民经济和社会发展计划和计划执行情况的报告；审查和批准国家的预算和预算执行情况的报告；批准省、自治区和直辖市的建置；决定特别行政区的设立及其制度；决定战争与和平的问题。

（5）对其他国家机关进行监督。全国人大有权监督由其产生的国家机关的工作。全国人大常委会、国务院、最高人民法院和最高人民检察院必须对全国人大负责并报告工作。中央军委必须对全国人大负责。全国人大有权改变或者撤销全国人大常委会不适当的决定。

（6）其他应当由它行使的职权。

3. 会议制度

全国人大的工作程序主要是举行会议。会议每年举行一次，由全国人大常委会召集，会议的法定人数为全体代表的三分之二以上。会议的一项主要内容就是提出和审议有关议案。大会表决议案，由全体代表的过半数通过（宪法的修改除外）。会议期间，人大代表还可以向有关部门提出询问和质询。必要的时候，可以组织关于特定问题的调查委员会，并且根据调查委员会的报告，作出相应的决议。

（二）全国人民代表大会常务委员会

1. 概述

全国人大常委会是全国人大的常设机构，是最高国家权力机关的组成部分，是在全国人大闭会期间经常行使最高国家权力的机关，也是国家的立法机关。

全国人大常委会由委员长、副委员长若干人、秘书长、委员若干人组成，每届任期为五年。委员长、副委员连任不得超过两届。

全国人大常委会设委员长会议，处理重要日常工作。委员长会议由委员长、副委员长、秘书长组成。

2. 职权

（1）立法权。全国人大常委会有权制定和修改除应当由全国人大制定的法律以外的其他法律，并在全国人大闭会期间，对其制定的法律进行部分补充和修改，但是不得同该法律的基本原则相抵触。

（2）宪法和法律解释权。

（3）监督权。全国人大常委会有权监督国务院、中央军委、最高人民法院和最高人民检察院的工作，撤销国务院制定的同宪法、法律相抵触的行政法规、决定和命令，撤销省、自治区、直辖市国家权力机关制定的同宪法、法律和行政法规相抵触的地方性法规和决议。

（4）重大事项决定权。全国人大常委会的重大事项决定权主要表现在：①在全国人大闭会期间，审查和批准国民经济和社会发展计划、国家预算在执行过程中所必须作的部分调整方案。②决定同外国缔结的条约和重要协定的批准和废除。③规定军人和外交人员的衔级制度和其他专门衔级制度。④规定和决定授予国家的勋章和荣誉称号。⑤决定特赦。⑥在全国人大闭会期间，如果遇到国家遭受武装侵犯或者必须履行国际间共同防止侵略的条约的情况，决定战争状态的宣布。⑦决定全国总动员或者局部动员。⑧决定全国或者个别省、自治区、直辖市进入紧急状态。

（5）人事任免权。全国人大常委会的人事任免权主要包括：①在全国人大闭会期间，根据国务院总理的提名，决定部长、委员会主任、审计长、秘书长的人选。②在全国人大闭会期间，根据中央军委主席的提名，决定中央军委其他组成人员的人选。③根据最高人民法院院长的提请，任免最高人民法院副院长、审判员、审判委员会委员和军事法院院长。④根据最高人民检察院检察长的提请，任免最高人民检察院副检察长、检察员、检察委员会委员和军事检察院检察长，并且批准省、自治区、直辖市的人民检察院检察长的任免。⑤决定驻外全权代表的任免。

（6）全国人民代表大会授予的其他职权。

3. 会议制度

全国人大常委会会议每两个月举行一次，由委员长召集并主持。会议的主要内容包括审议议案，听取有关部门工作汇报，向有关部门提出质询等。必要的时候，可以组织关于特定问题的调查委员会，并且根据调查委员会的报告，作出相应的决议。

（三）全国人民代表大会各专门委员会

全国人大各专门委员会是全国人大的常设机构，在大会闭会期间，受全国人大常委会的领导。各专门委员会的职责是在全国人大和全国人大常委会领导下，研究、审议和拟订有关议案。目前，全国人大设立有民族委员会、法律委员会、财政经济委员会、教育科学文化卫生委员会、外事委员会、华侨委员会、内务司法委员会、环境与资源保护委员会、农业与农村委员会9个专门委员会。

（四）全国人民代表大会代表

全国人大代表，是依照法律规定选举产生的最高国家权力机关的组成人员。他们依据宪法和法律规定的程序，按照民主集中制的原则，集体行使最高国家权力。全国人大代表不超过3000人，每届任期为五年。

全国人大代表在全国人大会议期间的职责主要有：出席会议；审议有关议案和报告；提出议案；参加各项选举活动；提出质询案和进行质询；提出罢免案；提议组织特定问题调查委员会；参加表决；提出建议。为充分保障全国人大代表执行代表职务，宪法规定，全国人大代表非经全国人大主席团许可，在全国人大闭会期间非经全国人大常委会许可，不受逮捕或刑事审判。全国人大代表在全国人大各种会议上的发言和表决，不受法律追究。

二、国家主席

国家主席是中国国家机构的重要组成部分，是一个独立的国家机关，对内对外代表国家。国家主席、副主席由全国人大选举产生，每届任期五年，连任不得超过两届。

国家主席的主要职权有：①公布法律、发布命令权。国家主席根据全国人大或全国人大常委会的决定，公布法律，发布特赦令，宣布进入紧急状态，宣布战争状态，发布动员令。②任免权。根据全国人大和全国人大常委会的决定，任免国务院总理、副总理、国务委员、各部部长、各委员会主任、审计长、秘书长。③外事权。代表中华人民共和国进行国事活动，接受外国使节；根据全国人大常委会的决定，派遣和召回驻外全权代表，批准和废除同外国缔结的条约和重要协定。④荣典权。根据全国人大常委会的决定，向对国家有重大功勋的人授予国家的勋章和荣誉称号。

国家副主席协助主席工作，可以受主席的委托，代行主席的部分职权。国家主席缺位的时候，由副主席继任。副主席缺位的时候，由全国人大补选。主席、副主席都缺位的时候，由全国人大补选；在补选以前，由全国人大常委会委员长暂时代理主席职位。

三、国务院

（一）概述

国务院，即中央人民政府，是最高国家权力机关的执行机关，是最高国家行政机

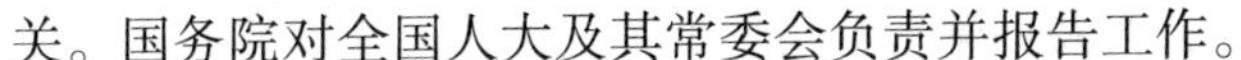

关。国务院对全国人大及其常委会负责并报告工作。

国务院由总理，副总理若干人，国务委员若干人，各部部长，各委员会主任，审计长，秘书长组成。国务院每届任期为五年。总理、副总理、国务委员连任不得超过两届。

国务院的工作由总理领导，实行总理负责制。副总理、国务委员协助总理工作。国务院工作中的重大问题，必须经国务院全体会议或常务会议讨论决定。全体会议由国务院全体成员组成，常务会议由总理、副总理、国务委员、秘书长组成。

国务院行政机构根据职能分为国务院办公厅、国务院组成部门、国务院直属机构、国务院办事机构、国务院组成部门管理的国家行政机构、国务院议事协调机构。

（二）职权

1. 行政立法权

国务院有权根据宪法和法律，规定行政措施，制定行政法规，发布决定和命令。

2. 行政管理权

国务院的行政管理权主要包括：①规定各部和各委员会的任务和职责，统一领导各部和各委员会的工作，并且领导不属于各部和各委员会的全国性的行政工作。②统一领导全国地方各级国家行政机关的工作，规定中央和省、自治区、直辖市的国家行政机关的职权的具体划分。③编制和执行国民经济和社会发展计划和国家预算。④领导和管理各行业、各部门的工作，包括经济工作和城乡建设，教育、科学、文化、卫生、体育和计划生育工作；民政、公安、司法行政和监察工作；对外事务，国防建设事业，民族事务等。⑤保护正当和合法权益，即保障少数民族的平等权利和民族自治地方的自治权利，保护华侨的正当的权利和利益，保护归侨和侨眷的合法的权利和利益。⑥批准省、自治区、直辖市的区域划分，批准自治州、县、自治县、市的建置和区域划分。⑦依照法律规定决定省、自治区、直辖市的范围内部分地区进入紧急状态。⑧审定行政机构的编制，依照法律规定任免、培训、考核和奖惩行政人员。

3. 提出议案权

国务院有权向全国人大或者全国人大常委会提出议案。

4. 监督权

国务院的监督权主要表现为：改变或者撤销各部、各委员会发布的不适当的命令、指示和规章；改变或者撤销地方各级国家行政机关的不适当的决定和命令；设立审计机关，对国务院各部门和地方各级政府的财政收支，对国家的财政金融机构和企业事业组织的财务收支，进行审计监督。

5. 全国人大及其常委会授予的其他职权

四、中央军事委员会

中央军委领导全国武装力量，是国家的最高军事领导机关，是国家机构的重要组成部分。中央军委由主席、副主席若干人、委员若干人组成，实行主席负责制，每届任期为五年。中央军委主席对全国人大及其常委会负责。

五、地方各级人民代表大会和地方各级人民政府

地方各级人大和地方各级政府属于地方国家机构。中国在省、直辖市、县、市、市辖区、乡、民族乡、镇设立人大和政府。自治区、自治州、自治县设立自治机关。地方国家机构还包括地方各级人民法院和人民检察院。

（一）地方各级人大

地方各级人大是地方国家权力机关，与全国人大一起构成中国国家权力机关体系。地方国家行政机关、审判机关、检察机关都由它选举产生，对它负责，受它监督。地方各级人大由人民代表组成，每届任期为五年。

地方各级人大的职权主要有：在本行政区域内，保证宪法和法律法规的遵守和执行，保护机关、组织和个人的合法权益；选举和罢免地方国家机构负责人；决定重大的地方性事务；监督本级人民政府的工作，县级以上人大还有权监督本级人民法院和人民检察院的工作，改变本级人大常委会不适当的决定和命令；按照法定权限制定地方性法规。

（二）县级以上地方各级人大常委会

县级以上地方各级人大常委会是本级人大的常设机关，是同级国家权力机关的组成部分，对本级人大负责并报告工作。县级以上地方各级人大常委会由主任、副主任若干人和委员若干人组成，任期为五年。人大常委会组成人员不得担任国家行政机关、审判机关和检察机关的职务。

县级以上地方各级人大常委会的主要职权是：讨论、决定本行政区域内各方面工作的重大事项；监督本级人民政府、人民法院和人民检察院的工作；撤销本级人民政府的不适当的决定和命令；撤销下一级人大的不适当的决议；依照法律规定的权限决定国家机关工作人员的任免；在本级人大闭会期间，罢免和补选上一级人大的个别代表。

（三）地方各级人民政府

地方各级人民政府是地方各级国家权力机关的执行机关，是地方各级国家行政机关。地方各级人民政府实行省长、市长、县长、区长、乡长、镇长负责制，每届任期为五年。

地方各级人民政府主要职权是：①执行决定和命令。包括执行本级人大及其常委会的决议；执行上级行政机关的决定和命令。②领导和监督。包括领导和监督所属各工作部门和下级人民政府的工作；改变或者撤销所属各工作部门和下级人民政府的不适当的决定；任免、培训、考核和奖惩行政工作人员；设立审计机关，独立行使审计监督权。③管理地方各项行政工作。④依法保障各方面的权利。

（四）基层群众性自治组织

基层群众性自治组织，是指依照有关法律规定，以城乡居民（村民）居住地为

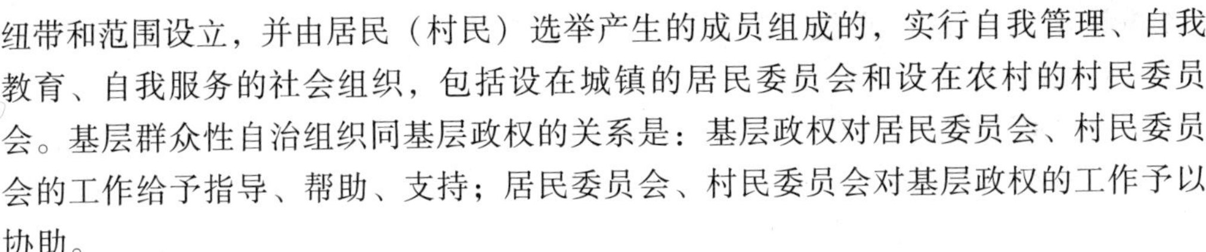

组带和范围设立，并由居民（村民）选举产生的成员组成的，实行自我管理、自我教育、自我服务的社会组织，包括设在城镇的居民委员会和设在农村的村民委员会。基层群众性自治组织同基层政权的关系是：基层政权对居民委员会、村民委员会的工作给予指导、帮助、支持；居民委员会、村民委员会对基层政权的工作予以协助。

居民委员会、村民委员会设人民调解、治安保卫、公共卫生等委员会，办理本居住地区的公共事务和公益事业，调解民间纠纷，协助维护社会治安，并向人民政府反映群众的意见、要求和提出建议。居民委员会、村民委员会的主任、副主任和委员由居民选举产生。

六、人民法院和人民检察院

（一）人民法院

人民法院是国家的审判机关，是国家机构的重要组成部分。人民法院的职权是按照法律规定独立行使审判权，审判刑事案件、民事案件和行政案件。

人民法院系统由最高人民法院、地方各级人民法院和专门人民法院组成。其中地方各级人民法院分为高级人民法院、中级人民法院和基层人民法院。专门人民法院包括军事法院、铁路运输法院、海事法院、森林法院和其他专门法院。最高人民法院是最高审判机关，院长每届任期五年，连续任职不得超过两届。最高人民法院对全国人大及其常委会负责。地方各级人民法院对产生它的国家权力机关负责。最高人民法院监督地方各级人民法院和专门人民法院的审判工作，上级人民法院监督下级人民法院的审判工作。

人民法院审判工作坚持以下基本原则和制度：依法独立审判；公民在适用法律上一律平等；公开审判；被告人有权获得辩护；各民族公民有权使用本民族语言、文字进行诉讼；两审终审制；合议制；回避制度；审判监督制度。

（二）人民检察院

人民检察院是国家的法律监督机关，是国家机构的重要组成部分。人民检察院的职权是按照法律规定独立行使检察权，具体包括特定刑事案件侦查；批准或决定逮捕；侦查监督；公诉；审判监督；执行监督等职权。

人民检察院系统由最高人民检察院、地方各级人民检察院和军事检察院等专门人民检察院组成。其中地方各级人民检察院又分为：省、自治区、直辖市人民检察院；省、自治区、直辖市人民检察院分院，自治州和省辖市人民检察院；县、不设区的市、市辖区人民检察院。省一级和县一级人民检察院根据工作需要，提请本级人大常委会批准，可以在工矿区、农垦区、林区等区域设置人民检察院，作为派出机构。最高人民检察院是最高检察机关，检察长每届任期为五年，连续任职不得超过两届。人民检察院实行双重领导原则：各级人民检察院受本级人大及其常委会领导；最高人民检察院领导地方各级人民检察院和专门人民检察院的工作，上级人民检察院领导下级人民检察院的工作。

人民检察院依照法律规定独立行使检察权，不受行政机关、社会团体和个人的干涉。人民检察院在办理刑事案件时，和人民法院、公安机关分工负责，互相配合，互相制约，保证准确有效地执行法律。

第二篇

行政法律制度

第一章　行政法原理

第一节　行政法的基本概念

一、行政

“行政”一词在日常生活中运用较多，有一般行政与国家行政之分。一般行政是指各种组织（包括机关、团体、单位等）的执行、管理职能：执行即执行组织领导层的决策及决策所确定的目标、纲领、方案；管理即是对组织的运作进行规划、控制，对组织系统成员的活动进行组织、指挥、协调、监督。国家行政是指国家这一特殊组织的执行、管理职能：执行即执行国家法律、政策及国家法律、政策所确定的目标、规划；管理即是对国家内政、外交事务的组织、指挥、协调、监督。

近代意义的国家行政是国家权力分立的产物，而现代国家权力又出现交叉和混合的状况，故要确定行政的涵义十分困难，国内外学者至今从未形成统一见解，各有各的说法，最典型的有“形式行政说”和“实质行政说”。形式行政是以行政的主体来界定行政：凡是国家行政机关行使的职能即为行政，而不论该职能的内容是实施具体行政行为，还是制定抽象的行政法规、行政规章，或是裁决公民、法人或其他组织之间的争议。实质行政是以行政的实质内容作为界定行政的标准：凡是国家机关实施具体的执行、管理职能即为行政，而不论该行为的主体是行政机关，还是立法机关或司法机关。

行政法范畴的行政，主要是指形式行政，即国家行政机关对国家与公共事务的决策、组织、管理和调控。

二、行政权

行政权是由国家宪法、法律赋予的国家行政机关执行法律规范，实施行政管理活动的权力，是国家政权的组成部分。这个定义有三方面的涵义：第一，行政权来源于国家宪法和法律，没有宪法和法律的确认或设定，行政权就失去了存在和行使的合理基础。第二，行政权由国家行政机关代表国家行使，立法、司法机关及其他国家机关就其各自所管理的事项行使的权力分别为立法权、司法权等。第三，行政权系国家政权组成之一，是国家治理和服务社会的公权力的一种，因而行政权多含有强制或命令的性质。

行政权与其他国家权力和社会组织、公民个人的权利不同。相对于其他国家权力而言，它具有自由裁量性、主动性和广泛性等特点；相对于社会组织、公民个人而言，它则具有强制性、单方性和优益性等特点。

行政权不完全等同于行政职权。前者是行政机关依法管理国家行政事务的权力，其内容多而复杂；后者则是具体行政机关和工作人员所拥有的与其行政目标、职务和职位相适应的管理资格和权能，是行政权的具体配置和转化形式。

行政权与行政权限亦有区别。行政权限是法律规定的行政机关及其工作人员行使职权所不能逾越的范围、界限，是行政权的具体形式——行政职权的三大构成要素（权力主体、权力内容、权力范围）之一。行政机关行使职权超越行政权限，便构成行政越权，视为无效。

现代国家行政机关部门林立，纷呈繁杂的国家行政事务，具体到不同行政机关的行政职权也就多少不等，内容相异。但就总体而言，行政权大致有下列内容：行政立法权、行政命令权、行政决定权、行政检查监督权、行政制裁权、行政强制权和行政裁判权等。

三、行政法

（一）行政法的含义

行政法是调整行政关系的法律规范的总称，或者说是调整国家行政机关在行使权力过程中发生的各种社会关系的法律规范的总称。所谓调整行政关系，就是规定行政关系各方当事人之间的权利义务关系。

（二）行政法的调整对象

每一个部门法都有其特定的调整对象。行政法的特定调整对象是行政关系。行政关系是指国家行政机关在行使权力过程中所发生的各种社会关系。行政权是行政关系的核心，只有与行政权的行使直接发生关系的才是行政关系。行政关系一般可概括为两类：一是内部行政关系，即行政机关之间的关系以及行政机关与其公务员之间的关系。二是外部行政关系，即行政机关与作为行政相对人的公民、法人和其他组织之间的关系，以及其他国家机关对行政机关的法制监督关系。

行政关系是行政法赖以存在的前提，而行政法律关系则是行政法调整行政关系的结果。未经行政法规范调整的行政关系不是也不能成为行政法律关系（详见本章第二节）。

（三）行政法的渊源

行政法由一系列行政法规范组成，而这一系列规范又是通过丰富的法律形式表现出来。行政法的渊源，就是指行政法规范的表现形式，亦即行政法规范的载体。

行政法的渊源可以分为一般渊源和特殊渊源两大类。

行政法的一般渊源，是指国家权力机关或行政机关各自制定的规范性法律文件。按照制定主体、效力层次、制定程序的差别，可分为：宪法、法律、行政法规、部门规章、地方性法规、自治条例和单行条例、地方政府规章等。

行政法的特殊渊源，是指包含了行政法律规范的国际条约和协定、有关法律解释等。一是国际条约和协定。有的条约和协定时常会涉及一国国内的行政管理，成为调整该国行政机关与公民、法人、其他组织以及外国人之间关系的行为规范。这类条约和协定一经中国承认，便成为中国行政法的一个渊源。二是法律解释。法律解释分为有权解释和无权（学理）解释。无权解释没有法律效力，不能成为行政法的渊源。《关于加强法律解释工作的决议》规定：一、凡关于法律、法令条文本身需要进一步明确界限或作补充规定的，由全国人民代表大会常务委员会进行解释或用法令加以规定。二、凡属于法院审判工作中具体应用法律、法令的问题，由最高人民法院进行解释。凡属于检察院检察工作中具体应用法律、法令的问题，由最高人民检察院进行解释。最高人民法院和最高人民检察院的解释如果有原则性的分歧，报请全国人民代表大会常务委员会解释或决定。三、不属于审判和检察工作中的其他法律、法令如何具体应用的问题，由国务院及主管部门进行解释。四、凡属于地方性法规条文本身需要进一步明确界限或作补充规定的，由制定法规的省、自治区、直辖市人民代表大会常务委员会进行解释或作出规定。凡属于地方性法规如何具体应用的问题，由省、自治区、直辖市人民政府主管部门进行解释。

（四）行政法的特点

行政法作为一个部门法，无论在形式上还是在内容上都有区别于其他部门法的特点。

1. 行政法在形式上的特点

（1）行政法没有统一、系统的法典。民法有民法典，刑法有刑法典，行政法却很难有行政法典，这是由于行政法涉及的社会生活领域十分广泛，内容纷繁复杂，又有较强的技术性、专业性，再加上行政关系变动较快，因此，制定一部统一、系统的行政法典几乎是不可能。虽然有一些国家和学者曾努力促进行政法的法典化，但他们最终都未能成功，只是在学术上起些推动作用。中国从来没有一部统一、系统的行政法典。需要说明的是，没有统一、系统的法典，但是这并不意味着行政法没有单行法典。实践中，这类单行法典还为数不少，而且调整着一定领域较广泛的行政关系，如《中华人民共和国行政处罚法》《中华人民共和国行政许可法》《中华人民共和国行政强制法》等。

（2）行政法规范赖以存在的法律形式、法律文件的数量特别多，属各部门法之首。《民法》、《刑法》通常只能由最高权力机关制定，法律形式单一，法律文件有限，数量不多。行政立法则实行多种多级的立法体制，不仅最高权力机关和地方权力机关可以制定，而且有权的行政机关也可以制定，这就使得行政法的渊源繁多，种类不一。行政法的立法体制是由行政法内容的广泛性、技术的复杂性、专业的细致性所决定，是为适应行政管理活动的现实需要而产生的。

2. 行政法在内容上的特点

（1）行政法的内容十分广泛。现代行政已不像 18、19 世纪的行政那样仅限于治安、国防、税收和外交等方面，而且还扩展到包括工商、城乡建设、卫生、环保、劳动、质量监督等在内的几乎所有的经济、社会生活领域，西方学者将其形容为“从摇篮到坟墓”的全方位管理。作为上层建筑的法律，不可能不反映这一现实。所以，行政法的内容从行政组织、行政管理到行政救济，从经济管理、城市管理到教育文化管理等，可谓包罗万象。

（2）以法规、规章为渊源的行政法规范易于变动。一般说来，法律规范都具有一定的稳定性。在行政法规范中，以宪法、法律为渊源的那部分法律规范与民法、刑法规范一样具有相当的稳定性，而数量较多的以法规、规章为渊源的具体规范的稳定性就相对差得多了。这是因为，虽然以宪法、法律为渊源的行政法规范也涉及较多领域，但其规定的是最基本内容，具有很强的原则性、抽象性以及适应性，故变动不频；而以法规、规章为渊源的行政法规范涉及的内容太多、太具体，面对日新月异的经济、社会生活，如不及时作相应调整，就会产生消极的后果。所以，以法规、规章为渊源的行政法规范易于变动自在情理之中。

（3）行政法的实体性规范与程序性规范总是交织在一起，并往往共存于同一法律文件中。《民法》与《民事诉讼法》、《刑法》与《刑事诉讼法》通常都是分别作为实体法与程序法而分开的，国家对它们单独制定法典，使其形成不同的法律部门。但行政法的程序性规范并不仅限于诉讼领域，出于民主、公正的要求和科学、效率的需要，国家有必要对行政机关行使职权的步骤、次序、方式、时限予以规定，行政程序规范与行政实体规范密不可分，考察行政活动也很难将两类规范截然分开。当然，某些程序性规范会因代表一定的共性而逐步独立形成一个法律文件，如行政立法。但在更多的情况下，从立法技术的角度看，很多实体法规范和程序性规范往往共同存在于一个法律文件之中。

但是，值得注意的是，这并不意味着独立的行政程序法律规范就不存在或者失去其存在的意义。在现代法治国家，更注重程序公正，尤其是行政程序的公正。近年来，国家立法机关也在不断探索行政程序立法工作。自 1989 年以来，国家陆续颁布实施了《行政诉讼法》《行政处罚法》《行政复议法》《行政许可法》《行政复议法实施条例》《行政强制法》等，这些法律法规，有的虽然也包含了一些实体性法律规范，但总体上仍属于行政程序法律规范的范畴。特别是《行政处罚法》《行政许可法》和《行政强制法》，从中我们可以看出很明显的控权立法的倾向，即国家通过立法来限制和规范行政权力的行使，使行政权力的运行始终在法治的框架下进行，防止权力超出边界，侵犯个体权利，这也是行政执法人员在执法过程要时刻牢记的内容。

第二节　行政法律关系

一、行政法律关系的含义

行政法律关系是指由行政法调整的具有行政法上权利义务关系内容的行政关系。

行政机关因行使职权而发生的行政关系是多种多样的，大多数的行政关系都应转化为行政法律关系，这是行政法治原则的基本要求，但实践中，仍有一定的行政关系未能转化成行政法律关系，这可能因为某种行政关系尚不需以法律来调整，也可能因为某种行政关系尚无法律来加以调整。随着现代行政的发展和依法治国方略的实施，可以预料，越来越多的原来不受法律调整的行政关系都将逐步被纳入行政法调整的范围。

二、行政法律关系的构成要素

行政法律关系由主体、客体和内容三要素构成。

1. 行政法律关系的主体

行政法律关系主体，亦称行政法律关系当事人，指行政法律关系中权利的享有者和义务的承担者，包括行政主体和行政相对人。

行政主体享有并行使国家行政权力，在法律关系中占有主导地位；行政相对人是与行政主体相对应的另一方当事人。

2. 行政法律关系的客体

行政法律关系客体是指行政法律关系当事人的权利义务所指向的对象。行政法律关系客体包括人身、财产和行为。人身是指人的身体和身份。行政行为可以对人的身体和身份发生直接的作用，前者如行政拘留，后者如居民身份证管理。财产包括金钱、物和智力成果，前者是有形的，而后者则是无形的，如著作、专利、商标等。行为指行政法律关系当事人的作为和不作为，既包括行政主体的行为，也包括行政相对人的行为。

3. 行政法律关系的内容

行政法律关系内容是指行政主体和行政相对人在行政法律关系中所享有的权利和承担的义务。

三、行政法律关系的产生、变更和消灭

行政法律关系的产生、变更和消灭需要具备一定的条件，其中最主要的条件有：一是行政法规范，二是行政法律事实。行政法规范是行政法律关系产生、变更和消灭的前提条件，没有一定的行政法规范就不会有相应的行政法律关系，但行政法规范只是行政法律关系主体权利和义务的一般模式（可能性），还不是现实的行政法律关系本身。行政法律关系的产生、变更和消灭还必须具备直接的原因，这就是法律事实，它是行政法规范与行政法律关系联系的媒介。

所谓法律事实，就是由法律规范规定的、能够引起法律关系产生、变更和消灭的客观情况或现象。由此可见，法律事实首先是一种客观存在，不是心理现象或心理活动，其次是由法律规范规定的、具有法律意义的事实，即该事实的存在必须能够引起法律关系的产生、变更和消灭。法律事实分为法律事件和法律行为两种类型。前者是指不以人的意志为转移的客观事实，如自然灾害、战争、人的生老病死等；后者是指

人的主观行为，该行为并不限于合法行为，还包含违法行为。

四、行政法律关系的分类

1. 内部行政法律关系与外部行政法律关系

内部行政法律关系，即行政机关之间、行政机关与其公务员之间发生的受行政法调整的关系。外部行政法律关系，即行政机关与作为行政相对人的公民、法人和其他组织之间发生的受行政法调整的关系，以及其他国家机关依法与行政机关发生的关系。

2. 行政实体法律关系与行政程序法律关系

行政行为同时要受行政实体规范和行政程序规范的制约，形成两种不同的法律关系。行政实体法律关系中，行政机关同时是行政职权和行政职责的主体，实施某种行为对行政机关来说，既是行使权利又是履行义务。行政程序性规范是对行政机关选择和决定行为程序的一种限制，对行政机关而言，行政程序规范是义务性规范，而对行政相对人而言，则是权利性规范，所以，在行政程序法律关系中，行政机关是义务主体而行政相对人是权利主体。

五、行政法律关系的特点

行政法律关系具有一些有别于其他法律关系的特点，把握这些特点，有助于深入认识和理解行政法律关系的本质。

1. 行政法律关系中必有一方是行政主体

行政权力的行使是行政关系得以发生的客观前提，没有行政权力的存在和行使，行政关系无从产生，行政法律关系也就不可能形成。

2. 行政法律关系具有非对等性

行政法律关系的非对等性主要表现在以下三个方面：一是行政法律关系主体地位不对等。二是行政法律关系中的意思表示也不对等。行政主体通过单方意思表示即可导致法律关系的发生，而无需征得行政相对人的同意。三是行政法律关系内容的变更也存在不对等性。行政主体有权以限制（特许）权利、增加（豁免）义务等方式单方变更法律关系，而不必考虑行政相对人的意思表示。需要说明的是，上述三种行政主体占主导地位的非对等性的情形，主要是针对行政实体法律关系而言。行政程序是制约行政实体权力的重要机制，在行政程序法律关系中，虽同样存在非对等性，但行政相对人却占有主导地位，如行政诉讼的被告应负举证责任等。正是这种相互倒置的不对等关系的设定，才真正体现了行政法的平衡精神，有利于避免滥用职权和恣意行政现象的发生。

3. 行政法律关系主体的权利义务一般是法定的

一般情况下，行政法律关系主体之间既不能相互约定权利和义务，也不能自由处分权利和义务，其权利和义务的取得、处分均须依照法律规定执行。

第三节　行政法的基本原则

一、行政法基本原则的含义

行政法作为一个独立的部门法，是一个有机的整体，其成千上万的行政法律规范之间有着内在的必然的联系，体现着相同的原理和准则，这就是行政法的基本原则。

行政法基本原则不同于行政法的指导思想。后者比前者效力层次更高，内容更抽象。行政法基本原则相对于行政法的指导思想而言，更具有直接的可操作性。

行政法基本原则也不同于具体的行政法律规范。前者在效力层次上比后者高。行政法律规范是行政法的最小细胞，它的制定必须与行政法基本原则相一致，其内容必须体现行政法基本原则的精神。如果两者不一致，必须修改行政法律规范，而不是行政法基本原则。当然，行政法基本原则也离不开行政法律规范，没有后者，前者便因失去表现形式而无法被反映出来。需要说明的是，行政法基本原则并非全由法律规范直接表达，大多原则是存在于法律规范的“背后”。

二、行政法基本原则的功能

1. 行政法基本原则有助于中国行政法制的统一、协调和稳定

行政管理的广泛性、多样性和复杂性，决定了行政法律规范的广泛性、多样性和复杂性。然而，这些广泛、多样和复杂的行政法律规范所体现的基本精神却是统一的。同样由于上述行政管理的特点，使得行政法律规范更易变动，但相对多变的行政法律规范所体现的基本原则则是稳定的。所以，在行政立法、执法和司法活动中坚持行政法基本原则，有助于中国行政法制的统一、协调和稳定。

2. 行政法基本原则有助于准确地理解和适用行政法律规范

行政法基本原则贯穿于行政法律规范之中，指导和统率着所有的行政法律规范。所以，深刻把握行政法基本原则，不仅有助于加深对行政法实质的认识，而且有助于在行政执法、司法活动中准确地理解和适用行政法律规范。

3. 行政法基本原则是对行政法律规范适用上的一种补充

行政管理的广泛性、多样性和复杂性，使得某些领域的行政法律规范有可能出现滞后或空白现象，但行政执法、司法活动又不得间断，在此特殊情形下，可以直接适用行政法基本原则处理行政事务和行政案件。所以，行政法基本原则既是行政法律规范的统率，又是后者的补充。

4. 行政法基本原则有助于促进行政主体依法行政

行政法基本原则直接地、普遍地调整和规范着行政主体的行政行为，具有直接的法律约束力。与行政法基本原则相抵触的行政行为无效，有关责任者还须承担相应的法律责任。所以，行政法基本原则是行政主体依法行政的可靠保证。

三、行政法基本原则的内容

行政法的基本原则有两条，即行政合法性原则和行政合理性原则。

1. 行政合法性原则

行政合法性原则是行政法基本原则之一，而且是其首要原则。

行政合法性原则的基本内容可以概括为以下两个方面：

（1）行政职权的存在必须基于法律的授予。行政合法性原则要求行政主体在其法定权限内行使职权，任何没有法定依据或超越法定范围的职权都是不应存在的。所以，是否超越法定职权是司法审查的一个重要标准。

（2）行政职权的行使必须依据法律的规定。依法行使职权是行政合法性原则对行政主体提出的一项根本要求，行政主体行使职权既不能违反行政法实体规范，也不能违反行政法程序规范。所以，一切违法的行政行为都应当是无效的。

确立行政合法性原则的依据在于：第一，在任何一个推行法治的国家，合法性原则都是其法律制度的重要原则。第二，行政机关是国家权力机关的执行机关，同时也是法律的执行机关。行政机关的性质和任务决定了行政机关必须遵守法律、执行法律，合法有效地开展行政管理工作。第三，行政机关是国家和社会公共事务的管理机关。当今国家和社会事务纷繁复杂，国家不得不赋予行政机关很大的权力，而日益膨胀的行政权力如果不受约束，就有可能走向专横和滥用，防止这种倾向的有效途径就是用法律加以约束。所以，行政权力的性质决定了行政机关必须遵守法律。第四，行政管理的内容广泛而复杂，为适应社会的发展，要求行政管理机制高速、正常、有效地运转，依法行政是保证这种运转正常的润滑剂。

坚持行政合法性原则的意义重大：第一，依法行政是依法治国的重要内容，是建立法治国家的关键。坚持行政合法性原则，有助于行政机关增强法治观念和提高依法行政的水平，促进依法治国方略的实施。第二，坚持行政合法性原则，有助于减少行政机关的违法行政行为，从根本上保障公民、法人和其他组织的合法权益不受违法行政行为的侵害。

2. 行政合理性原则

行政合理性原则是与行政合法性原则并行的一项行政法基本原则，是对行政合法性原则的补充。行政合理性原则的基本内容包含以下几个方面：

（1）正当性。即行政行为在主观上必须出于正当的动机，在客观上必须符合正当的目的。

（2）平衡性。即行政主体在选择做出某种行政行为时，必须注意权利和义务、个人所受损害与社会所获利益、个人利益与国家集体利益之间的平衡。

（3）情理性。即行政行为必须符合客观规律，合乎情理，不能要求行政相对人承担无法履行或违背情理的义务。

行政合理性原则产生的主要原因是由于行政自由裁量权的存在。行政行为有羁束

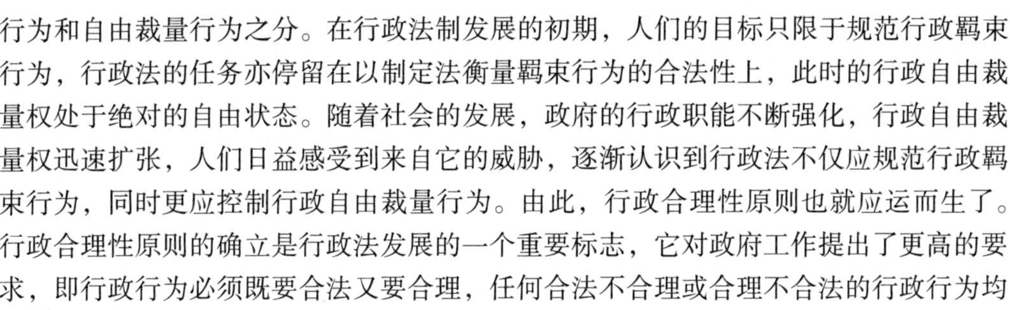

行为和自由裁量行为之分。在行政法制发展的初期，人们的目标只限于规范行政羁束行为，行政法的任务亦停留在以制定法衡量羁束行为的合法性上，此时的行政自由裁量权处于绝对的自由状态。随着社会的发展，政府的行政职能不断强化，行政自由裁量权迅速扩张，人们日益感受到来自它的威胁，逐渐认识到行政法不仅应规范行政羁束行为，同时更应控制行政自由裁量行为。由此，行政合理性原则也就应运而生了。行政合理性原则的确立是行政法发展的一个重要标志，它对政府工作提出了更高的要求，即行政行为必须既要合法又要合理，任何合法不合理或合理不合法的行政行为均是不允许的。坚持行政合理性原则，既有利于保障行政权的合法行使，又有利于维护公民、法人和其他组织的合法权益。

第四节　行政法律体系

由于行政法调整的领域十分广泛，所以行政法律规范非常庞杂，是其他部门法的法律规范所不可比拟的。为了便于学习、研究和实施行政法，有必要对行政法律规范进行分类，而这种分类的本身也就从各个不同的角度说明了行政法律体系的实际构成。

一、以行政法调整对象的范围分类

以行政法调整对象的范围为标准，行政法律体系是由一般行政法和特别行政法两部分构成。

一般行政法是指调整各类行政关系的一般性通用的法律规范的总称，如行政组织法、公务员法、行政处罚法和行政程序法等。特别行政法是指调整特别行政关系的法律规范的总称，如经济行政法、公安行政法、民政行政法、卫生行政法、科技行政法、教育行政法、土地行政法，等等。

二、以行政法律规范的性质分类

以行政法律规范的性质为标准，行政法律体系是由行政实体法和行政程序法两部分构成。

行政实体法是指规定当事人在行政法律关系中的地位、资格和权能等实体性权利义务的法律规范的总称。行政程序法是指规定实施行政法实体规范所必需的当事人程序性权利义务的法律规范的总称。

三、以行政法律规范的作用分类

以行政法律规范的作用为标准，行政法律体系是由行政组织法、行政行为法和行政救济法三部分构成。

行政组织法，即有关行政组织法律规范的总称，基本上可以分成两个部分：一部分是规定行政机关的设置、编制、职权、职责等相关方面内容的法律规范；另一部分是规定行政机关与其公务员双方在录用、培训、考核、奖惩等相关方面内容的法律规范。行政行为法是规定行政机关在实施行政管理活动中，与行政相对人之间权利义务的法律规范的总称。行政救济法主要包括行政复议、行政诉讼、行政赔偿等方面的法律规范。

第五节　行政执法

一、行政执法的概念

行政执法与行政立法和行政司法相对应，是指行政机关直接实施法律、法规的管理行为的总称。行政执法有广义和狭义之分。广义的行政执法，是指所有的行政执法主体在行政管理的一切活动中遵守和依照法律、法规、规章和规范性文件进行行政管理的活动，它可以发生在抽象和具体的行政行为之中。狭义的行政执法，是指行政机关或者法律、法规授权的组织，依照法律、法规、规章规定的职责、权限和程序，对特定的行政相对人所采取的直接影响其权利义务的行为，它一般只能发生在具体的行政行为中。本节所阐述的行政执法是就狭义的角度而言。这一概念可以从以下几方面理解：

第一，行政执法的主体，是法定的具有行政执法职能的行政机关，或者是法律法规授权的组织。受行政机关委托的组织可进行行政执法，但法律后果由委托的行政机关承担，即执法主体仍然为主管行政机关。行政处罚法、行政许可法等法律都规定了委托执法的内容。

第二，行政执法的对象是特定的、具体的公民、法人或者其他组织。

第三，行政执法的依据要由法律、法规、规章来规定，不得自我授权。

第四，行政执法直接影响行政相对人的权利和义务。行政执法行为的实施，或者给行政相对人赋予了某种权利，或者给行政相对人设定了某种义务。

第五，行政执法的目的，是使法律的规定得以落实，实现行政管理的目标。

二、行政执法的依据

1. 行政执法依据及其效力等级

行政执法依据是指能使行政执法行为有效成立的法律根据。主要有宪法、法律、行政法规、地方性法规、自治条例和单行条例、规章，以及国家机关的立法解释。它们的效力等级依次是：宪法具有最高的法律效力，一切法律、法规、规章都不得同宪法相抵触；法律的效力仅次于宪法，高于法规和规章。行政法规的效力低于法律，高于地方性法规、规章。地方性法规仅在本地方行政区域内有效，其效力低于行政法规，高于本级和下级地方政府规章；自治条例和单行条例对法律、行政法规、地方性法规作变通规定的，在本自治地方适用。经济特区法规根据授权对法律、行政法规、地方性法规作变通的规定的，在本经济特区适用。省级政府规章的效力高于本行政区域内市级政府规章，国务院部门规章之间、国务院部门规章与地方政府规章之间具有同等效力，在各自范围内施行。国家机关的立法解释与被解释的法律、法规、规章等具有同等的法律效力。

此外，其他规范性文件对行政执法活动的影响和指导意义也不容忽视，某些方面的行政执法甚至还需要以其他规范性文件作依据。其他规范性文件作为行政执法依据，必须符合法律、法规和规章的规定。《行政复议法》第七条规定：公民、法人或其他组织认为行政机关的具体行政行为所依据的规章以外的国务院部门的规定、县级以上地方各级政府及其工作部门的规定和乡、镇政府的规定不合法，在对具体行政行为申请行政复议时，可以一并向行政复议机关提出对该规定的审查申请。因此，规章以外的国务院部门的规定、县级以上地方各级政府及其工作部门的规定和乡、镇政府的规定，只要合法，即目的是为了保证法律、法规、规章的贯彻实施，并且与法律、法规、规章的规定或其基本立法精神不相抵触，也可以作为行政执法的依据。

2. 行政执法依据的适用规则

（1）上位法优于下位法。行政执法依据的效力等级从高到低依次是：法律、行政法规、地方性法规、规章。相对而言，排序在前、效力等级较高的，称为上位法；排序在后、效力等级较低的，称为下位法。如就法律和行政法规而言，法律是上位法，行政法规是下位法；就行政法规和地方性法规而言，行政法规是上位法，地方性法规是下位法。下位法和上位法出现不一致，就以上位法为准，这是由其效力决定的。

（2）后法优于前法。也称新法优于旧法。处于同一效力等级层次的行政执法依据出现前后不一致，应以后法即颁布时间在后的法律文件为准，前法应服从于后法。

（3）特别法优于普通法。普通法是指对某一领域或某一方面普遍性规定，也就是对一般人或一般事项所作的一般性规定。特别法是指关于某特定时间、特定地点、特定人或特定事项的专门规定，常常是普通法的例外情况。如行政处罚法和治安管理处罚法在规定行政处罚方面，就是普通法与特别法的关系。同一主体制定的普通法与特别法出现不一致时，特别法优于普通法适用；特别法没有规定的，适用普通法。

（4）法不溯及既往。立法法规定：法律、行政法规、地方性法规、自治条例和单行条例、规章不溯及既往，但为了更好地保护公民、法人和其他组织的权利和利益而作的特别规定除外。

3. 行政执法依据冲突的裁决机制

根据立法法的规定，行政执法依据在实际运用时如果出现矛盾和冲突，应当按照如下裁决机制办理：

（1）法律之间对同一事项的新的一般规定与旧的特别规定不一致，不能确定如何适用时，由全国人大常委会裁决。

（2）行政法规之间对同一事项的新的一般规定与旧的特别规定不一致，不能确定如何适用时，由国务院裁决。

（3）地方性法规、规章之间不一致时，由有关机关依照下列权限作出裁决：同一机关制定的新的一般规定与旧的特别规定不一致时，由制定机关裁决；地方性法规与国务院部门规章之间对同一事项的规定不一致，不能确定如何适用时，由国务院提出意见，国务院认为应当适用地方性法规的，应当决定在该地方适用地方性法规的规定；认为应当适用国务院部门规章的，应当提请全国人大常委会裁决；国务院部门规章之间、国务院部门规章与地方政府规章之间对同一事项的规定不一致时，由国务院裁决。

（4）根据授权制定的法规与法律规定不一致，不能确定如何适用时，由全国人大常委会裁决。

三、行政执法的基本原则

行政执法的原则是指贯穿于行政执法全过程，对行政执法各个环节具有普遍指导意义的思想观念和基本行为准则。中国行政执法的基本原则包括合法性原则、合理性原则、效能原则和公开原则。有关合法性原则、合理性原则的相关内容已在本章第三节行政法的基本原则有所阐述，本节重点介绍效能原则和公正原则。

1. 效能原则

是指行政执法要以较少资源的投入实现最佳的执法效果。效能原则是对行政执法的行为能力、运行状态、实际效果的综合性要求。效能原则要求行政执法行为的方式、步骤、时限、顺序等，应当简便、高效，便于当事人和利害关系人参与，在不损害行政相对人合法权益的前提下要最大限度地提高行政效率。按照效能原则，行政机关必须不断改进行政执法方式，优化行政执法程序，缩短行政执法时限。行政执法机关应当积极依法全面正确地履行职权，不能失职，不能拖延和不作为，遇到紧急情况必须适时果断采取应对和防范措施。同时，要树立执法就是服务的意识和以人为本的思想，既要严格执法又要积极服务。在制度设计和操作层面上，只要能取得好的执法效果，执法的方法、手段越简便越好，执法的时限越短越好。

2. 公正原则

公正原则的具体要求如下：

（1）公开透明。行政执法的依据必须公开；行政执法人员在行政执法时应当出示行政执法证件，表明身份；行政执法过程应当对当事人、利害关系人和社会公开；行政机关应当向当事人、利害关系人提供与行政执法行为有关的事实和法律规定等信息，行政机关所提供的信息应当符合及时、准确、充分的要求；涉及国家秘密、商业秘密或者个人隐私的事项依法不应当公开的，行政机关、当事人、利害关系人对相关信息应当予以保密。

（2）正当参与。除法律特别规定外，当事人、利害关系人有权在行政执法过程

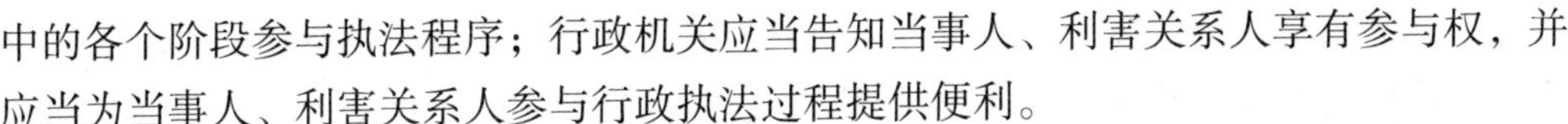

中的各个阶段参与执法程序；行政机关应当告知当事人、利害关系人享有参与权，并应当为当事人、利害关系人参与行政执法过程提供便利。

（3）制约平衡。行政执法的职能体现在受理、调查、审查决定、监督等几个主要阶段或环节，对这些职能无论是涉及一个行政机关内部几个机构的还是涉及几个不同行政机关的，都要进行合理分解、适度分离，做到相互支持、相互配合、相互制约、相互监督，实现行政执法权力各项权能的平衡。

（4）救济保障。行政机关实施行政执法行为可能影响公民、法人或其他组织合法权益时，公民、法人或其他组织有权陈述、申辩，有权要求举行听证，有权申请行政复议、提起行政诉讼和国家赔偿。行政机关应当告知公民、法人或其他组织寻求权利救济的途径、方式和期限。

四、行政执法的分类

行政执法面广量大，复杂多样。根据不同的标准，对行政执法行为可以作不同的分类。从总体上讲，可以概括为学理分类和实务分类。学理分类侧重于行政执法行为在法理形态的提炼，实务分类则侧重于实践形态的概括。对行政执法行为进行科学分类，有助于把握不同的行政执法行为的性质、特点和法律效果，提高行政执法的能力和水平。

1. 行政执法行为的学理分类

（1）羁束的行政执法行为和自由裁量的行政执法行为。这是根据行政执法行为的受拘束程度而作的分类。羁束的行政执法行为是指在法律、法规、规章对行政执法行为的范围、种类、方式等均作了没有可以自由选择余地的规定的情况下，行政机关所作出的行政执法行为。自由裁量的行政执法行为是指在法律、法规、规章对行政执法行为的范围、种类、方式等没有明确规定或者规定有自由选择余地的情况下，行政机关所作出的行政执法行为。比如，法律规定对某违法行为罚款500元，据此作出的罚款，就属于羁束的行政执法行为；法律规定对某违法行为罚款200元以上2000元以下，据此作出的罚款就属于自由裁量的行政执法行为。区分羁束的行政执法行为与自由裁量的行政执法行为在行政诉讼中具有重要意义。羁束的行政执法行为只可能存在是否违法的问题，而自由裁量的行政执法行为既可能存在是否违法的问题，也可能存在是否适当的问题。按照行政诉讼法的规定，人民法院审理行政案件，对具体行政行为是否合法进行审查。就是说，行政执法行为是否适当一般不属于司法审查的范围。只有对显失公正的行政处罚，法院才可以判决变更。

（2）依职权的行政执法行为和依申请的行政执法行为。这是根据行政执法行为的动因而作的分类。依职权的行政执法行为是指行政机关根据法律赋予的职权，无需相对人申请而主动进行的行政执法行为，如行政处罚等。依申请的行政执法行为是指行政机关只有在相对人提出申请之后才能进行的行政执法行为，如行政许可等。这种划分的意义主要在于把握行政执法行为效力与成立要件的关系。依职权的行政执法行为，行政机关可以主动作出，不需要相对人申请即能生效；而依申请的行政执法行为，没有相对人的申请，行政机关不能作出否则不发生法律效力。

（3）单方的行政执法行为和双方的行政执法行为。这是根据行政执法行为是否需要相对人同意而作的分类。单方的行政执法行为是指由行政机关单方作出，无需相对人同意即双脚生效的行政执法行为。在大多数情况下，行政执法行为都是单方执法行为。双方的行政执法行为是指行政机关不能单方作出，需要与相对人协商一致才能作出的行政执法行为。如行政合同行为。随着社会的进步，有许多单方的行政执法行为已经或正在转变为双方的行政执法行为。这种划分有助于确定行政执法行为的效力，对转变和创新行政管理方式具有重要意义。

（4）要式的行政执法行为和非要式的行政执法行为。这是以对行政执法行为的表现形式有无特定要求而作的分类。要式的行政执法行为是指行政机关必须严格依照特定的方式作出的行政执法行为，如行政许可等。非要式的行政执法行为是指法律不作严格形式要求的行政执法行为。对于要式行政执法行为，形式上的瑕疵，则可能构成形式（程序）违法，直接影响该行政执法行为的法律效力。

（5）独立的行政执法行为和附属的行政执法行为。这是根据行政执法行为能否独立存在而作的分类。独立的行政执法行为是指能够独立存在的行政执法行为。附属的行政执法行为，也称补充的行政执法行为，是指不能独立存在而只是作为另一行政执法行为的附属或补充的行政执法行为。

（6）实体的行政执法行为和程序的行政执法行为。这是根据行政执法行为是否直接引起行政法律效果而作的分类。实体的行政执法行为是指能够直接引进行政法律效果的行政执法行为，如行政处罚等。这类的行为直接影响相对人的权利或义务，它以解决相对人权利义务的实体内容为特征，直接处分相对人的权利和义务。程序的行政执法行为是指不直接处分相对人权利和义务的行政执法行为，如告知行为等。

此外，行政执法行为还有须受领的和不须受领的行政执法行为、附条件的和不附条件的行政执法行为等。

2. 行政执法行为的实务分类

行政执法的实务分类，反映出行政执法在内容或结构上的类型，主要包括行政征收征用、行政确认、行政许可、行政处罚、行政强制、行政命令、行政合同、行政给付、行政检查、行政奖励等。

（1）行政征收与行政征用。行政征收是指行政机关征收，即行政机关依法将非国有财产强制征归国有。行政征用是指行政机关为了公共利益的需要强制而有偿使用行政管理相对人的财产或劳务的行为。公共利益需要是行政征收和行政征用的前提条件。行政征收、行政征用必须经过法定程序，未经法定程序，不能限制或剥夺公民或法人的财产。行政征收、行政征用必须给予补偿。

（2）行政确认。是指行政机关或其他具有行政职权的组织对行政管理相对人的法律地位、权利义务关系和特定的法律事实予以确定、认可和证明的行为。行政确认是行使行政职权的机关或组织，针对依法需要确认的事项，根据法定的条件和程序作出承认和肯定的结论或评价，它在性质上不同于行政机关的调解行为和裁决行为。主要形式有：①确定。如在颁发房屋产权证书中确定的财产所有权。②认可。如质量认证等。③证明。如居民身份证明等。④登记。如婚姻登记等。⑤鉴证。如合同鉴证等。⑥行政鉴定。如审计鉴定等。

（3）行政许可。行政许可是指行政机关根据公民、法人或者其他组织的申请，经依法审查，准予其从事特定活动的行为。

（4）行政处罚。行政处罚是指行政机关或者特定的组织对违反行政管理秩序但尚不构成犯罪的行为依法采取的制裁措施。

（5）行政强制。是对行政机关依法采取的强制措施、强制执行和即时强制的统称。行政强制措施是指特定的行政机关为预防、控制或制止危害社会行为的发生，依法采取强行限制人身自由、财产流通的措施。行政强制措施是以可能或正在发生危害社会的行为为前提的。行政强制执行是指特定的行政机关对不履行或不适当履行行政决定所确定的义务的相对人，采取一定的强制性措施，迫使其履行或全面适当履行义务，或达到与义务人履行义务相同状态的行为。行政强制以公民、法人或其他组织不履行行政义务为前提，且以当事人所承担的行政义务范围为限。行政即时强制，是指特定的行政机关在遇有突发性重大事件和其他严重影响国家、社会、集体或者公民利益的紧急情况下，依法直接采取的强制措施。行政即时强制是一种特殊的行政强制措施，它须有法律的授权，一般都是在紧急情况下采取的，大多数情况下没有书面决定，目的是预防、制止或控制危害社会情况的发生。行政即时强制包括对人身的即时强制和对财物的即时强制。

五、行政执法的内容和效力

1. 行政执法的内容

行政执法的内容，也就是行政执法的功能，是指行政执法行为对特定行政相对人实体性或程序性权利义务的直接影响。主要包括以下几个方面：

（1）赋予或限制、剥夺权益。赋予权益，是指行政机关赋予行政相对人某种法律上的权利、利益、能力或荣誉。具有这种赋予行政相对人某种权益内容或功能的行政执法行为，称为授益性行政执法行为，如质检部门发放生产许可证等。限制或者剥夺权益，是指行政机关限制或者剥夺相对人某种法律上的权利、利益、能力或荣誉。具有这种限制或者剥夺行政相对人某种权益内容或功能的行政执法行为，称为侵益性行政执法行为。如质检部门吊销生产许可证等。

（2）设定、增加或免除、减少义务。设定义务是指行政机关要求行政相对人承担某种义务。设定义务包括设定作为义务和不作为义务两个方面。增加义务是行政机关增添或加重行政相对人负担的行为。免除义务是指行政机关取消行政相对人原来承担或本应承担的某种义务。减少义务是指行政机关减轻或部分免除行政相对人原来承担或者本应承担的某种义务。

（3）确认、变更或维持法律事实或法律地位。确认法律事实是指行政机关对某种能引起某法律关系产生、变更和终止的法律事实进行认定或者证明的行为。确认法律地位是指行政机关对行政相对人在某种法律关系中的权利义务进行认定或者证明行为。确认的目的不在于创设权利或增加义务，而是使法律事实或法律地位得到承认和宣示。变更法律事实或法律地位是指行政机关变更行政相对人原有的法律地位或改变原有的法律事实的行为。维持法律事实或者法律地位是指行政机关对业已存在的法律事实或法律地位进行维护的行为。

2. 行政执法行为成立的条件

行政执法行为成立，必须符合一定的条件才能产生行政机关预期的法律后果，对行政相对人产生法律上的效力。行政执法行为有效成立的条件一般包括两个方面：

（1）形式要件。主要有：行政执法主体必须是有执法权的行政机关或组织；行政执法主体必须以自己的名义独立作出意思表示；行政执法主体的意思表示已经通过法定的形式传达给行政相对人；法律、法规、规章特别规定或行政执法机关自己设定的某一具体行政执法行为的生效期间已经届满。

（2）实质要件。即行政执法行为在本质上或内容上必须具备的条件，主要有：行为主体合格；行政的目的和内容合法；行政执法行为的事实清楚、证据确凿等。

3. 行政执法行为的效力

行政执法行为的效力，是指行政执法行为合法成立所具有的法律上的效果。一般来说，行政执法行为一经作出，就具有如下三个方面的效力：

（1）确定力。又称公定力，是指行政执法行为一旦作出，非经有权机关依法定程序确认无效或予以撤销，均视为合法成立。包括行政执法机关本身在内的任何国家机关，非依法不得随意变更或撤销；在行政复议和行政诉讼期间，行政执法行为非因法定事由不停止执行，超过行政复议或行政诉讼期限，则不得再对其申请行政复议或提起行政诉讼。

（2）拘束力。是指行政执法行为有效成立后，对行政执法机关和行政相对人均产生约束效力，任何一方不得违反和拒绝，不能作出与行政执法行为相抵触的行为。

（3）执行力。是指行政执法行为有效成立后，行政相对人必须履行该行为确定的义务，行政执法机关可依法自行采取或申请法院采取一定的强制手段，使行为规定的内容得以实现。行政执法行为只有在有权机关依法确认无效后才能停止执行；只有在法律规定的特殊情况或特别许可下，才可有条件地暂缓执行。

必须指出，行政执法行为的效力与有效成立的要件是紧密相联的。行政执法行为一旦具备了形式要件，该行为就对行政相对人发生拘束力和执行力。行政执法行为一旦符合实质要件，就在本质上具备了确定力。行政执法行为既符合形式要件又符合实质要件，就具有无可争辩的确定力、拘束力和执行力。行政执法行为的效力也是会变化的。行政执法行为因期限届满、内容已得到执行、条件已经成就等而终结；也可能因变更、撤销、废止、消失等而失去效力。

第二章　行政许可法律制度

2003 年 8 月 27 日，中华人民共和国第十届全国人民代表大会常务委员会第四次会议通过《中华人民共和国行政许可法》，并于2004 年 7 月 1 日起施行。行政许可是行政机关管理社会和经济事务的重要手段之一，行政许可法作为规范行政许可的基本法律，对各级政府及政府各部门的影响是重大而深远的。

第一节　概　　述

行政许可是指行政机关根据公民、法人或者其他组织的申请，经依法审查，准予其从事特定活动的行为。

一、行政许可的特征

1. 行政许可是依申请的行为

行政许可属于依申请的行政行为，以公民、法人或者其他组织的申请为起始。没有申请，行政许可所容许的对象就难以确定。

2. 行政许可是外部行为

行政许可是行政机关对外部管理对象即公民、法人和其他组织作出的管理行为。行政机关对其内部的审批，或者按照隶属关系由上级行政机关对下级行政机关有关事项的审批都不是行政许可。

3. 行政许可是准予相对人从事特定活动的行为

实施行政许可的结果是相对人获得了从事特定活动的权利或者资格，例如，开采矿山、从事律师职业等。

4. 行政许可是对特定活动的事前控制

从权力与责任、权利与义务的关系看，对行政机关而言，某一事项需要行政许可，意味着对该事项的监督关口前移，从而行政机关的责任也相应前移。对相对人而言，某一事项需要行政许可，则意味着该相对人在这一事项上比其他相对人要多承担一份义务（在一些条件下也比其他相对人多一份权利）。

二、行政许可的分类

1. 普通许可

普通许可是由行政机关确认自然人、法人或者其他组织是否具备从事特定活动的

条件。它是运用最广泛的一种行政许可，适用于直接关系国家安全、经济安全、公共利益、人身健康、生命财产安全的事项。普通许可的功能主要是防止危险、保障安全，一般没有数量控制。

2. 特许

特许是由行政机关代表国家向被许可人授予某种权利。主要适用于有限自然资源的开发利用、有限公共资源的配置、直接关系公共利益的垄断性企业的市场准入等。海域使用许可、无线电频率许可是典型的特许。特许的功能主要是分配稀缺的资源，一般有数量控制。

3. 认可

认可是由行政机关对申请人是否具备特定技能的认定。主要适用于为公众提供服务、直接关系公共利益并且要求具备特殊信誉、特殊条件或者特殊技能的资格、资质。认可的主要功能是提高从业水平或者某种技能、信誉，没有数量限制。

4. 核准

核准是由行政机关对某些事项是否达到特定技术标准、经济技术规范的判断、确定。主要适用于直接关系公共安全、人身健康、生命财产安全的重要设备设施的设计、建造、安装和使用，直接关系人身健康、生命财产安全的特定产品、物品的检验、检疫。核准的功能也是为了防止危险、保障安全，没有数量控制。

5. 登记

登记是由行政机关确立个人、企业或者其他组织的特定主体资格。登记的功能主要是确立申请人的市场主体资格，没有数量控制。

三、行政许可的基本原则

（一）合法原则

合法原则，是指设定和实施行政许可，应当依照法定的权限、范围、条件和程序。

1. 依法设定行政许可

（1）按照法定权限设定行政许可。法律可以设定行政许可；尚未制定法律的，行政法规可以设定行政许可，必要时，国务院的决定也可以设定行政许可；尚未制定法律、行政法规的，地方性法规可以设定行政许可；尚未制定法律、行政法规和地方性法规的，因行政管理需要，确需立即实施行政许可的，省级人民政府的规章可以设定临时性的行政许可；除此之外的其他规范性文件一律不得设定行政许可。超越权限设定的行政许可一律无效。

（2）按照法定范围设立行政许可。有权设定行政许可的机关，不是对任何事项都可以设定行政许可，设定行政许可有范围限制。根据《行政许可法》第十二条、第十三条的规定，设定行政许可的范围是第十二条规定的六个方面的事项。对属于这六个方面的事项，如果通过公民、法人或者其他组织能够自主决定的，通过市场竞争机制能够有效调节的，通过行业组织或者中介机构能够自律管理的，通过行政机关采用事后监督及其他行政管理方式能够解决的，也不要设定行政许可。

（3）按照法定的条件设定行政许可。按照行政许可法的规定，不少设定行政许可的行为都是附条件的。比如，地方性法规和省级人民政府规章不得设定有关资格、资质的行政许可，不得设定企业登记及其前置性行政许可等。

（4）按照法定程序设定行政许可。行政许可法规定的设定行政许可的程序有：起草法律草案、法规草案和规章草案，拟设定行政许可的，起草单位应当通过听证会、论证会等形式广泛听取意见，并向制定机关说明设定该行政许可的必要性、对经济和社会可能产生的影响以及听取和采纳意见的情况；行政许可的设定机关应当定期对其设定的行政许可进行评价。其他有关法律、行政法规主要是指立法法、行政法规制定程序条例、规章制定程序条例。这些法律、行政法规规定的立法程序，在设定行政许可时，也应当遵循。

2. 依法实施行政许可

（1）施行政许可的主体及权限应当合法。行政许可由具有行政许可权的行政机关在其法定职权范围内实施；法律、法规授权的具有管理公共事务职能的组织，在其法定授权范围内，以自己的名义实施行政许可。在中国，哪些行政机关或者组织可以作为行政许可的主体，各个主体的权限范围有多大，一般都有单行法律、法规规定。因此，实施行政许可应当严格依照这些法律、法规规定的权限范围，不得越权、不得滥用权力。

（2）施行政许可应当依照法定的条件。行政许可的本质主要表现为对公民、法人和其他组织是否符合法定权利资格和具备取得权利的条件进行审查核实后的一种准许。从实践来看，实施行政许可的条件一般都是由单行法律、法规和规章规定，行政许可法对行政许可实施的条件作了原则性规定。严格按照这些条件实施行政许可，是确保行政许可合法、高效的关键。违反法定条件实施行政许可，构成实体上违法。

（3）施行政许可应当严格依照法定的程序。行政许可法主要内容是行政许可程序，从行政许可的申请、受理、审查、决定，到行政许可的期限、变更、延续，都作了较详细的规定。单行法律、法规、规章也规定了一些程序。所有这些程序性规定，都是实施行政许可必须遵循的法律规范。违反这些法律规范，就构成程序违法。行政许可同其他具体行政行为一样，就对行政许可规范的重要性而言，程序比实体显得更为重要。因为，实践证明程序作为一个透明过程，是达成公平与效率有机统一的最佳路径。

（二）公开、公平、公正原则

公开的本意是不加隐蔽。行政法律制度上的公开通常是指国家行政机关某种活动或者行为过程和结果的公开，其本质是对公众知情权、参与权和监督权的保护。

设定行政许可遵循公开原则的基本要求：

（1）设定行政许可的过程应当是开放的，从设定行政许可的必要性、可行性，到行政许可可能产生效果的评估，都要广泛听取意见，允许并鼓励公众评论，真正做

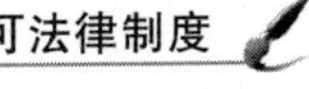

到广集民意。

(2) 凡是行政许可的规定都必须公布，未经公布的，不得作为实施行政许可的依据。

实施行政许可遵循公开原则的基本要求：

(1) 行政许可实施的主体要公开，谁有权实施哪些行政许可，应当让公众周知。

(2) 行政许可实施的条件应该是规范的、明确的、公开的，不允许在行政许可的实施条件上搞“模糊战术”。

(3) 行政许可实施的程序，包括申请、受理、审查、听证、决定、检查等程序都应当是具体、明确和公开的。

(4) 行政许可的实施期限是公开的。

(5) 行政机关作出的准予行政许可的决定，应当予以公开，公众有权查阅（涉及国家秘密、商业秘密、个人隐私的情况除外）。

公平、公正的本意是公平正直、没有偏私。行政法律制度上的公正、公平原则是合法原则的必要补充。它们要求的是，行政机关在履行职责、行使权力时，不仅在实体和程序上都要合法，而且还要合乎常理。设定和实施行政许可遵循公平、公正原则，要求平等地对待所有个人和组织，禁止搞身份上的不平等。根据行政许可法的规定，在设定行政许可时，不能对个人和组织因为地位（规模）、经济条件、来自地区不同而规定不同的条件。在实施行政许可时，不能对符合法定条件或者标准的个人和组织实行歧视待遇，尤其是根据招标投标、拍卖或者统一考试决定的行政许可，更是如此。无论是在招标投标的机会，还是在统一考试成绩面前，都要真正做到人人平等，不得予以歧视。

（三）便民原则

便民，就是公民、法人或者其他组织在行政许可过程中能够廉价、便捷、迅速地申请并获得行政许可。便民是中国法律制度重要价值取向，也是行政机关履行行政职责、行使行政权力应当恪守的基本准则。行政许可是由公民、法人或者其他组织申请行政机关准予其从事特定活动所形成的，在形式上具有明显的“百姓求官”的特点，如果我们的行政机关及其工作人员不能很好地对待自己手中的行政许可权力，不能把握行政许可的本质，就很容易把行政许可变成扰民的工具，甚至成为“设租”、“寻租”的手段。因此，实施行政许可必须遵循便民原则，具有特殊意义，也具有很强的针对性。一个时期来，实施行政许可环节过多、手续繁琐、期限过长、“暗箱操作”，老百姓办事很难，成本越来越高。在起草行政许可法过程中，针对解决这些问题所形成的共识是，便民原则不仅要明确规定为实施行政许可应当遵循的原则，而且要贯穿在行政许可法的全过程，包括设定行政许可和实施行政许可的各个环节。从这个意义上讲，便民原则是我们理解和把握行政许可法基本精神的一个重要着眼点。

根据便民原则，行政机关实施行政许可，应当做到：

(1) 行政许可依法需要行政机关内设的多个机构办理的，该行政机关应当确立一个机构统一受理行政许可申请，统一送达行政许可决定；行政许可依法由地方人民政府两个以上部门分别实施的，本级人民政府可以确定一个部门受理行政许可申请并转告有关部门，分别提出意见后统一办理，或者组织有关部门联合办理、集中办理；省级人民政府依法应积极决定一个行政机关行使有关行政机关的行政许可权。

（2）公民、法人或者其他组织申请行政许可，应当尽量提供方便，如提供符合法定要求的申请书格式文本，允许并鼓励申请人通过信函、传真、电子数据交换等方式提出申请，将行政许可的事项、依据、条件、数量、程序、期限及需要提交的全部材料的目录等在办公场所公示，当场更正申请材料中的错误，应当创造条件在网站上公布行政许可事项等。

（3）对符合法定形式、材料齐全的申请，应当尽量当场受理，不得拖延。

（4）应当严格在法定期限内作出行政许可决定或者办完有关事项。按照提高办事效率的要求，行政机关实施行政许可应当尽量往前赶，无论是受理、审查行政许可申请，还是作出行政许可决定；无论是告知申请人相关权利、举行听证会，还是到现场检验、检测；无论是发现问题，还是处理问题，都要及时，都必须讲究效率。

（5）提供优质服务。凡事都要从方便公民、法人或者其他组织角度考虑，对自己能办到的事情，或者能帮助申请人改正的一些文字错误，就不要自己嫌麻烦，更不要刁难申请人。

总之，要处处、事事、时时为老百姓、申请人着想，这样才符合便民原则，合乎行政机关及其工作人员的本分。

（四）救济原则

救济，是指公民、法人或者其他组织认为行政机关实施行政许可致使其合法权益受到损害时，请求国家予以补救的制度。公民、法人或者其他组织对行政机关实施行政许可，享有陈述权、申辩权；有权依法申请行政复议或提起行政诉讼；其合法权益因行政机关违法实施行政许可受到损害的，有权依法要求赔偿。

陈述权是有条有理地说出自己观点的权利，申辩权是申述理由加以辩解的权利。陈述权、申辩权都是一种说话的权利，属于言论和表达自由范畴，其本质是一项宪法性权利。在宪法层面讨论言论和表达自由的基本理据是，任何人在任何问题上都有以口头、书面等方式发表意见或者看法的权利和自由，除非这种权利和自由损害了他人权利或者公共利益。救济权是公民、法人或者其他组织不服行政许可，有权依法申请行政复议、提起行政诉讼；其合法权益因行政机关违法实施行政许可受到损害的，有权依法要求赔偿。救济权是对行政许可权效力优先和单方特性的一种平衡。

行政许可法规定陈述权、申辩权和救济权的主要理由是：

（1）在现代社会，法制的意义重在对行政权力的规制和对公民权利的保障及其对二者关系的处理。在行政管理关系中，行政权力与公民权利应当保持一种平衡状态，这种平衡是法制的集体主义价值取向与个人主义价值取向的统一，是公共利益与个人利益的统一。行政许可法规定公民、法人和其他组织享有陈述权、申辩权和救济权，

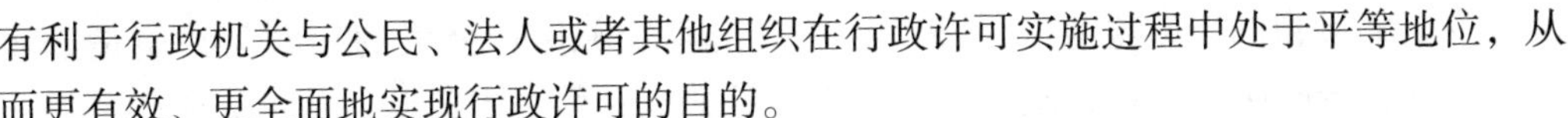

有利于行政机关与公民、法人或者其他组织在行政许可实施过程中处于平等地位，从而更有效、更全面地实现行政许可的目的。

（2）现代行政是一种责任行政。法律在赋予行政机关行政许可权的同时，也就意味着行政机关应当承担相应的责任。比如，在实施行政许可中，行政机关有权要求申请人提供法定材料，有权依据所依法认定的事实作出不予行政许可的决定，但同时也有责任听取申请人的意见。再比如，行政机关可以凭借法律所给予的优越地位，单方面作出行政许可决定，而且这种决定一旦作出即发生法律效力，但行政机关对此要负责任，错了要改正，损害了他人利益，就要承担赔偿责任。

（3）现代法治推崇以权利制约权力的监督机制。公民、法人或者其他组织在行政机关实施行政许可过程中享有陈述权、申辩权和救济权，实际上是一种以权利制约权力的监督权，尽管这种权利与强大的行政许可权相比，显得较为弱小，但可以起到顾炎武所称“小大相制、内外相维”之功效。

（4）陈述权、申辩权对行政机关掌握情况、辨明真伪，防止先入为主、以偏概全，从而准确地依据事实和法律作出行政许可决定，很有意义。

根据行政许可法的规定，行政机关实施行政许可，应当做到：

（1）在实施行政许可的各个环节，都应当保护公民、法人或者其他组织的陈述权、申辩权。也就是说，无论是在申请的提出、申请受理或者审查，还是在决定的作出或者在监督检查过程中，只要是公民、法人或者其他组织有话要说，行政机关都要允许，并认真听取意见。

（2）对依法需要听证的事项，必须依法告知申请人、利害关系人享有听证的权利并依法举行听证。听证必须允许申请人、利害关系人申辩和质证。

（3）公民、法人或者其他组织对行政许可不服申请行政复议或者提起行政诉讼，行政机关应当积极参加行政复议或者行政诉讼；因违法实施行政许可造成公民、法人或者其他组织损害的，应当依法承担赔偿责任。

需要指出，行政许可法所指的公民、法人或者其他组织，既包括申请人、被许可人，也包括利害关系人。

（五）信赖保护原则

信赖保护原则的基本含义是：行政管理相对人对行政权力的正当合理信赖应当予以保护，行政机关不得擅自改变已生效的行政行为，确需改变行政行为的，对由此给相对人造成的损失应当给予补偿。

信赖保护原则的基础是公众对自己国家及国家权力的信任，这种信任是公众安全性和其工作、生活行为有明确预期的基本前提。如果这种信任没有得到很好的保护，甚至受到损害，公众个人权利、公共利益乃至整个经济和社会发展都将处于不稳定、不连续的状态之中。信赖保护原则主要表现在遵守法律不溯及既往原则、明确撤销行政行为的限制。法律的溯及既往力，是指一个新的法律制定颁布以后，对它生效以前的行为是否适用的问题。原则上，法律没有溯及既往的效力，法律只适用于其生效后所发生的事项和行为，这对于保持社会关系的稳定和保护公民的权利与自由是必要的。本来，行政机关发现行政行为违法就应该撤销，但是当撤销这种行为所得到的利益少于其对相对人利益的损害时，就要对撤销予以限制。

《行政许可法》规定的信赖保护原则的基本内涵是：

（1）公民、法人或者其他组织依法取得的行政许可，是正当的合理信赖，应当受到法律保护，除非法律、法规有明确规定，行政机关不得撤销或者变更已生效的行政许可。否则，行政机关撤销、变更已生效的行政许可行为就是违法。法律、法规规定可以撤销、变更已生效的行政许可的情形，主要是指因行政机关违法实施行政许可或者申请人以违法手段获取行政许可的情形，包括滥用职权、玩忽职守或者超越职权作出准予行政许可决定的，对不具备申请资格或者不符合法定条件的申请人准予行政许可的，被许可人以欺骗、贿赂等不正当手段取得行政许可的。但是，撤销行政许可可能对公共利益有重大损害的，不得撤销；确需撤销的，被许可人由此造成的损失，行政机关应当依法予以赔偿。

（2）行政机关和申请人、被许可人都没有过错，而是因客观原因，行政机关为了公共利益的需要，可以依法变更或者撤回已经生效的行政许可。这种客观原因主要有两种情形：一是，行政许可所依据的法律、法规、规章修改或者废止，使行政许可事项不再被允许。比如，在某些保护区，建房依法需要事先取得许可，后来通过修改法律规范扩大了保护区的范围，那么原来依法取得的行政许可就可以变更或者撤回。二是，行政许可所依据的客观情况发生重大变化。比如，张某经批准在某处建房，后经地质调查，此处是地质灾害易发地带，行政机关为了公共安全，也为了保护张某的利益，就可以依法撤回或者变更原行政许可，并拆除张某的房屋。

（3）行政机关依法变更或者撤回已经生效的行政许可造成公民、法人或者其他组织财产损失的，应当依法予以补偿。这种补偿是对损益的弥补，不是惩罚性的。目前，我国对因这种情况造成老百姓损失的，通常政府要给予补偿，有些行政法规对此也作了规范性规定。比如，《大中型水利水电工程建设征地补偿和移民安置条例》对土地补偿费和安置补助费作了规定。《蓄滞洪区运用补偿暂行办法》对蓄滞洪区内居民因蓄滞洪遭受的损失予以合理补偿作了规定。但是，在其他方面，这类补偿缺乏法律规定，需要抓紧完善有关规定，真正使本条的规定落到实处。

信赖保护原则的确立，具有十分重要的意义：

（1）有利于行政机关工作人员树立诚信意识。行政机关履行职责，都是与相对人互动的过程。行政机关要有效实施行政管理，必须得到相对人的配合与支持，这种配合与支持建立在对行政机关充分尊重、信任的基础上。如果行政机关及其工作人员缺乏诚信，出尔反尔，势必影响政府的形象和权威。

（2）有利于相对人形成对法律的信仰。法律所要扼制的是人的随意性，所给予的是稳定的预期。当法律给人们带来稳定、安全、有预期的利益时，法律必将获得人们的信仰，这种信仰因法律为国家所定、国家权力又以政府为主体而传递至人们对国

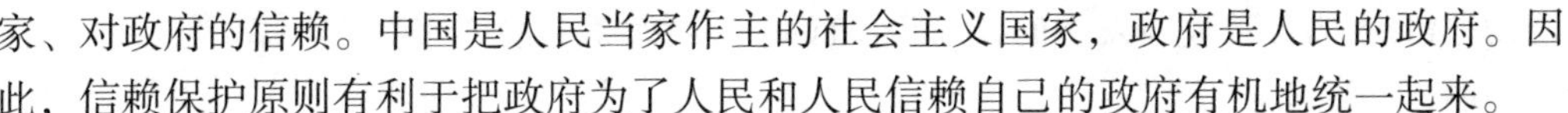

家、对政府的信赖。中国是人民当家作主的社会主义国家，政府是人民的政府。因此，信赖保护原则有利于把政府为了人民和人民信赖自己的政府有机地统一起来。

（3）行政机关实施行政许可要遵循信赖保护原则，具有很强的针对性，有利于行政机关行使行政许可权更加谨慎、理性，更加注意保护相对人的合法权益。

（六）行政许可不得转让原则

行政许可不得转让，是指除法律、法规规定可以转让的行政许可外，不得转让。

行政许可能否转让，涉及对不同行政许可性质和功能的分析和判断。转让一般包括继承和买卖，其基本要求是事项和主体能够在实质上相分离。除了特许外，其余四种行政许可的性质都是准予特定的人从事符合法定条件的活动，主体和对象不可分离。特许是一种权利许可，同其他许多权利一样，它具有可转让的特性。被许可人可以依法转让，因为转让是一种权利，这种转让可以是有偿的。如果法律、法规没有规定允许转让，被许可人擅自转让行政许可的，被许可人应受行政处罚，构成犯罪的，还要依法追究刑事责任。

（七）监督原则

监督原则，是指行政机关应当依法加强对行政机关实施行政许可和从事行政许可事项活动的监督。

根据行政许可法的规定，行政许可的监督包括两个方面：一是行政机关内部的监督；二是行政机关对相对人的监督。

上级行政机关对下级行政机关、政府对政府部门的领导权，主要表现为一种层级监督权。行政许可作为一项重要的行政权，县级以上人民政府应当加强对行政机关实施行政许可的监督检查。行政许可法对行政许可的设定和规定权，对实施行政许可的各个环节，对行政许可的收费管理等，都作了明确的规定，所有这些规定，都是县级以上人民政府对行政许可实施监督的依据，只有把这些规定落实好，执行好，《行政许可法》才算得上真正的贯彻执行。同时，县级以上人民政府应当建立健全对行政机关实施行政许可的监督制度，结合本级地方的实际，把行政许可法的一系列规定具体化。这些制度包括对设定行政许可的监督制度，对规范性文件规定行政许可的监督制度，对行政许可主体的管理制度，行政许可申请的受理、审查制度，行政许可决定制度以及违反行政许可法的责任追究制度等。

实施行政许可的行政机关，对公民、法人或者其他组织从事行政许可事项的活动进行有效监督，是行政许可权的重要组成部分。从行政许可的功能来看，某一事项需要行政许可，或者要控制该事项的危险性，或者是要进行资源的有效配置。无论是控制危险性，还是配置资源，都意味着被许可人比其他人要多履行一些义务。也就是说申请人申请行政许可，意味着他承诺承担由取得行政许可而产生的义务。行政许可控制危险的功能必须建立在确保被许可人履行义务的基础上。同时，行政机关不仅要加强对被许可人的监督，也要加强对其他公民、法人或者其他组织从事行政许可事项活动的监督。对于应当取得行政许可，不经行政许可就从事特定活动的，实施行政许可的机关也负有监督责任，因监督不力导致危险发生的，实施行政许可的行政机关同样应当负法律责任。

第二节　行政许可的设定

一、行政许可的设定原则、事项

1. 设定原则

遵循经济和社会发展规律，有利于发挥公民、法人或者其他组织的积极性和主动性，维护公共利益和社会秩序，促进经济、社会和生态环境协调发展。

2. 可设定行政许可的事项

可以设定行政许可的事项，主要有《行政许可法》第十二条规定的六个方面。这六个方面总的来说是指那些可能对公共安全、宏观经济、生态环境和经济秩序造成不利影响或者危害的自由活动，或者开发利用自然资源、占用公共资源、进入特定行业市场的活动。

3. 可以不设定许可的事项

如果通过以下方式能够予以规范的，可以不设定行政许可：公民、法人或者其他组织自主决定、市场竞争机制有效调节、行业组织或者中介机构自律管理、行政机关采取事后监督等其他管理方式解决。

二、行政许可的设定权限

1. 法律的行政许可设定权

行政许可作为一项重要的行政权力，与公民、法人或者其他组织的合法权益关系密切。因此，设定行政许可要有必要的限制，以维护公民、法人或者其他组织的合法权益。另一方面，社会关系的复杂多变，又要求法律适应实际需要设定其他行政许可。

2. 行政法规的行政许可设定权

行政法规在设定行政许可方面体现了宪法和立法法规定的精神，一方面，行政法规设定行政许可的权限比法律以外的其他法律规范大，另一方面，它又受一定限制，即法律已经设定行政许可的，行政法规只能作出具体规定，不能增设行政许可。

3. 国务院决定的行政许可设定权

国务院决定是指国务院制定的管理经济、文化、社会事务的行政法规以外的规范性文件。必要时，国务院可以采用发布决定的方式设定行政许可。实施后，除临时性行政许可因条件、情况发生变化废止以外，国务院决定设定的其他行政许可在条件成熟时，国务院应当适时提请全国人大及其常委会制定法律加以设定，或者自行制定行政法规加以设定。

4. 地方性法规的行政许可设定权

地方性法规是省级人大及其常委会制定或者批准的法律规范。行政许可法规定，

地方性法规可以设定行政许可，但是，法律、行政法规已经对有关事项设定行政许可的，地方性法规只能作出具体规定，不得增设行政许可。

5. 省级政府规章的行政许可设定权

行政许可法规定，尚未制定法律、行政法规和地方性法规的，因行政许可实施满一年需要继续执行的，应当提请本级人大及其常委会制定地方性法规。

6. 地方性法规和省级政府规章不得设定行政许可的事项

为了维护市场经济秩序，促进全国统一市场的形成，根据行政许可不同种类的性质，行政许可法规定资格、资质的行政许可，企业或者其他组织的设立登记及其前置性行政许可，地方性法规和省级政府规章不得设定，只能由法律、行政法规和必要时国务院制定的决定设立。同时，地方性法规和省级政府规章设定的行政许可，不得限制其他地区的个人或者企业到本地区开展生产经营活动或者限制其他地区的商品进入本地区市场。

7. 实施行政许可规定权

行政法规、地方性法规和规章可以在上位法设定的行政许可事项范围内，对实施该行政许可作出具体规定，但不得增设行政许可，不得增设上位法没有规定的行政许可条件。

三、行政许可的设定程序

1. 起草程序

起草拟设定行政许可的法律、法规和规章，起草单位有两个重要程序义务，第一是应当吸取意见，可以采用听证会、论证会或者其他形式；第二是向制定机关作出说明，内容是设定必要性、对经济社会可能产生的影响、听取意见和采纳意见的情况。

2. 评价程序

这种设定后评价程序，有三个方面：第一是设定机关的定期评价。对已经设定的行政许可，认为通过上述设定优先原则所列方式能够解决的，应当对许可规定及时予以修改或者废止；第二是实施机关的适时评价。评价内容是实施情况和继续存在的必要性，评价意见向设定机关报告；第三是公民、法人或者其他组织提出意见和建议。提出的内容包括行政许可的设定和实施，接受意见的是设定机关和实施机关。

第三节 行政许可的实施主体

一、行政机关

《行政许可法》第 22 条规定，行政许可由具有行政许可权的行政机关在其法定职权范围内实施。这是对行政许可实施主体的一般规定，也是对行政机关实施行政许可的基本要求。

1. 行政许可的实施主体主要是行政机关

行政许可是现代行政管理领域必不可少的一种手段，也是行政权的重要组成部分。在性质上，行政许可无疑是一种公权力。其具有一般公权力所共有的特点，实施主体必须是公法人。行政许可的这种性质决定了其实施主体原则上应当是行政机关。从法律上说，行政机关是指依法成立、能以自己的名义独立地从事行政管理活动，并独立承担相应法律后果的行政组织。包括中央政府和地方各级政府。政府的不同层级构成不同的公共行政的主体，发挥不同的作用。

2. 实施行政许可的行政机关必须享有行政许可权

行政许可作为行政管理手段之一，虽然在行政机关中普遍存在，但也并非所有的行政机关都当然地享有行政许可权。行政机关要取得行政许可权，应当具备下列条件：

（1）依法享有外部行政管理职能，与公民、法人或者其他组织发生行政法律关系。根据行政机关是否有对外行政管理权，可以将行政机关分为外部行政机关和内部行政机关。所谓外部行政机关是指依据法律的授权，代表国家对公民、法人或者其他组织实施管理的机关。凡是与公民、法人或者其他组织等行政相对人发生行政管理关系的，必须由外部行政机关来行使有关行政权。因此，行政许可的主体必须是外部行政机关。内部行政机关主要是保证或者监督外部行政机关更好地履行职能的机关，如决策咨询机关、专门行政监督机关、内部协调机构等，不能成为实施行政许可的主体，也不应被授予行政许可权。

（2）必须获得法律明确授权的行政许可权。外部行政机关虽然享有管理社会事务的权力，但是，它并不必然地享有行政许可权，行政许可权是一项单行法授予的职权，未经法定明确授权，行政机关不能当然地成为行政许可的实施主体。

（3）实施行政许可的法定授权应当与行政机关的外部管理职能及范围相一致。包括实施许可的行政机关应当与其管理权限相一致，实施许可的范围和对象应当与其管理对象和范围相一致以及实施许可的种类和适用条件应当与其外部管理职能的特性相一致。

3. 行政机关必须在法定职权范围内实施行政许可

行政机关行使行政许可权也应当在法定职权范围内，不得超越权限实施行政许可，这是职权法定原则的具体要求和体现。其基本含义是，行政机关的行政职权必须来源于法律的明确规定，行政机关行使行政权必须在其法定的职权范围内，超越其法定职权范围行使行政权是无效的。行政许可作为行政权的重要组成部分，其行使职权当然应当遵循职权法定原则，即行政机关实施行政许可必须在法定职权范围内，否则将导致行政许可行为无效。

二、法律、法规授权的组织

授权实施行政许可，是指法律、法规授权的组织在授权范围内，以自己的名义实

施行政许可。

1. 被授权的组织在授权范围内以自己的名义实施行政许可

所谓授权，是特定的国家机关通过法律、法规将某些行政权力授予给非行政机关的组织来行使的一种法律行为。被授权的组织则根据这种授权，享有了某种行政权力，取得了行政管理的主体资格。即可以以自己的名义独立地行使这些被授予的行政权力，也可以以自己的名义独立地承担因行使这些权力引起的法律后果。

被授权组织实施行政许可具有以下特征：

（1）授权的主体和方式的特定性。从授权的主体上来说，可以将行政许可的实施权授予其他组织的有全国人大及其常委会、国务院、省级地方人大及其常委会以及较大的市的地方人大及其常委会。从授权的方式上来看，授权必须以法律、法规的方式进行，包括行政法规和地方性法规。

（2）被授权实施行政许可的主体应当是具有管理公共事务职能的组织。通常是指该组织承担着管理事务的责任，如医院、学校以及一些公用事业机构等。一般认为被授权实施行政许可的具有管理公共事务职能的组织还应当具备下列条件：第一，该组织必须是依法成立的；第二，被授权实施的行政许可事项应当与该组织管理的公共事务的职能相关联；第三，该组织应当具有熟悉与被授权实施的行政许可有关的法律、法规和专业的正式工作人员；第四，该组织应当具备实施被授权的行政许可所必需的技术、装备条件等；第五，能对实施被授权实施的行政许可引起的法律后果独立地承担责任。

（3）被授权的组织在授权范围内以自己的名义实施行政许可，这意味着被授权的组织取得了行政主体资格，即取得了行政许可实施机关的地位，其将以自己的名义独立地行使和承担实施行政许可的职权和责任。当行政许可申请人就行政许可的实施等提起行政诉讼或者行政复议时，该被授权的组织将是当然的被告。

2. 被授权的组织适用《行政许可法》中有关行政机关的规定

被授权实施行政许可的组织既然取得了独立的行政主体资格，其就取得了相当于享有行政许可权的行政机关的地位，当然就应当适用行政许可法中有关行政机关的规定。比如行政许可的办理程序、法律义务等。

三、受委托的行政机关

1. 委托实施行政许可

在行政管理中，所谓委托，指行政机关将其行政职权的一部分交给其他行政机关或者组织行使的一种行为，接受委托的行政机关或者其他组织以委托行政机关的名义实施受委托行为，开展对外活动，但对外活动的法律后果由委托行政机关承担。随着行政权的扩大，将某些行政管理权委托其他行政机关或者组织行使，有利于提高行政管理的效率。

2. 委托实施行政许可的特点

（1）受委托实施行政许可的主体只限于行政机关，其他组织和个人不能接受行政机关的委托实施行政许可。

（2）受委托行政机关实施行政许可的权力来源于委托行政机关的委托行为。实施行政许可本是委托行政机关的权力，其要根据行政管理工作的实际需要，依照法律、法规或者规章的规定，将部分行政许可实施权委托给其他行政机关，受委托实施行政许可的行政机关则基于委托行政机关的委托才有权行使部分行政许可的实施权。

（3）受委托实施行政许可的行政机关并未因委托行政机关的委托而获得法定行政许可的实施权。委托行政机关的委托行为并不引起行政职权和职责的同时转移，被委托的行政机关只能在受委托的范围内以委托行政机关的名义行使行政许可实施权。

（4）受委托实施行政许可的行政机关在具体实施受委托的行政许可时，并不具有行政主体资格，其实施受委托行政许可的行为的法律后果由委托行政机关承担。

3. 委托实施行政许可的规则

行政许可权是一种公权力，其具有不可随意转让和处置性，确因实际工作需要而将部分行政许可实施权委托其他行政机关行使也要遵循严格的规则，具体说包括：

（1）委托主体委托其他行政机关实施行政许可应当遵循职权法定的原则，在其法定权限范围内依法委托，既不能将其无权行使的行政许可实施权委托给其他行政机关，也不能超越其享有的行政许可实施权范围委托其他行政机关实施行政许可。

（2）委托实施行政许可的依据是法律、法规和规章，非依法律、法规、规章的规定，行政机关无权委托其他行政机关实施行政许可，这种委托具有很强的公开性、规范性。

（3）委托行政机关对受委托行政机关实施行政许可的行为应当负责监督，并对实施该行政许可行为的后果承担法律责任。如果受委托行政机关因实施受委托的行政许可行为引起行政赔偿，则应当由委托行政机关承担行政损害赔偿责任。因此，委托行政机关应当对受委托的行政机关实施行政许可的行为负责监督，对受委托行政机关实施行政许可的情况，包括实施的方式和后果等，进行经常性的检查，确保受委托行政机关在委托权限范围内依法实施行政许可。委托行政机关不履行这种监督责任，就是一种失职。受委托行政机关也应当对其行政许可实施行为本身的合法性向委托行政机关负责。

（4）受委托实施行政许可的行政机关不得将行政许可实施权再转委托给其他组织或者个人。受委托行政机关实施行政许可的权力本身就不是其自己的法定权力，而是源于委托行政机关的特定委托，其无权将委托行政机关的行政许可实施权再委托给任何其他组织或者个人。

（5）委托行政机关应当将受委托行政机关和受委托实施行政许可的内容予以公告。这是行政公开原则的一个具体要求和体现。其目的在于满足公民的知情权，实现公民对行政的参与和监督，以达到强化民主政治、防止行政腐败之功效。

4. 相对集中行政许可权

经国务院批准，省级人民政府可以根据精简、统一、效能的原则，确定由一个行政机关行使多个行政机关的行政许可权，这实际上是行政许可权的相对集中。

相对集中行政许可权的优点在于：①在一个部门许可制度下，许可事项原来所涉及的相关部门不再享有实质性的许可权，原来由多个部门行使的许可权统一由一个部门行使，有助于从源头上消除多头许可的弊端。②由一个部门统一实施行政许可，避免了多部门分别许可可能产生的各种矛盾，提高许可效率，降低许可成本。③促进许可事项本身的整合、归并，加快市场准入。

第四节　行政许可的实施程序

行政许可的实施程序是指行政许可的实施机关从受理行政许可申请到作出准予、拒绝、中止、撤回、撤销行政许可等决定的步骤、方式和时限的总称。实施行政许可也是行政执法的一种。

一、申请程序

1. 行政许可申请

行政许可申请指公民、法人或者其他组织向行政机关提出拟从事依法需要取得行政许可的活动的意思表示。申请行政许可的公民、法人或者其他组织为行政许可申请人。

行政许可是依申请的行政行为，其启动权在公民、法人或者其他组织。提出行政许可申请，就公民、法人或者其他组织而言，表明了其拟从事某项活动的意向；就行政机关而言，引发了其依法审查申请材料并作出相应决定的义务。公民、法人或者其他组织不提出申请，行政机关便无义务审查其申请，也不能擅自准许公民、法人或者其他组织从事依法应当取得行政许可的活动。

2. 行政许可的申请方式

申请人提出行政许可申请，主要是向行政机关提出申请书及申请材料。《行政许可法》规定，行政许可申请可以以信函、电报、电传、传真、电子数据交换和电子邮件提出，也可以由申请人委托代理人提出，不必都要由申请人到行政机关办公场所提出行政许可申请。当然，一些与个人面貌特征相关、依法需要申请人亲自到行政机关场所提出申请的事项，为防止冒名顶替、弄虚作假，申请人依法还是应当到行政机关办公场所提出行政许可申请。从促进政府行为廉洁、高效的目标出发，应当严格控制前往行政机关提出行政许可申请适用的事项范围；确有必要的，也应当由法律、法规、规章予以明确。凡法律、法规、规章没有明确规定必须到行政机关办公场所提出行政许可申请的，行政机关均不得拒绝接收申请人委托代理人或者通过邮寄、数据电文等方式提出行政许可。

公民、法人或者其他组织可否口头提出行政许可申请？行政许可法未作明确规定。一般情况下，作为行政机关与行政管理相对人之间的行为，宜通过书面方式进行。主要理由：一是，一旦因申请人是否提出过行政许可申请产生争议时，可以有据可查；二是为了保护申请行为的严肃性，便于行政机关处理行政许可申请。

3. 申请人应当如实反映有关情况、提供有关材料

行政许可是行政机关实施行政管理的一种事前控制手段。为了防止不适格的人取得行政许可，法律、法规、规章往往规定不少条件，只有符合规定条件的人才能取得行政许可。公民、法人或者其他组织是否符合规定的条件、能否取得行政许可，必须由其自己举证，而举证主要是由申请人提交申请材料完成的。通过将申请人提出符合法律规定形式、数量和种类的申请材料及其提供的情况与法定条件相比较，行政机关才能判断申请人是否应当取得行政许可。

为了便于行政机关审查申请人是否符合法定的条件，申请人应当如实提供有关材料、反映真实情况，不得隐瞒有关情况、提供虚假材料。

申请人应当对申请材料实质内容的真实性负责。申请人提供不正确的材料、情况的，轻则引起其行政许可申请不予受理、不予行政许可的结果，重则会受到行政处罚甚至刑事制裁。行政许可申请人隐瞒有关情况或者提供虚假材料申请行政许可的，行政机关不予受理或者不予行政许可，并给予警告；行政许可申请直接关系公共安全、人身健康、生命财产安全事项的，申请人在1年内不得再次申请该行政许可。被许可人以欺骗、贿赂等不正当手段取得行政许可的，行政机关应当依法给予行政处罚。取得的行政许可属于直接关系公共安全、人身健康、生命财产安全事项的，申请人在3年内不得再次申请该行政许可；构成犯罪的，依法追究刑事责任。

4. 行政机关应当公开有关规定、提供申请书格式文本

行政机关应当公示有关行政许可事项的规定。为了便于申请人提出行政许可申请，提高行政机关工作效率，同时，也为了解决因有关行政许可规定不够公开、透明而带来的行政机关实施许可“暗箱操作”的问题，根据行政许可法的要求，行政机关应当在其办公场所公示有关行政许可的规定。公示的内容，不仅包括实施行政许可所依据的法律、法规、规章的有关规定，也包括行政机关制定的为实施行政许可而对申请与受理、审查程序所作的具体规定，其内容应当涵盖行政许可的事项、依据、条件、数量、程序、期限、费用以及需要提交的全部材料目录、行政许可申请书示范文本等与申请行政许可有关的全部信息，以便于申请人通过书面方式提出行政许可申请、监督行政机关实施行政许可的行为。

行政机关不得要求申请人提交与其申请的行政许可事项无关的材料，只能要求申请人提交与行政许可事项有关的材料，只有与申请行政许可事项有关的材料能直接反映、证明行政许可申请人能否依法取得行政许可。

二、受理程序

受理是指行政机关经对公民、法人或者其他组织提出的申请进行形式审查后，认为行政许可申请事项依法属于本机关职责范围，申请材料齐全、符合法定形式，因而

对其申请予以接受的行为。自受理之日起，有关行政许可期限的规定开始适用，行政机关即负有在法定期限内作出是否准予行政许可决定的义务。行政机关在法定期间内不作出行政许可决定的，申请人可以依法通过行政复议、提起行政诉讼追究行政机关不作为的法律责任。

1. 决定是否受理的审查

申请人提出行政许可申请，行政机关即负有审查并作出相应决定的义务。行政机关收到申请后，首先要确定是否予以受理。需要对申请人提交的申请材料目录及材料格式进行形式审查。在确定是否受理行政许可申请时，行政机关不审查行政许可申请材料的实质内容，也不审查申请人是否具备取得行政许可的条件，而是审查下列内容：

（1）申请事项是否属本行政机关管辖范围；

（2）申请事项是否属于依法需要取得行政许可的事项；

（3）申请人是否按照法律、法规和规章的规定提交了符合规定数量、种类的申请材料；

（4）申请人提供的行政许可申请材料是否符合规定的格式；

（5）其他事项，如申请人是否属于不得提出行政许可申请的人，申请人提供的材料是否有明显的计算、书面错误以及类似错误等。

2. 对行政许可申请的处理

行政机关经形式审查后，对于公民、法人或者其他组织提出的申请，应当区别以下不同情况作出相应处理：

（1）申请事项依法不需要取得行政许可的，行政机关应当即时告知申请人不受理；

（2）对于不属于本行政机关处理的事项，应当作出不予受理的决定；

（3）对依法属于本行政机关职权范围内的事项且申请事项依法需要取得行政许可的，如果申请人提交的材料存在可以当场更正的错误的，行政机关应当允许申请人当场更正；

（4）对依法属于本行政机关职权范围内的事项且申请事项依法需要取得行政许可的，如果申请人提交的申请材料不齐全或不符合法定形式的，行政机关应当当场或者在5日内一次告知申请人补正后提出申请；

（5）申请事项依法属于本行政机关职权范围，申请材料齐全、符合法定形式的，行政机关应当予以受理。

3. 关于不具备申请行政许可资格情况的处理

实践中，有的法律法规明确规定了特定的公民、法人或者其他组织不得申请行政许可。《行政许可法》第七十八条对申请人隐瞒有关情况或者故意提供虚假材料申请行政许可的情况作了规定，即行政机关不予受理或者不予行政许可，并给予警告；行政许可申请属于直接关系公共安全、人身健康、生命财产安全事项的，申请人在1年内不得再次申请行政许可。第七十九条对被许可人以欺骗、贿赂等不正当手段取得行政许可的情况作了处理规定，即行政机关除依法撤销该行政许可外，并依法给予行政处罚；取得的行政许可属于直接关系公共安全、人身健康、生命财产安全事项的，申请人在3年内不得再次申请该行政许可；构成犯罪的，依法追究刑事责任。

第五节　行政许可的审查与决定程序

一、审查与决定程序的概念及内容

行政许可的审查程序是指行政机关对已经受理的行政许可申请材料的实质内容进行核查的过程。行政许可的决定程序是指行政机关根据审查结果，作出是否准予行政许可的决定的过程。行政许可审查程序是行政机关作出行政许可决定的必经环节，审查的质量直接影响行政许可决定的质量；行政许可的决定程序是行政许可审查程序发展的必然结果，决定是根据审查认定的事实作出的。

二、审查方式

1. 书面审查

行政机关审查行政许可申请材料最主要的方式是书面审查，即只审查申请人申请材料反映的内容。实行书面审查有以下几方面的好处：

（1）申请人申请行政许可主要是通过提交有关申请材料来证明自己具备法定条件的，因此，行政机关的审查重点也应放在其提交的申请材料上；

（2）行政机关实行书面审查能够减少行政机关办理行政许可的工作人员与申请人的不正当接触机会，有助于提高行政机关审查行政许可申请行为的公正性；

（3）行政机关实行书面审查，可以减少行政管理成本、减轻申请人负担。但是，书面审查也有自身的不足：

（1）有些情况下，申请材料反映的情况本身就是虚假的，只审查申请人的申请材料可能难以发现申请人的真实情况；

（2）即使申请材料反映内容属真，但由于申请与审查存在时间差，可能申请材料反映的客观情况在行政机关审查时已经发生了变化。因此，实行书面审查，同时要结合其他审查方式。从实践看，行政机关审查行政许可材料可以有多种方式，如书面审查、实地核查、当面询问、听证、听取第三人意见、召开专家论证会等。行政机关可以依据设定行政许可的法律规定，结合行政许可事项的性质相应决定采取何种方式审查行政许可申请材料。

行政机关审查行政许可的申请材料，主要审查以下内容：

（1）审查申请材料反映的申请人条件的适法性。即审查申请人提交的申请材料反映的情况与法律法规规定取得行政许可应当具备的条件是否一致。

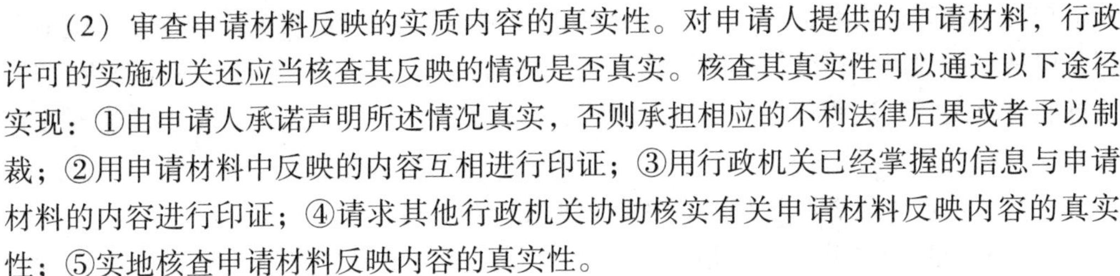

（2）审查申请材料反映的实质内容的真实性。对申请人提供的申请材料，行政许可的实施机关还应当核查其反映的情况是否真实。核查其真实性可以通过以下途径实现：①由申请人承诺声明所述情况真实，否则承担相应的不利法律后果或者予以制裁；②用申请材料中反映的内容互相进行印证；③用行政机关已经掌握的信息与申请材料的内容进行印证；④请求其他行政机关协助核实有关申请材料反映内容的真实性；⑤实地核查申请材料反映内容的真实性。

2. 实地核查

有些行政许可，尤其是对物的行政许可，行政机关必须去现场，核实申请材料反映的内容是否与实际情况一致。如申请消防行政机关验收消防设施的，消防行政机关不能只看申请人的申请材料，还必须实地核查有关消防通道是否畅通、消防设施是否与申请材料所述一致。行政机关工作员实地核查有关材料，应当主动出示工作证件、表明身份。

3. 听取利害关系人意见

在审查行政许可申请的过程中，申请人的主张及其依据都已经反映在其申请材料中。从申请人角度而言，为了取得行政许可，其申请书及申请材料不会或者很少会反映第三人的合法权益、公共利益的。但是，有的往往涉及第三人重大利益以及公共利益。例如，授予申请人建筑许可，可能直接影响该建筑物相邻权人的采光权、通风权。如果等到行政机关作出决定后，再由第三人提起诉讼，一旦准予行政许可的决定违法，就要撤销该决定并相应拆除建筑物，这会导致无法恢复的损害后果。为此，在行政许可程序制度方面，设置了保护第三人的合法权益、社会公共利益的相关程序。规定了听取利害关系人意见程序、听证程序。

行政机关在对行政许可申请进行审查后，发现行政许可事项直接关系申请人以外的第三人重大利益以及重大公共利益的，在作出准予行政许可的决定前，应当告知利害关系人并听取其意见。在有数量限制的行政许可中，多人同时提出行政许可申请的，行政机关拟对其中一部分申请人作出准予行政许可的，决定前，应当告知其他申请人，并听取其意见。利害关系人提出反对准予行政许可的意见及理由，申请人可以加以反驳，行政机关应当兼听双方意见，确保申请人和利害关系人都有陈述、申辩的机会和权利，并对他们提出的理由和依据进行复核，在此基础上作出相应的行政许可决定。

4. 其他审查方式

在实施行政许可中，行政机关还可能通过听证、招标、拍卖、检验、检测、检疫、鉴定、考试、考核等方式作出行政许可决定。

三、听证程序

1. 听证概念

听证是行政机关在作出影响公民、法人或者其他组织合法权益的决定前，向其告知决定理由和听证权利，公民、法人或者其他组织随之向行政机关表达意见、提供证据、申辩、质证以及行政机关听取意见、接纳其证据的程序所构成的一种法律制度。听证制度是现代行政程序法基本制度的核心，在美国、英国、德国、日本、法国等许多国家行政管理中被广泛运用。

在行政许可中设置听证程序，既有必要性，也有可行性，即：

（1）设立听证程序，为申请人和利害关系人提供了一个法定的陈述意见和申辩质证的机会，既保证了申请人和利害关系人平等参与行政管理的程序权利，又可以有效保护其实体权益；

（2）设立听证程序，为行政机关作出正确的行政许可决定提供了基础；

（3）设立听证程序，可以提高行政效率。设立听证程序，让利害关系各方的意见在行政程序中充分得到展现、吸纳，可以促进行政管理方与行政管理相对人的相互沟通，有效预防、减少争议，减少公民、法人或者其他组织申请行政复议或者提起行政诉讼的可能性，从而使行政机关较少地陷入有损行政效率的行政复议或行政诉讼的程序之中。随着行政处罚法的实施，在我国行政管理中，听证观念已被广为接受，听证的制度建设已经有较大发展，这些都为在行政许可中引入听证程序创造了可行的条件。

2. 听证的适用事项范围

（1）行政机关主动举行听证的行政许可事项

行政机关应当主动举行听证的事项限于两类：一是法律、法规、规章规定实施行政许可应当听证的事项；二是行政机关认为需要听证的事项。行政机关主动听证的事项，一般是涉及公共利益的重大事项，其目的是为了便于行政机关掌握有关信息，维护社会公共利益。因此，参加听证的人员范围不仅应当包括申请人，还应当包括对行政许可事项有兴趣的其他社会公众。

（2）行政机关根据申请举行听证的事项

行政许可直接涉及申请人与利害关系人之间重大利益的，申请人、利害关系人提出听证申请的，行政机关即有组织听证的义务；申请人、利害关系人不提出听证申请的，行政机关可以不组织听证。行政听证程序适用的事项范围应当平衡个人利益与公共利益、听证的成本与听证的效益。基于兼顾公平与效率的考虑，行政机关应申请通过听证作出行政许可决定的事项应仅限于“直接涉及申请人与他人之间重大利益关系的”行政许可。

3. 听证程序的具体规定

（1）行政机关应当于举行听证的 7 日前通知申请人和已知的利害关系人听证的时间、地点，必要时予以公告。

（2）听证应当公开进行。

（3）行政机关应当指定审查该行政许可的工作人员以外的工作人员为听证主持人；申请人或者利害关系人认为主持人与本行政许可事项有直接利害关系的，有权申

请回避。

（4）举行听证时，审查该行政许可申请的工作人员应当提供审查意见的证据、理由，申请人、利害关系人可以提出证据，并进行申辩和质证。

（5）听证应当制作笔录，听证笔录应当交听证参加人确认无误后签字或者盖章。

四、决定程序

1. 行政机关对行政许可申请有作出决定的义务

行政机关受理行政许可申请并进行审查后，应当依法作出行政许可决定。行政机关作出行政许可决定应当遵循以下三点要求：

（1）应当在法定期限内作出决定。能够当场作出决定的，行政机关应当当场作出决定；不能当场作出决定的，行政机关应当在法定期限内作出决定。

（2）行政机关应当按照规定程序作出行政许可决定。行政机关实施行政许可，既要在实体上守法，也要在程序上守法。实施行政许可必经的法定环节、步骤、方式，行政机关应当遵照执行。

（3）行政机关审查行政许可申请后，应当根据审查结果作出相应的决定。行政许可申请符合法定条件、标准的，行政机关应当依法作出准予行政许可的决定；行政许可申请不符合法定条件、标准的，行政机关应当依法作出不予行政许可的决定。除法律另有规定外，无论是否准予行政许可，行政机关均应作出决定，不得对行政许可申请不予答复。

2. 行政机关应当根据申请人是否符合法定条件、标准作出行政许可决定

行政机关经过审查行政许可申请，对申请人的申请必须作出一定的回应。这种回应是通过行政机关在其作出的书面决定中对申请人是否具备取得行政许可的条件予以认定体现的。申请人的申请符合法定条件、标准的，行政机关应当依法作出准予行政许可的决定；申请人的申请不符合法定条件、标准的，行政机关应当作出不予行政许可的决定。

行政机关审查行政许可申请并作出是否准予行政许可的决定，必须依据法定条件和标准。原则上，只要申请人符合法定的行政许可条件和标准的，申请人就有权取得行政许可，行政机关也就有义务依法作出准予行政许可的书面决定。对此，应当从以下几个方面去理解：

（1）申请人能否取得行政许可，判断基础是法定的条件、标准，而不是行政机关自行设定的没有法律根据的条件。这就限制了行政机关不当行使裁量权的行为。

（2）申请人的具体情况必须与法定条件、标准相一致或者优于法定条件、标准。准予行政许可的决定是行政机关依法作出的对行政许可申请事项积极、全面肯定的书面决定，意味着申请人完全具备了法律规定的全部条件、标准。行政机关必须积极履行审查责任，既不能不作为，对符合法定条件、标准的行政许可申请不予行政许可；也不能乱作为，对不符合法定条件、标准的行政许可申请随意行政许可。

（3）申请人必须满足法定的全部条件和标准。如申请人申请开办从事特定活动的企业，某项法规规定应当具备5项条件，行政机关经审查，认为其符合法规规定的开办企业的全部5项条件的，即应当批准其行政许可申请，作出准予其开办企业的决定。申请人缺少其中任何一项条件，行政机关均不得作出准予行政许可的决定，只能作出不予行政许可的决定。

3. 作出准予行政许可决定依法需要颁发有关行政许可证件的，行政机关应当在法定期限内颁发、送达行政许可证件

对需要颁发行政许可证件的，行政机关可以根据不同情况，颁发相应的行政许可证件。行政许可证件可以分为以下几类：

（1）许可证、执照或者其他许可证书；

（2）资格证、资质证或者其他合格证书；

（3）行政机关的批准文件或者证明文件；

（4）法律、法规规定的其他行政许可证件。

行政许可证件一般应当载明证件名称、发证机关名称、持证人名称、行政许可事项名称、行政许可证件的有效期，有的行政许可证件还有编号。行政机关应当在行政许可证件上加盖本行政机关印章，标明发证日期。

行政机关实施检验、检测、检疫的，有的颁发检疫合格证件，有的也可以在检验、检测、检疫合格的设备、设施、产品、物品上加贴标签或者加盖检验、检测、检疫印章，不必颁发行政许可证件。

4. 行政机关作出的准予行政许可决定，应当予以公开，公众有权查阅

公开原则是现代行政程序制度的一项基本原则，行政许可的实施和结果应当公开，行政许可决定应当公开。

行政许可决定的公开，既便于群众监督行政机关实施行政许可的行为，督促其依法行政；也便于社会公众了解从事特定活动的公民、法人或者其他组织是否取得行政许可，有利于监督被许可人的活动，预防和减少未经行政许可从事依法应当取得行政许可的活动的现象。同时，在现代社会，准予行政许可决定所包含体现的内容又是公民、法人或者其他组织生产、生活所信赖的重要信息之一，为提高这些信息的利用率，促进社会生产力发展，也必须予以公开。对行政机关公开的准予行政许可的决定，社会公众均有权查阅。行政机关应当创造条件，保障公众的查阅权，而不得设置限制性条件阻挠公众行使查阅权。

5. 行政机关作出不予行政许可的决定应当说明理由、告知救济权

行政机关作出不予行政许可的决定，是指行政机关对申请人的行政许可申请书、申请材料以及申请人的实际情况审查后，认为其不具备法定的全部行政许可条件或者不属于有数量限制的行政许可的条件优先者，对其行政许可申请事项作出消极的判断而依法作出的对行政许可申请予以拒绝的书面决定。如申请人申请驾照，行政机关认为其未通过规定的测试，因而对其申请予以拒绝，作出不予颁发驾驶执照的书面决定。

行政机关拒绝行政许可申请的，必须履行以下三项义务：

(1) 不予行政许可必须作出书面决定。行政机关不予行政许可的，应当作出书面决定。行政机关对申请人提出的行政许可申请不予批准的，可以通过下列形式作出不予行政许可的书面决定：①作出加盖本行政机关印章、注明日期的不予行政许可的书面决定；②在申请人的申请书、材料上注明不予行政许可的意思表示，并加盖本行政机关印章、注明日期。

(2) 不予行政许可必须说明理由。获取作出行政决定的理由，是对行政决定质疑、起诉的重要前提；同时，通过要求行政机关说明理由与依据，可以督促行政机关作出行政决定时以事实为依据、以法律为准绳，这有助于提高行政决定的正确性。另一方面，说明理由体现了行政机关对申请人申请行政许可事项的认真考虑和对申请人人格的尊重。从我国宪法的要求看，行政机关必须说明理由、解释其决定的合法性是一个宪法上的重要原则，也是人民政府对人民负责的重要体现，是依法行政、理性行政的必然要求。

(3) 行政机关作出不予行政许可的决定应当告知申请人享有申请行政复议、提起行政诉讼的权利。行政许可直接影响申请人的生产、生活，有的还涉及较大的财产利益，行政机关不予行政许可的申请人有权依法申请行政复议、提起行政诉讼。为防止出现申请人因不懂得行使救济权而不能有效维护其合法权益的情况，行政许可的实施机关在作出不予行政许可的决定时，应当告知申请人享有申请行政复议、提起诉讼的权利。

五、期限

1. 期限制度概述

(1) 行政许可的期限制度

这是为了保证行政机关实施行政许可活动的高效，而对行政许可的实施程序整体及各个环节提出的时间上的限制。规定期限制度，可以促进行政机关提高办事效率，也是为了防止行政机关以拖延时间的方式损害公民、法人或者其他组织的合法权益。

(2) 违反期限规定的后果

行政机关实施行政许可，超过规定的，构成程序违法，可能产生以下后果：一是根据法律规定可以视为准予行政许可或者不予行政许可；二是申请人可以对行政机关的不作为申请行政复议、提起行政诉讼；三是行政许可申请人因行政机关不作为受到损害的，行政机关还要依法承担赔偿责任。同时，对违反期限规定实施行政许可的有关行政机关工作人员，可以依法给予行政处分。

2. 一般期限

(1) 行政许可法规定了二十日的一般期限，有的法律、法规也规定了行政机关办理行政许可事项的明确期限，行政机关应当严格遵守这些期限的规定。行政机关承诺或者要求本机关工作人员在短于这个期限办结的，与设定期限所要达到的促进行政机关高效行政的目标不谋而合，应当允许。但如果行政机关承诺或者规定的较短期限严重违背实际，事实上也做不到的，行政机关应当修改有关规定。如果行政机关对其实施的某项行政许可，对所有申请，都能够在比法律法规规定的期限更短的时间内作出行政许可决定，则可以将有关情况报告该行政许可的设定机关，由设定机关决定是否修改有关作出行政许可期限的规定。

（2）多个行政机关实施行政许可的期限。

行政许可事项，涉及多个行政机关，实行统一办理或者联合办理、集中办理的，办理的时间不得超过四十五日。这里的四十五日，是指在实行统一办理或者联合办理、集中办理的行政许可事项中，从第一个行政机关受理行政许可申请起至最后一个行政机关作出行政许可决定止，其期限跨度不得超过四十五日。对于同一行政许可事项，由两个行政机关分别实施行政许可的，每个行政机关在二十日内作出行政许可决定，两个行政机关作出行政许可决定的时间之和不会超过四十日；但是，对于同一行政许可事项，由三个或者三个以上行政机关分别实施行政许可的，如果每个行政机关在二十日内作出行政许可决定的，各个行政机关办理行政许可事项之和可能就超过六十日了，但是行政许可法又要求该行政许可事项必须在四十五日内完成，怎么办？解决问题只能从改革行政许可的实施方式出发，变过去部门之间因前置审批与后置审批的关系而形成的串联审批改为多个部门同时对申请事项实行审批的并联审批；更进一步的思路是，行政机关应当减少不必要的行政许可事项、精简不必要的行政许可审查环节。

（3）多层级行政机关实施行政许可时下级行政机关审查期限。

一个行政许可事项依法需要上下级多个行政机关进行审查、决定时，下级行政机关应当自受理行政许可申请之日起二十日内完成审查工作。规定二十日的期限同样是为了督促行政机关履行职责、提高办事效率。考虑到实际生活中有的行政许可事项比较复杂，有的事项下级行政机关可能在二十日内不能审查完毕；有的事项，下级行政机关只是程序性审查，其审查职责用不了二十日的期限。法律、法规对下级行政机关审查行政许可材料的期限规定长于二十日或者短于二十日的，均按照有关法律法规的执行，而不适用有关二十日的规定。如果规章或者其他规范性文件规定的下级行政机关审查期限不是二十日，如何执行？按照《行政许可法》立法精神，规章或者其他规范性文件规定长于二十日的，其规定无效，应当予以撤销；规定短于二十日的，则符合本条规定。

（4）颁发、送达行政许可证件的期限。

有的行政许可事项，行政机关作出准予行政许可决定后，需要颁发行政许可证件。被许可人从事需要取得该行政许可的生产经营活动，行政许可证件是证明其行为合法的重要凭证。因此，行政机关作出准予行政许可决定后，应当尽快将有关行政证件颁发或者送达给被许可人。

3. 期限的延长

各种行政许可事项情况不同，一刀切地规定是一个办理行政许可决定的一般期

限，既做不到，也不可行，在实践中可能容易出问题。对此，《行政许可法》规定了延长行政许可期限的两种情况：

（1）法律、法规可以规定更长的审查期限。对情况复杂的行政许可，在二十日内不能办结的，法律、法规还可以对行政机关作出是否准予行政许可决定的期限另行规定。如医疗器械监督管理条例规定，国务院药品监督管理部门应当自受理申请之日起九十个工作日内，作出是否给予注册的决定。国务院药品监督管理部门就可以依法自受理申请之日起九十日内而不是在二十日内作出行政许可决定。为防止行政机关自行设权，为实施行政许可中的拖延审查创造机会，行政许可法规定，只有法律、法规可以对行政许可决定作出长于二十日的审查期限规定；除法律、法规外，规章和其他规范性文件不得规定长于二十日的审查期限。

（2）行政机关负责人可以批准延长期限。对因出现比较合理的客观原因致使行政机关无法在法定期限内办结的行政许可事项，经行政机关负责人批准，可以相应延长期限。行政机关延长行政许可的审查期限，应当符合以下几点要求：一是其延长期限的理由必须是正当的，并且，行政机关应当将延长期限的理由告知申请人。二是要履行严格的内部报批手续。行政机关在二十日内不能作出行政许可决定的，经本行政机关负责人批准；一个事项需要多个部门实施行政许可的，在四十五日内不能办结的，应当报经本级人民政府负责人批准。三是延长期限应当短于作出行政许可决定的一般期限。行政机关在二十日内不能作出行政许可决定的，经批准后，可以延长十日；一个事项需要多个部门实施行政许可的，在四十五日内不能办结的，经批准后可以延长十五日。行政机关延长作出行政许可决定的期限以一次为宜，防止久拖不决。

4. 期限的扣除

行政许可法对行政机关作出行政许可决定期限的规定，是为了规范行政行为，促进其高效行使职权。但是，作出行政许可决定期限的规定必须能够确保行政机关履行审查行政许可申请人申请材料及情况合法性、真实性的义务。对审查行政许可申请活动中不能由行政机关自己决定的事项，行政机关无法承诺也不能保证该项活动在多长时间内完成；同时，对行政机关必须通过特定程序、方式调查、核实申请材料的真实性、合法性的，其所需时间应当与审查行政许可申请事项相适应，为保证该项程序、方式的功能充分发挥出来，不宜规定机械的期限。据此，若干情况下的时间不计算在行政机关作出行政许可决定的期限内。

行政机关作出行政许可决定期限中的除外事项主要是依法需要听证、招标、拍卖、检验、检测、检疫、鉴定和专家评审的事项，这些活动所需时间不计算在行政机关作出行政许可决定的期限内。对依法不计算在行政机关实施行政许可的期限内的听证、招标、拍卖、检验、检测、检疫、鉴定和专家评审时间，行政机关应当将所需时间书面告知申请人。告知申请人，一是，为了便于其安排自己的生产、生活；二是，为了便于申请人监督行政机关的行为是否合法。

六、变更与延续

1. 行政许可的变更

（1）适用条件

行政许可的变更是指被许可人在取得行政许可后，因其拟从事的活动的部分内容超出准予行政许可决定或者行政许可证件规定的活动范围，而申请行政机关对原行政许可准予其从事的活动的相应内容予以改变。如股份有限公司在注册后增发股票增加注册资本，就需要对原先的公司营业执照中有关注册资本的内容予以变更。如果申请人拟从事的活动，依法需要取得另一行政许可的，公民、法人或者其他组织应当重新申请行政许可，而不能变更行政许可。如取得爆炸物品生产许可证的企业，在取得爆炸物品生产许可证后还想从事销售爆炸物品的，就不能提出变更行政许可的申请，应当申请爆炸物品销售许可证。

（2）申请

变更行政许可的申请时间。变更许可是对被许可人已经取得的行政许可的内容进行变更，因此，申请人应当在其取得的行政许可失效前提出，并且应当向作出准予行政许可的决定的行政机关提出申请。

（3）审查与决定

对被许可人提出的变更行政许可的申请，行政机关应当依法进行审查。经审查，认为被许可人提出的申请符合法定条件、标准的，行政机关应当依法办理变更手续。

为便于申请人变更行政许可，行政机关应当事前公布有关变更行政许可的条件和程序，以便申请人能够及时履行必要的手续，避免使合法权益遭受不必要的损害。

2. 行政许可的延续

（1）适用条件

行政许可延续，也称行政许可延展，是指在行政许可的有效期届满后，延长行政许可的有效期间。对于需要延续行政许可的事项，被许可人才有必要提出延续行政许可的申请。对于一次有效的行政许可，如特区通行证、爆破作业许可等，不能申请延续；没有有效期限制的行政许可，如律师资格等，不需要提出延续申请。只有对有有效期的行政许可，有效期满后，被许可人准备继续从事依法需要取得行政许可的该项活动的，需要申请延续行政许可。

（2）申请

被许可人提出延续行政许可有效期的，应当在行政许可有效期届满前一定期间提出，为作出行政许可决定的机关审查其申请，预留足够的时间，便于行政机关在有效期届满前作出是否准予延续的决定。根据《行政许可法》第五十条的规定，被许可人需要延续依法取得的行政许可的有效期的，应当在该行政许可有效期届满前三十日前向作出行政许可决定的行政机关提出申请。但是法律、法规、规章另有规定的，依照其规定。

3. 审查与决定

作出行政许可决定的行政机关收到公民、法人或者其他组织延续行政许可的申请后，应当依法及时审查，并在行政许可有效期届满前作出是否准予延续行政许可的决定，以便被许可人在取得行政许可后能够持续、稳定地进行生产、生活。

行政机关经审查，认为申请人仍然符合取得行政许可的条件的，可以作出准予其延续行政许可的决定或者在有关行政许可证件上加注说明。行政机关经审查，认为申请人不再具备取得行政许可的条件的，可以作出不予延续行政许可的书面决定，但是，行政机关应当向申请人说明不予延续的理由、法律依据并告知其依法申请行政复议、提起行政诉讼的权利。

第三章　行政处罚法律制度

1996 年 3 月 17 日，中华人民共和国第八届全国人民代表大会第四次会议通过了《中华人民共和国行政处罚法》（下简称《行政处罚法》），并于同年 10 月 1 日实施。《行政处罚法》是行政处罚方面的基本法律，是一切行政处罚必须遵守的规定。

第一节　概　　述

行政处罚是国家特定行政机关依法惩戒违反行政法律规范的公民、法人或者其他组织的一种行为，属行政制裁范畴。

一、行政处罚的基本特征

1. 行政处罚实施主体的特定性

行政处罚权的主体主要是国家行政机关，此外，作为国家行政机关的补充，还包括一些依照法律、法规的直接授权或根据行政机关的委托，在一定范围内进行行政管理，行使行政处罚权的社会组织。不是所有的国家行政机关都有行政处罚权。一般而言，负责管理行政机关内部事务，不与公民、法人、其他组织直接接触的机关没有行政处罚权；而负有社会管理职责，直接与公民、法人、其他组织接触的行政机关均在一定范围内享有行政处罚权。总之，只有行政主体才能行使行政处罚权，中国实行的是由行政机关为主的行政主体独揽行政处罚权的体制，而不像许多西方国家那样实行行政机关与法院均有行政处罚权，甚至以法院为主的行政处罚体制。

2. 行政处罚的对象是与行政机关之间没有隶属关系的个人或组织

即行政处罚只发生在一般权力关系之中，对于以组织隶属性为特征的特别权力关系，如，行政机关与其所属的公务员之间的关系，不适用行政处罚。当事人如果违反组织内部的规章制度，需要予以惩戒的，通过行政处分的形式加以处理。

3. 行政处罚是一种行政法律制裁

行政处罚是对个人或者组织不履行法定义务的一种制裁，属于行政制裁的范畴。行政处罚以惩戒违法为目的，表现在对违法当事人的权益的限制、剥夺或者对其科以新的义务上。

二、行政处罚与刑事责任、行政处分、行政强制的区别

1. 与刑事处罚的区别

刑事处罚与行政处罚都是国家对违法行为的制裁，是公法上的两种重要制裁方

法，都是行为人实施违法行为而承担的公法性法律责任，两者的关系既十分密切，又有明显的区别。

（1）行政处罚与刑事处罚的违法行为的轻重程度不同。刑事处罚针对的是严重的违法行为，是对犯罪行为的处罚；而行政处罚是对一般违法行为的制裁，这种行为尚未构成犯罪。两者在很多情况下，具有衔接的关系。行政机关及其工作人员对应当给予刑事处罚的违法行为，应当移送司法机关，使其接受刑事处罚。不能以“罚”代“刑”，否则，不仅会损害国家法律的权威，而且会给行政机关及行政机关工作人员造成可乘之机，导致贪污腐败。

（2）作出行政处罚和刑事处罚决定的程序不同。行政处罚是按照行政程序作出的，《行政处罚法》已对这方面的程序作出了具体规定；而刑事制裁则必须根据《刑事诉讼法》的程序作出，其程序更为严格。

（3）行政处罚与刑事处罚的制裁机关和依据的法律不同。行政处罚由行政机关、法律、法规授权的组织或者行政机关委托的组织根据《行政处罚法》及其他法律、法规和规章作出；而刑事制裁则由各级人民法院根据《刑法》和全国人大及其常委会关于刑法的补充规定、《刑事诉讼法》等作出。

（4）处罚的种类不同。行政处罚的种类很多，除《行政处罚法》规定的警告、罚款、没收违法所得、没收非法财物、责令停产停业、暂扣或者吊销许可证、暂扣或者吊销执照、行政拘留外，其他法律、行政法规中仍有分散规定。而刑罚的种类统一由《刑法》规定，有五种主刑和三种附加刑。

2. 与行政处分的区别

（1）制裁的对象不同。行政处罚制裁的是违反行政法律规范的公民、法人或者其他组织，是一种外部法律责任；而行政处分则针对国家公务人员，是一种内部法律责任，制裁者和被制裁者之间存在着一种隶属关系。

（2）针对的违法行为不同。行政处罚针对的是相对人违反行政法律规范的行为，而行政处分则针对国家公务人员的违纪失职行为。

（3）两者惩罚的范围和程序不同。行政处罚和行政处分虽都是行政惩戒，但行政处罚涉及的范围广泛，在内容上它可涉及被处罚人的人身权（包括人身自由和资格、荣誉等领域的权利）以及财产权；而行政处分则只限于荣誉、职务、资格等范围。相对应的，行政处罚的程序就更为规范和严格。

（4）两者的救济途径不同。对行政处罚决定不服的，相对人可通过行政复议或行政诉讼获得救济；而对行政处分不服的，被处罚的公务员只能向作出处分决定的上级机关或行政监察部门申诉或控告，以求补救。它们是行政法律责任的两种不同形式。

3. 与行政强制的区别

根据《行政强制法》规定，行政强制包括行政强制措施和行政强制执行。行政强制措施，是指行政机关在行政管理过程中，为制止违法行为、防止证据损毁、避免危害发生、控制危险扩大等情形，依法对公民的人身自由实施暂时性限制，或者对公民、法人或者其他组织的财物实施暂时性控制的行为。行政强制执行，是指行政机关或者行政机关申请人民法院，对不履行行政决定的公民、法人或者其他组织，依法强制履行义务的行为。

行政处罚与行政强制措施和行政强制执行的区别主要有：

（1）行政强制措施是为了制止违法行为、防止证据损毁、避免危害发生、控制危险扩大等情形而采取的对行政相对人权利的一种临时限制，如查封、扣押等行政强制措施是对财物使用权和处分权的临时限制，是中间行为。而行政处罚是对违反行政法律规范的公民、法人或者其他组织采取的行政制裁，如罚款，是一种终局行为。

（2）行政强制执行以行政相对人拒不履行行政决定或法律规定的义务为前提，不添加新的义务，其目的在于督促义务人履行原定的义务，其着眼于对“将来”义务内容的实现。而行政处罚是在行政相对人违反法律规定的前提下，行政机关为其设定新的义务，其目的在于制裁行政相对人违法行为，其着眼于对“过去”违法行为的惩罚。

（3）行政强制执行的目的是对不履行行政决定的公民、法人或者其他组织，依法强制履行义务的行为，如行政相对人受到罚款的行政处罚后拒不缴纳罚款，可通过行政强制执行的方式强制其履行罚款的义务。行政处罚的目的在于惩戒，是对违反行政法律规范的公民、法人或者其他组织采取的行政制裁。

三、行政处罚的基本原则

行政处罚的原则，是指对行政处罚的设定和实施具有普遍指导意义的准则。

1. 处罚法定原则

行政处罚是国家惩罚权的重要方面，涉及和影响公民、法人和其他组织多方面的权利和利益。为了克服行政处罚的随意性，防止和纠正行政处罚权的滥用，中国行政处罚实行法定原则，行政处罚的设定和实施必须依法进行。包括三层含义：

（1）法无明文规定不处罚，即公民、法人或者其他组织的行为，只有法律、法规或者规章明文规定应予行政处罚的才处罚，否则不得处罚。没有法定依据或者不遵守法定程序的，行政处罚无效。法无明文规定不处罚是依法治国、依法行政的必然要求。

（2）行政处罚设定权只能由法律、法规或者规章规定的国家机关在法定职权范围内行使。

（3）行政处罚的适用，必须严格依照行政处罚的程序进行，否则，行政处罚无效。

2. 公正、公开原则

公正原则的基本要求，是公民、法人或者其他组织应承担的违法责任与所受到的行政处罚相适应。一是同等情况同等处罚。二是遵守公正的程序规则。行政处罚法规定的程序是为了实现公正的结果，因此行政机关应当遵守该法规定的程序，允许当事人有申辩的权利，无偏私地听取双方的意见。三是处罚与违法行为相适应。所谓处罚与违法行为相适应，是指行政处罚的轻重程度必须与违法行为的事实、性质、情节、社会危害程度等相对称或相均衡，不能畸轻畸重。

公开原则的基本要求，是关于行政处罚的主体、依据、事实、理由等必须公开。未经公布的规定，不能作为行政处罚的依据。符合法定条件的行政处罚案件必须公开举行听证。

3. 一事不再罚原则

行政处罚是以惩戒违法行为人，使其以后不再犯为目的，而不是以某种义务的履行为目的。所以一次处罚即可达到目的。一事不再罚的原则包括三层意思：

（1）对当事人的同一个违法行为，不得给予两次以上罚款的行政处罚。

（2）违法行为构成犯罪的，行政机关必须将案件移送司法机关，依法追究刑事责任，行政机关不再予以人身自由的处罚。

（3）违法行为构成犯罪，人民法院判处拘役或者有期徒刑时，行政机关已经给予当事人行政拘留的，应当折抵相应的刑期；人民法院判处罚金时，行政机关已经给予当事人罚款的，应当折抵相应罚金。

4. 处罚与教育相结合原则

处罚与教育相结合原则的基本要求，是行政处罚的设定和实施要同时发挥其强制制裁与促进认识转变的作用，使被处罚者自觉守法，不再危害社会，防止将行政处罚变为国家对违法行为简单机械的报复。行政主体在实施行政处罚时，要注意说服教育，纠正违法，实现制裁与教育双重功能。根据这一原则，实施处罚时，应当责令当事人改正或者限期改正违法行为，对有关相对人主动消除或者减轻违法行为危害后果、配合行政机关查处违法行为有立功表现等情形的，应从轻或者减轻处罚；对违法行为轻微并及时纠正，没有造成危害后果的，不予行政处罚。

5. 保障当事人合法权利的原则

保护当事人合法权利的原则，是要求在行政处罚中要充分保障行政相对人的合法权益，不让无辜的人遭受处罚，让违法的人得到公正的处罚，受到违法处罚的人得到补救。当事人的程序性权利有两类：一是在行政处罚决定过程中的陈述权、申辩权、被告知权和其他程序权；二是行政处罚决定作出后的申请复议权、提起诉讼权和请求国家赔偿权等救济权。这些权利是公民、法人和其他组织等行政处罚当事人对国家的请求，需要以国家机关的义务行为来满足，它对监督国家机关依法行使职权具有重要意义。尊重当事人的程序权是行政处罚有效的法定条件之一。

第二节　行政处罚的法定种类

行政处罚的种类，是行政处罚外在的具体表现形式。《行政处罚法》规定了七类行政处罚：

1. 警告

警告是国家对行政违法行为人的谴责和告诫，是国家对行为人违法行为所作的正式否定评价。从国家方面说，警告是国家行政机关的正式意思表示，会对相对人产生不利影响，应当纳入法律约束的范围；对被处罚人来说，警告的制裁作用，主要是对其形成心理压力和不利的社会舆论环境。适用警告处罚的重要目的，是使被处罚人认识其行为的违法性和对社会的危害，纠正违法行为并不再继续违法。

2. 罚款

罚款是财产罚的一种，它的适用范围十分广泛。它是指行政机关或法律、法规授权的组织以及行政机关委托的其他组织责令违法者承担一定的金钱给付义务，要求违法者在一定期限内交纳一定数量的货币的行政处罚。罚款所得的货币必须是被处罚人的合法收入，罚款款项必须上缴国库，非法收入一般不作为罚款的内容，应当没收或者返还给受害人。罚款较之于警告，是用于较重的行政违法行为，其幅度也必须与违法行为的事实、性质、情节、后果相适应。罚款可以与其他行政处罚方式并用，但不得重复使用，《行政处罚法》明确规定“对当事人的同一违法行为，不得给予两次以上罚款的行政处罚”。

3. 没收违法所得、没收非法财物

没收属于财产罚，是指有权的行政机关或者被授权、被委托的组织对违法相对人的违法所得、非法财物收归国有的处罚形式。没收有三种情况：①没收非法所得，凡非法所得应当全部没收；②没收违法行为的工具或与违法行为有关的财物；③没收违禁品，如没收淫秽书刊、没收走私香烟等。

4. 责令停产停业

是指行政机关强令违法从事生产、经营者停止其生产或经营的处罚。责令停产停业是处以违法者不能为的义务，是一种比较严厉的行政处罚。对于违法生产或经营的企业和个体工商户来说，其执照和许可证并未收回，仍然享有生产经营的权利和资格，只是这种权利和资格在一定期限内受到限制。一旦违法者在规定期限内纠正了违法行为，履行了法定义务，仍可继续从事生产经营活动。

5. 吊销、暂扣许可证和执照

是禁止从事某种特许权利或资格的处罚，是指行政机关或法律、法规授权的组织、行政机关委托的组织收回或暂扣违法者已经获得的从事某种活动的权利或资格。目的在于取消被处罚人的一定资格或剥夺、限制某种特许的权利。例如违反交通规则的，吊销司机驾驶执照；违反生产许可证管理有关规定，吊销其生产、经营许可证。

6. 行政拘留

行政拘留是指公安机关对违反治安管理的人在短期内剥夺其人身自由的行政处罚方式，是最严重的行政制裁方式，一般适用于严重违反治安管理的行为人。

7. 法律、行政法规规定的其他行政处罚

以上六类处罚以外的由全国人民代表大会及其常务委员会制定公布的法律和国务院制定公布的行政法规规定的行政处罚。

根据行政处罚的性质，行政处罚还可以分为人身罚、行为罚、财产罚和申诫罚，这是行政法学上通常采取的分类。①人身罚，即在一定期限内对违法行为人的人身自由权进行限制或剥夺的行政处罚措施，如行政拘留。②财产罚，是强迫违法行为人交纳一定数额金钱和物品，以使其财产上的权益受到损害的处罚措施，一般适用于以营利为目的或者给公共利益造成损害等种类的行政违法活动，如罚款、没收财物。③行为罚，是限制和剥夺违法行为人某种行为能力，使其不能从事某种活动的处罚措施，它是通过对违法者的行为能力加以剥夺或限制，也可称之为能力罚，如责令停产停业、暂扣或者吊销许可证、执照。④申诫罚，是指对违法行为人予以谴责和告诫，属于较轻微的行政处罚，一般适用于情节轻微或者实际危害程度不大的违法行为，如警告。

第三节　行政处罚的设定

行政处罚的设定，是指国家有权机关创设行政处罚、赋予行政机关行政处罚职权的立法活动。根据中国的立法体制，对不同规范性文件规定行政处罚权限划分作出了规定：

一、法律的设定权

法律可以设定各种行政处罚，且对限制人身自由的行政处罚的创设有专属权。人身自由权是公民的一项最基本的权利，限制人身自由是最严厉的行政处罚，只能由法律进行设定，其他任何形式的规范性文件都不得加以设定。

二、行政法规的设定权

行政法规在设定行政处罚上包括两个方面：一是可以设定除限制人身自由以外的各种行政处罚；二是法律对违法行为已经作出行政处罚规定，行政法规需要作出具体规定的，必须在法律规定的给予行政处罚的行为、种类和幅度的范围内规定。

三、地方性法规的设定权

地方性法规的设定权也包括两个方面：一是可以设定除限制人身自由、吊销企业营业执照以外的行政处罚；二是法律、行政法规对违法行为已作出行政处罚规定，地方性法规需要作出具体规定的，必须在法律、行政法规规定的给予行政处罚的行为、种类和幅度的范围内规定。

四、规章的设定权

规章属于效力等级较低的法律规范，只能设定警告或者一定数量罚款的行政处罚。规章分为部门规章和地方性规章。

1. 部门规章的设定

是指尚未制定法律、行政法规的，对违反行政管理秩序的行为，国务院部、委员会，以及国务院授权具有行政处罚权的直属机构制定的规章，可以设定警告或者一定数量罚款的行政处罚。罚款的限额由国务院规定。同时，前述部门制定的规章可以在法律、行政法规规定的给予行政处罚的行为、种类和幅度的范围内作出具体规定。

2. 地方性规章的设定

是指尚未制定法律、法规的，省、自治区、直辖市人民政府和省、自治区人民政府所在地的市人民政府以及经国务院批准的较大的市人民政府制定的规章，对违反行政管理秩序的行为，可以设定警告或者一定数量罚款的行政处罚。罚款的限额由省、自治区、直辖市人民代表大会常务委员会规定。同时，前述的人民政府制定的规章可以在法律、法规规定的给予行政处罚的行为、种类和幅度的范围内作出具体规定。

除上述法律、法规、规章以外的其他规范性文件不得设定行政处罚。

行政处罚权限的划分，涉及中央和地方、权力机关和行政机关之间权限的划分，在这方面，应当符合我国的统一立法体制，贯彻两条原则：①在中央和地方之间，以中央设定为主，地方设定为辅；②在地方立法机关和行政机关之间，以地方人大设定为主，地方政府设定为辅。

第四节　行政处罚的实施机关、管辖与适用

一、行政处罚的实施机关

行政处罚原则上应当由国家行政机关行使，因为行政处罚在性质上是一项重要的国家行政权和国家制裁权。但是考虑到行政管理的实际需要和行政组织编制管理的现状，法律规定符合条件的非政府组织，经过法律、法规的授权或者行政机关的委托可以实施行政处罚。

1. 行政机关

行政处罚权作为国家行政权力的一个组成部分，原则上应当由行政机关行使。当然，只有特定的行政机关才可以实施行政处罚。实施行政处罚的行政机关必须具有以下特征：

（1）必须具有外部行政管理职能。行政处罚是一种外部行政行为，是对公民、法人或者其他组织实施行政管理的法律行为。这一特征决定了行政处罚适用的主体应是承担外部行政管理职能的行政机关，包括外部行政机关和负有双重职能的行政机关。双重职能的行政机关既有权对其管辖范围内的社会上的个人或组织实施管理，又有权对属于它的行政机关和工作人员实施领导、监督等。

（2）必须依法取得行政处罚权。行政处罚因其与相对人的关系十分密切，直接影响到广大人民的人身权、财产权及其他权利，所以行政处罚权必须经法律、法规的明文授权。未经法律、法规的明确授予，即使是外部行政机关也不能成为处罚适用的主体，不得实施行政处罚，在这种未授予行政处罚权的情况下，外部行政机关只是国

家行政管理主体而不是行政处罚主体。

（3）行政机关必须在其法定职权内实施行政处罚权。具体而言，就是指，实施行政处罚的机关应与其外部管理领域相适应，如授予工商行政管理机关的处罚权必须在工商管理机关的职权范围内，而不能授予其公安机关的行政拘留权；处罚权限的大小应与行政管理权限的划分相一致，例如县级行政机关不应被授予省级行政机关的行政处罚权；行政机关的行政处罚权应符合具体法律的规定，例如限制人身自由的行政处罚只有公安机关才可以实施。

2. 法律、法规授权的组织

除了承担外部行政管理职能的机关可在法定范围内行使行政处罚权外，具有管理公共事务职能的组织经法律、法规的授权可以行使一定的行政处罚权，成为适用行政处罚的主体。

（1）授权规则。社会组织成为行政处罚的实施主体，必须有法律、法规的授权。根据《行政处罚法》的有关规定，必须符合以下规则：一是主体条件，可以成为授权主体的只能是全国人大及其常委会、国务院和具有立法权的地方人大及其常委会。二是内容条件，被授予的权力具有可转让性，专有的权力不能授予，例如限制人身自由的行政处罚权只能由公安局享有；授权的范围应明确；不得超出自身的职权范围和法定范围。三是形式要件，授权的形式必须是法律、行政法规或地方性法规。

（2）被授权组织的条件。第一，必须有法律、法规的授权。第二，被授权组织是具有管理公共事务职能的组织。第三，在法律、法规授权的范围内实施行政处罚。

法律、法规授权的组织实施行政处罚的法律特征是：第一，以自己的名义实施行政处罚；第二，以自己的名义参加行政复议或者行政诉讼，并承担相应的法律后果。

3. 行政机关委托的组织

行政机关可以将自己拥有的行政处罚权委托给非行政机关的组织行使。《行政处罚法》第十九条明确规定了受委托组织必须符合三个条件：

（1）依法成立的管理公共事务的事业组织；

（2）具有熟悉有关法律、法规、规章和业务的工作人员；

（3）对违法行为需要进行技术检查或者技术鉴定的，应当有条件组织进行相应的技术检查或者技术鉴定。

行政机关委托其他组织实施行政处罚的条件是：第一，具有法律、法规或者规章的依据；第二，委托事项必须在该行政机关的法定权限以内；第三，对被委托组织实施行政处罚的行为进行监督；第四，对被委托组织实施行政处罚的行为后果承担法律责任。

受委托组织的法律义务是：第一，以委托行政机关名义实施行政处罚；第二，实施行政处罚不得超出委托范围；第三，不得再委托其他任何组织或者个人实施行政处罚。

行政委托与行政授权，存在质的区别：一是处罚权的来源不同，前者来源于行政机关，后者来源于立法机关，由法律、法规规定。二是成立的前提不同，委托的成立须经受托人的同意，授权则是立法机关单方面的行为，不需要有被授权人的同意，被授权人不能拒绝。三是被委托组织和被授权组织的法律地位不同，前者只能以委托机关的名义行使行政处罚权，其行为后果也由委托机关承担，后者则具有独立的主体资格，直接以自己的名义行使行政处罚权，并自己承担法律后果。因此，行政处罚权的委托与授权遵循不同的规则。

4. 集中行使行政处罚权的行政机关

相对集中行政处罚权是行政机关提高行政处罚效率的重要制度。行政机关一般是按业务特点设置工作部门的，单行的法律法规经常按照行业管理分工将行政处罚权授予某一行业行政主管机关。但是在行政管理实践中，往往需要将属于不同行政主管部门的处罚权集中于某一行政机关统一行使，以提高行政管理效率。针对这种情况，《行政处罚法》规定了相对集中行政处罚权制度。《行政处罚法》第十六条规定，“国务院或者经国务院授权的省、自治区、直辖市人民政府可以决定一个行政机关行使有关行政机关的行政处罚权，但限制人身自由的行政处罚权只能由公安机关行使。”实行相对集中行政处罚权的领域，是多头执法、职责交叉、重复处罚、执法扰民等问题比较突出，严重影响执法效率和政府形象的领域，目前主要是城市管理领域。集中行使行政处罚权的行政机关作为本级政府直接领导的一个独立执法部门，依法独立履行规定的职权，并承担相应的法律责任。

二、行政处罚的管辖

行政处罚的管辖，是指具有行政处罚权的行政主体之间的权限划分。

1. 职能管辖

职能管辖是指不同职能但同级的行政处罚的实施主体之间的权限划分。按照行政机关管理范围划分行政处罚的管辖权限，是职能管辖的特点。如对违反市场秩序的行政处罚由工商行政机关进行，违反治安管理规定的处罚由公安机关进行。行政处罚“由具有行政处罚权的行政机关在法定范围内实施”，一方面指没有依法取得行政处罚权的行政机关不得管辖；另一方面指虽有行政处罚权，但违法行为不属其专属管辖及其管理范围的，也不得行使行政处罚权。

2. 级别管辖

级别管辖是指同类职能但不同级别的行政处罚的实施主体之间的权限划分，由行政处罚案件的性质、情节的轻重、影响的范围等因素来划分。行政处罚的级别管辖的一般原则是由县级以上地方人民政府具有行政处罚权的行政机关管辖，县级以下的行政机关无权实施行政处罚权。如果法律、行政法规对级别管辖另有规定的，应遵照执行。

3. 地域管辖

地域管辖是指同级、同类职能的行政处罚的实施主体之间的权限划分。行政处罚的地域管辖以违法行为发生地的行政机关管辖为一般原则，即违法行为发生在何处，就由当地有行政处罚权的行政机关管辖。如果违法行为发生地与结果地不在同一地域，或者违法行为的发生地与发现地不在同一个地域，或者违法行为的发生地与行为人的住所地不在同一个地域，都应以违法行为发生地的行政机关管辖为一般原则。

4. 移送管辖

移送管辖是指无管辖权的行政机关将已经受理的处罚案件交给有管辖权的机关。凡不属于某一行政机关职能管辖、级别管辖或者地域管辖范围之内的，均属该行政机关无权管辖。移送管辖应当本着合法和高效的原则进行，行政机关发现自己无管辖权时，应当立即将案件交由有管辖权的机关处理，受移送的机关一般应当接受移送，不得推诿或拒绝接受。如果受移送的机关认为此案自己确无管辖权时，可以与移送行政机关再行协商，协商不成的报告双方共同的上级机关解决。

5. 指定管辖

指定管辖是指上级行政机关以决定的方式指定下级行政机关对某个行政处罚案件行使管辖权。《行政处罚法》第二十一条规定，“对管辖发生争议的，报请共同的上一级行政机关指定管辖。”两个以上行政机关对同一违法行为均享有行政处罚权时，为共同管辖，共同管辖的处理规则一般是由行政机关相互协商或按惯例等方式解决，但当异议无法消除，行政机关就管辖权发生争议时，应当报请它们共同的上一级行政机关指定管辖。

三、行政处罚的适用

行政处罚的适用是处罚实施主体对违法案件具体运用《行政处罚法》等规范实施处罚的活动。

1. 应受处罚行为的构成要件

指某种行为受到行政处罚所必须具备的条件，它是实施行政处罚时必须加以确认的。具体的构成要件是：

（1）必须已经实施了违法行为。违法事实已经客观存在；

（2）违法行为属于违反行政法律规范的性质，行政处罚只能针对违反行政法律规范的行为；

（3）实施违法行为的人是具有责任能力的行政管理相对人；

（4）依法应当受到处罚。只有法律、法规或者规章明确规定应受到处罚的违法行为，才能适用行政处罚。

2. 不予处罚的规定

指行为人虽然实施了违法行为，但由于具有特定的情形而不给予处罚。根据《行政处罚法》规定，有以下几种情形：

（1）不满十四周岁的人有违法行为的；

（2）精神病人在不能辨认或者不能控制自己行为时有违法行为的；

（3）违法行为轻微并及时纠正，没有造成危害后果的。

3. 从轻或者减轻处罚

从轻处罚是指在行政处罚的法定种类和幅度内，适用较轻的种类或者处罚的下限给予处罚，但不能低于法定处罚幅度的最低限度。减轻处罚是指在法定处罚幅度的最低限以下给予处罚。从轻或减轻处罚适用以下情况：

（1）已满十四周岁不满十八周岁的人有违法行为的；

（2）主动消除或者减轻违法行为危害后果的；

（3）受他人胁迫有违法行为的；

（4）配合行政机关查处违法行为有立功表现的；

（5）其他依法从轻或者减轻行政处罚的。

4. 行政处罚的追究时效

指对违法行为人追究责任，给予行政处罚的有效期限。行政处罚的追诉时效为两年，在违法行为发生两年后，无论何时发现这一违法行为，都不能给予行政处罚，但是法律另有规定的除外。时效的计算，是从违法行为发生之日起计算，如果违法行为有连续或者继续状态的，则从行为终了之日起计算，连续状态是指行为人连续实施数个同一种类的违法行为，继续状态是指一个违法行为在时间上的延续。

5. 责令改正

适用行政处罚必须能够有效制止违法行为对社会的危害。在许多情形下，行政处罚方法本身并不足以制止违法行为人继续危害社会。为了弥补某些行政处罚方法的不足，《行政处罚法》第二十三条规定“行政机关实施行政处罚时，应当责令当事人改正或者限期改正违法行为。”

第五节 行政处罚的程序

行政处罚程序是指处罚主体在实施处罚过程中所要遵循的方式、方法、步骤、顺序以及时限等要求。根据《行政处罚法》的规定，行政处罚的程序可分为行政处罚的决定程序和执行程序。

一、行政处罚的决定程序

行政处罚的决定程序有简易程序和一般程序。

（一）简易程序

又称当场处罚程序，是指在引起行政处罚的原因、情节十分简单、明了的情况下，行政机关执法人员可以采用相对简要的手续和方式完成行政处罚。

1. 适用简易程序必须符合的条件

（1）违法事实确凿

这是指被处罚当事人的违法事实必须清楚，证据材料确凿、充分。即当场能够有

充分的证据确认违法事实，无需进一步调查取证。

（2）有法定依据

这是指执法人员对行政违法行为当场做出行政处罚决定，必须要有法律、法规和规章的明确规定。它包含两层意思：一是在违法事实确凿的情况下，该违法行为还必须是法律、法规、规章明确规定应予处罚的行为。二是指适用简易程序还必须符合法律规定的其他条件，如罚款限额。没有法定依据的当场处罚无效。

（3）符合行政处罚法所规定的处罚种类和幅度

只有对公民处以50元以下、对法人或者其他组织处以1000元以下罚款或者警告的处罚才可以当场进行，其他处罚种类不能适用简易程序。

2. 简易程序的内容

（1）表明身份。实施处罚的人员应当向当事人出示自己执行公务的身份证件，以证明有权对当事人作出处罚。

（2）说明理由和告知权利。实施处罚的人员要当场指出违法行为的违法事实，说明要给予行政处罚的理由，及有关依据，并告知当事人有进行陈述和申辩的权利，同时还要听取当事人的陈述与申辩。

（3）作出处罚决定。行政处罚决定是影响当事人权益的要式行为，必须要有书面决定。在当事人没有异议的情况下，执法人员当场作出处罚决定后，应当填写预定格式、编有号码处罚决定书。

（4）当场交付行政处罚决定书。行政处罚决定书由当事人签名或摁手印后，执法人员应当当场交给当事人一份，并应当告知当事人履行处罚决定的期限、地点和方式。给予罚款处罚的按规定可以当场收缴罚款的，还应当向当事人出具省级财政部门统一制发的罚款收据。

（5）告知救济权。告知救济权是指执法人员告知当事人在受到处罚后有何种救济途径。当事人对当场作出的行政处罚决定不服的，可以依法申请行政复议或者提起行政诉讼。

（6）行政处罚决定报所属行政机关备案。行政处罚在适用简易程序结束后，具体办案人员应当及时将行政处罚决定向所属行政机关备案。当场收缴罚款的，应在自收缴罚款之日起二日内，交至行政机关。执法人员是代表其所在的行政机关履行行政管理职权的，行政机关对其负有监督检查的职责。规定备案制度，一方面是有据可查，行政机关对其执法人员作出的行政处罚决定能够全面了解和掌握；另一方面是便于行政机关对其执法人员依法进行监督，防止执法人员滥用职权，促进依法行政。

（二）一般程序

也称普通程序，是除简易程序以外作出处罚所适用的程序。一般程序包括以下几个具体步骤：

1. 受理立案

行政违法行为发生后，除当场处罚以外，一般行政处罚均须受理立案。立案是一般程序的开始阶段，先立案后查处，应当是行政处罚程序的最初要求。处罚实施主体通过各种渠道所知悉的相对人的违法行为，首先予以立案，作好查处违法行为的准备工作。

2. 调查取证

根据《行政处罚法》规定，行政机关发现公民、法人或者其他组织有依法应当给予行政处罚的行为的，必须全面、客观、公正地调查，收集有关证据；必要时，依照法律、法规的规定，可以进行检查。行政机关在调查或者进行检查时，执法人员不得少于两人，并应当向当事人或者有关人员出示证件，表明身份。执法人员与当事人有直接利害关系的，应当回避。当事人或者有关人员在接受调查时应当如实回答调查人员的询问，并协助调查或者检查，不得阻挠。询问或者检查应当制作笔录，被询问人或者被检查人应当在笔录上签字。行政机关在收集证据时，可以采取抽样取证的方法；经批准可以对证据先行登记保存。

调查取证工作主要有：收集证据、证据保全、询问当事人和证人、勘验与检查、鉴定等。

3. 告知处罚的事实、理由和依据

在作出行政处罚决定之前，行政机关应当向当事人告知给予行政处罚的事实、理由和法律依据，并应该认真听取当事人的陈述、申辩，否则，行政处罚决定不能成立。但当事人放弃陈述或者申辩权利的除外。行政机关作出责令停产停业、吊销许可证或者执照、较大数额罚款等行政处罚之前，应当告知当事人有要求听证的权利，当事人要求听证的，行政机关应当组织。

4. 作出处罚决定

行政处罚在调查终结后，行政机关负责人应当对调查结果进行审查，对于情节复杂或者重大违法行为给予较重的行政处罚时，行政机关的负责人应当集体讨论决定。行政机关应当根据案件的不同情况，分别作出如下决定：

第一，确有应受行政处罚的违法行为的，根据情节轻重及具体情况，作出处罚决定。

第二，违法行为轻微，依法可以不予行政处罚的，不予行政处罚。

第三，违法事实不能成立或者不存在的，不得给予行政处罚。

第四，违法行为已构成犯罪的，移送司法机关。

行政机关作出行政决定后，应当制作行政处罚决定书。根据行政处罚法第三十九条的规定：行政机关依照本法第三十八条的规定给予行政处罚，应当制作行政处罚决定书。行政处罚决定书应当载明下列事项：

（1）当事人的姓名或者名称、地址；

（2）违反法律、法规或者规章的事实和证据；

（3）行政处罚的种类和依据；

（4）行政处罚的履行方式和期限；

（5）不服行政处罚决定，申请行政复议或者提起行政诉讼的途径和期限；

（6）作出行政处罚决定的行政机关名称和作出决定的日期。

行政处罚决定书必须盖有作出行政处罚决定的行政机关的印章。

5. 送达

行政处罚决定书应当在宣告后当场交付当事人；当事人不在场的，行政机关应当在7日内依照民事诉讼法的有关规定，将行政处罚决定书送达当事人。送达方式有：直接送达、留置送达、委托送达、邮寄送达、转交送达、公告送达等。

（1）直接送达。即行政机关将行政处罚决定书直接送交受送达人本人。受送达人是公民的，由本人签收，本人不在的，交其同住的成年家属签收；受送达人是法人或者其他组织的，应当由法人的法定代表人、其他组织的主要负责人或者该法人、组织的办公室、收发室、值班室等负责收件的人签收；受送达人有委托代理人的，行政机关既可以向受送达人送达，也可以向其委托代理人送达；受送达人已向行政机关指定代收人的，送交代收人签收。受送达人及其同住的成年家属，法人或者其他组织的负责收件人，委托代理人或者代收人，在送达回证上签收的日期视为送达日期。

（2）留置送达。是指受送达人拒绝接收行政处罚决定书，送达人依法将行政处罚决定书留在受送达人住所的送达方式。采用留置送达时，送达人应当邀请有关基层组织或者所在单位的代表到场，说明情况，并记明拒收事由和日期，由送达人、见证人签名盖章，把行政处罚决定书留在受送达人的住所，也可以把诉讼文书留在受送达人的住所，并采用拍照、录像等方式记录送达过程，即视为送达。

（3）委托送达。是指行政机关直接送达行政处罚决定书有困难，而委托有关机关代为交给受送达人的送达方式。委托机关应当出具委托函。

（4）邮寄送达。是指行政机关在直接送达有困难的情况下，通过邮局将行政处罚决定书用挂号信邮寄给受送达人的送达方式。邮寄送达应当附有送达回请。挂号信回执上注明的收件日期与送达回证上注明的收件日期不一致的，或者送达回证没有寄回的，以挂号信回执上的收件日期为送达日期。

（5）转交送达。是指行政机关将行政处罚决定书交受送达人所在机关、单位代收后转交给受送达人的送达方式。适用转交送达的情况有三种：第一，受送达人是军人的，通过其所在部队因以上单位的政治机关转交；第二，受送达人被监禁的，通过其所在监所或者劳动改选单位转交；第三，受送达人被劳动教养的，通过其劳动教养单位转交。

（6）公告送达。是指行政机关在受送达人下落不明或者采用上述方式无法送达时所采用的一种特殊送达方式。根据民事诉讼法的规定，自发出公告之日起，经过六十日，即视为送达。公告送达，应当在案卷中记明原因和经过。

（三）听证程序

听证程序指行政机关在作出处罚决定之前，公开举行专门会议，由行政处罚机关调查人员提出指控、证据和处理建议，当事人进行申辩和质证的程序。

1. 举行听证会的条件

（1）行政机关将要作出责令停产停业、吊销许可证或者执照和较大数额罚款等行政处罚决定；

（2）经当事人依法提出听证要求，由行政机关组织。

2. 听证会的进行程序

（1）告知听证权。如果属于听证适用范围的行政处罚，行政机关经过调查并已形成初步的行政处罚决定之后，应当在作出行政处罚决定之前告知当事人有权要求听证。

（2）提出听证。当事人要求听证的，应当在行政机关告知后三日内提出。如果没有正当理由，超过期限提出听证要求的，视为放弃听证权。

（3）通知听证。行政机关应当在举行听证的七日前，通知当事人举行听证的时间、地点，以便当事人为听证作充分的准备。第四，举行听证会。听证会由案件调查人以外的其他人员主持，由调查人员提出当事人的违法事实、证据和行政处罚建议，再由当事人进行质证与申辩，经过调查人员与当事人的相互辩论后，当事人可以作最后的陈述。听证会的全部过程要制作听证笔录，笔录应交当事人审核，无误后由当事人签字盖章。听证会除涉及国家秘密、商业秘密或者个人隐私外，一律公开举行，接受社会的监督。

二、行政处罚执行程序

行政处罚执行程序，是指确保行政处罚决定所确定的内容得以实现的程序。行政处罚决定一旦送达，就具有法律效力，处罚决定中所确定的义务必须得到履行。处罚执行程序的主要内容是：

1. 申诉不停止执行

行政处罚作出后，当事人应当在行政处罚决定规定的期限内，予以履行。当事人对行政处罚决定不服，申请行政复议或者提起行政诉讼期间，除法律另有规定外，行政处罚不停止执行。

2. 罚款的收缴

（1）实行处罚机关与收缴罚款机构相分离。在行政处罚决定作出后，除依法当场收缴的罚款外，作出罚款决定的行政机关及其执法人员不得自行收缴罚款，由当事人在法定期限内到指定的银行缴纳罚款，银行将收缴的罚款直接上缴国库。

对于罚款、没收违法所得或者没收非法财物拍卖的款项，必须全部上缴国库。任何行政机关或者个人不得以任何形式私分、截留；财政部门不得以任何形式向行政处罚决定机关返还。

（2）当场收缴罚款。《行政处罚法》第三十三条规定：违法事实确凿并有法定依据，对公民处以50元以下、对法人或者其他组织处以1000元以下罚款或者警告的行政处罚的，可以当场作出行政处罚决定。当事人应当依照本法第四十六条、第四十七条、第四十八条的规定履行行政处罚决定。

第四十六条规定：作出罚款决定的行政机关应当与收缴罚款的机构分离。除依照本法第四十七条、第四十八条的规定当场收缴的罚款外，作出行政处罚决定的行政机关及其执法人员不得自行收缴罚款。

当事人应当自收到行政处罚决定书之日起十五日内，到指定的银行缴纳罚款。银行应当收受罚款，并将罚款直接上缴国库。

第四十七条规定：依照本法第三十三条的规定当场作出行政处罚决定，有下列情形之一的，执行人员可以当场收缴罚款：

（一）依法给予二十元以下的罚款的；

（二）不当场收缴事后难以执行的。

第四十八条规定：在边远、水上、交通不便地区，行政机关及其执法人员依照本法第三十三条、第三十八条的规定作出罚款决定后，当事人向指定的银行缴纳罚款确有困难，经当事人提出，行政机关及其执法人员可以当场收缴罚款。

执法人员当场收缴罚款的，必须向当事人出具省、自治区、直辖市人民政府财政部门统一抽发的罚款收据；不出具财政部门统一制发的罚款收据的，当事人有权拒绝缴纳罚款。

（3）执法人员当场收缴的罚款，应当自收缴之日起二日内交至行政机关；在水上当场收缴的罚款，应当自抵岸之日起行二日内交至行政机关。行政机关应当在二日内将罚款缴付指定银行。

3. 行政强制执行

除经当事人申请和行政机关批准可以暂缓或分期缴纳罚款的以外，当事人逾期不履行行政处罚决定的，作出行政决定的行政机关可以采取下列措施：

（1）到期不缴纳罚款的，每日按罚款数额的百分之三加处罚款；

（2）根据法律规定，将查封、扣押的财物拍卖或者将冻结的存款划拨抵缴罚款；

（3）申请人民法院强制执行。

第六节　行政处罚的救济监督途径

一、救济途径

1. 行政复议

公民、法人或者其他组织应当在知道行政处罚作出之日起六十日内依法向作出处罚决定的行政机关的上一级行政机关或者法律规定的行政机关申请行政复议。法律规定的申请期限超过六十日的除外。

2. 行政诉讼

公民、法人或者其他组织应当在知道行政处罚作出之日起三个月内向人民法院提起行政诉讼。法律另有规定的除外。

3. 行政赔偿

是指公民、法人或者其他组织不服行政处罚，发生了具体的损害，可以向行政机关或人民法院申请，要求行政机关承担行政侵权赔偿责任，并获得赔偿救济的法律制度。

二、监督途径

1. 国家权力机关的监督

指全国人大及其常务委员会对国务院和地方人大的监督；地方人大及其常委会对同级人民政府及下级人大的监督。监督的方式多种多样，如通过法规、规章备案制度，监督行政处罚的设定；通过对重大行政处罚进行特定调查、质询，监督行政机关严格依法行政；此外还可结合日常的对行政执法的监督检查，开展监督工作等。

2. 政府监督

主要是指县级以上人民政府对行政处罚的监督检查。监督具体行政行为的合法性与适当性。

3. 司法监督

人民法院通过受理行政诉讼，审查行政处罚的合法性，依照审理结果，可以撤销违法的行政处罚，也可以变更显失公正的行政处罚。对于行政机关申请人民法院强制执行的行政处罚，人民法院有权监督与审查，如果行政强制执行的申请合法，则人民法院予以执行；如果强制执行申请违法或者明显不当，则人民法院有权拒绝执行。

4. 社会监督

主要是新闻舆论、民主党派、社会团体以及人民群众等的监督。

三、法律责任

1. 违反《行政处罚法》的违法行为种类

这里所讲的违反《行政处罚法》的违法行为，是指违反《行政处罚法》规定的义务性规范或者禁止性规范的行为。主要种类有：

（1）无法定依据实施行政处罚；

（2）擅自改变行政处罚的种类或幅度；

（3）违反法定程序实施行政处罚；

（4）违反委托处罚规定实施行政处罚；

（5）不使用法定处罚单据；

（6）使用非法处罚单据；

（7）非法自行收缴罚款；

（8）返还罚没款；

（9）截留、私分罚没财物；

（10）索取或者收受他人财物；

（11）收缴罚款据为己有；

（12）使用或者损毁扣押财物；

（13）违法实行检查措施或者执行措施；

（14）以行政处罚代替刑罚；

（15）对应当制止和处罚的违法行为不予制止和处罚。

2. 违反《行政处罚法》法律责任的承担方式

（1）责令改正

是违反《行政处罚法》的行政机关或者组织，根据上级行政机关或者有关部门的决定，对其所实施的部分违反《行政处罚法》的违法行为依法进行补正、更改以弥补过错的一种补救性行政责任方式。如第五十五条、第五十七条。

（2）责令纠正

是违反《行政处罚法》有关行政处罚权限范围规定的行政机关或者组织，根据上级行政机关或者有关部门的决定，对其作出的完全违法的行为予以变更或者撤销的一种补救性行政责任方式。如第六十一条。

（3）收缴单据

是违反《行政处罚法》有关票据管理规定的行政机关或者组织，根据上级行政机关或者有关部门的决定，将与违法行为有关的非法票据移交给指定机关处理的一种特殊的行政责任承担方式。如第五十六条。

（4）追缴财物

是违反《行政处罚法》有关罚没财物管理规定的行政机关及其依法委托的组织或者法定授权的组织，将非法处分的财物追回并上缴规定部门收归国库的一种行政责任方式。如第五十八条。

（5）行政赔偿

是指国家行政机关及其工作人员在行使行政处罚权过程中，造成公民、法人或者其他组织财产损失，由国家承担赔偿责任的法律制度。《行政处罚法》规定应当承担赔偿责任的范围，一是，使用或者损毁扣押财物，对当事人造成损失的；二是，违法实施实行检查措施或者执行措施，给公民人身或者财产造成损害、给法人或者其他组织造成损失的。

（6）行政处分

是国家机关依据公务员法规定，对违反行政管理法律规范尚未构成犯罪的公务员采取的一种制裁措施，也是轻微违反行政管理法律规范的公务员承担行政责任的方式。行政处分分为六种：警告、记过、记大过、降级、撤职、开除。

（7）刑事制裁

是指根据刑法的规定对违反刑事法律规范构成犯罪的当事人采取的强制性的惩罚手段。《行政处罚法》有关刑事责任的规定共有五条，分别是第五十八条第一款、第五十八条第二款、第六十条、第六十一条、第六十二条。

第四章　行政强制法律制度

2011年6月30日，中华人民共和国第十一届全国人民代表大会常务委员会第二十一次会议通过了《中华人民共和国行政强制法》（下简称《行政强制法》），并于2012年1月1日起施行。《行政强制法》规定了中国行政强制的基本制度，是一部规范行政强制的设定和实施，保障和监督行政机关依法履行职责，维护公共利益和社会秩序，保护公民、法人合法权益的重要法律。

第一节　概　　述

一、行政强制的概念和特征

1. 概念

行政强制，是行政强制行为的简称，指行政主体为维护公共秩序和公共利益以及实现行政目，依法直接或申请法院对行政相对人采取强制性措施的行为。

2. 特征

（1）行政强制的主体是行政主体和人民法院，实施行政强制必须依据法定权限。行政强制的主体具有独特性，大多数行政强制的主体是行政主体，也有一些特殊的行政强制（如某些行政强制执行）的主体由人民法院承担。行政主体和人民法院根据法律、法规的规定实施行政强制。

（2）行政强制是针对行政过程中有违反义务或者义务不履行的情况的行政相对人实施的强制。行政强制注重对违法行为的制止，在证据可能被损毁、危害可能发生或者危险可能扩大的情况下，采取临时性的措施予以限制或者控制，在法定义务不履行的情况下，采取相应的强制措施，以实现义务的履行。

（3）行政强制的目的在于确保行政的实效性，维护和实现公共利益。行政强制权是国家行政权的重要组成部分，是实现公共利益的重要保障手段。以实现公共利益为目的，是包括行政强制在内的一切行政活动正当性的判断基准。所以，一旦实现了相关目的，行政强制应当立即终结。

（4）行政强制是典型的侵益性行政行为之一。无论是行政机关自行实施的行政强制，还是人民法院依申请而实施的行政强制执行，都涉及对公民、法人或其他组织的财产、人身进行约束和限制，因此需遵守“依法行政”的原则，一般要有法律的明确授权，严格依照法律、法规的规定实施。

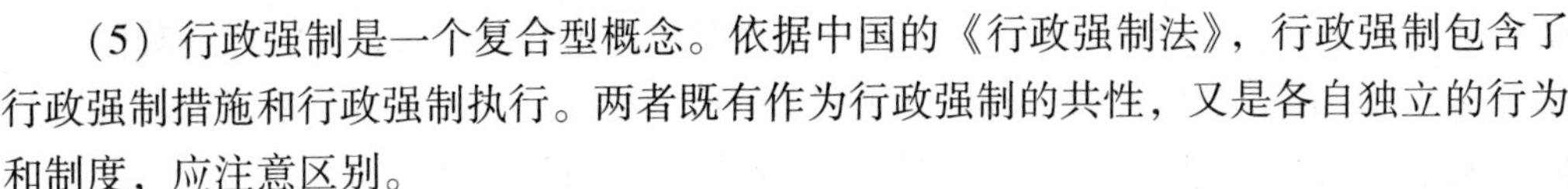

（5）行政强制是一个复合型概念。依据中国的《行政强制法》，行政强制包含了行政强制措施和行政强制执行。两者既有作为行政强制的共性，又是各自独立的行为和制度，应注意区别。

二、行政强制的基本原则

设定和实施行政强制，应遵循下列基本原则：

1. 行政强制法定原则

《行政强制法》第四条规定，“行政强制的设定和实施，应当依照法定的权限、范围、条件和程序。”

（1）行政强制应依法设定。行政强制法对设定行政强制的主体、依据、种类和程序等都做出了具体规定，有权机关在设定行政强制时应严格遵守这些规定，不可违法滥设行政强制。

（2）行政强制应依法实施。行政强制的实施必须严格依照法律规范的规定进行。首先，实施行政强制的机关必须合法；其次所实施的行政强制必须有法律依据；再次，实施行政强制必须依照法定的程序，在法定的范围内实施；最后，行政强制权的授予和委托均需要按照法律规范的规定进行。

2. 行政强制适当性原则

《行政强制法》第五条规定，“行政强制的设定和实施，应当适当。采用非强制手段可以达到行政管理目的的，不得设定和实施行政强制。”

行政强制的适当性原则是对比例原则和必要性原则的明确化和实定化，要求行政强制的设定和实施应对手段和目的进行衡量，在确保达到行政管理目的的基础上，尽量做到非强制性或强制性较低的强制手段，所选择的行政强制手段与所要达到行政管理目的的需求程度相当。

3. 说服教育与强制相结合原则

《行政强制法》第六条规定，“实施行政强制，应当坚持教育与强制相结合。”

说服教育原则强调应当致力于教育相对人自觉守法、减少对行政活动的抵触情绪，自觉履行法定义务。行政强制，尤其是行政强制执行应该在穷尽教育手段（如催告等）仍然不能实现行政目的时不得已而为之的手段。当然，对属于即时强制的行政强制措施，由于其本身的紧迫性特征，使得难以在实施前进行说服教育工作，因而可以不经过教育、训诫程序，直接实施行政强制。

4. 行政强制不得滥用原则

《行政强制法》第七条规定，“行政机关及其工作人员不得利用行政强制权为单位或者个人谋取利益。”这条规定确立了行政强制不得滥用的原则，是从目的和价值取向的角度要求不得利用行政强制权为单位或个人谋取利益。

5. 正当程序和权利救济原则

《行政强制法》第八条规定，“公民、法人或者其他组织对行政机关实施行政强制，享有陈述权、申辩权；有权依法申请行政复议或者提起行政诉讼；因行政机关违法实施行政强制受到损害的，有权依法要求赔偿。公民、法人或者其他组织因人民法院在强制执行中有违法行为或者扩大强制执行范围受到损害的，有权依法要求赔偿。”

《行政强制法》将保护公民、法人和其他组织的合法权益列为了立法的首要目的，并对当事人合法权益保护做出了原则性规定。由于行政强制是典型的侵益性行政行为，因此法律对行政强制权的行使做出了严格的规定，当事人享有陈述、申辩、依法救济和请求赔偿的权利。

三、行政强制的分类

按照不同的标准，可对行政强制进行多维度的分类。例如，依执行主体不同，可分为行政主体直接强制与申请法院采取强制；根据行为过程，可将行政强制分为事先强制、事中强制与事后强制。由于《行政强制法》将行政强制区分为行政强制措施和行政强制执行，因此着重介绍这一分类。

行政强制措施与行政强制执行都以基础决定为前提，以是否能够期待相对人自动履行义务（从时间上的允许性和义务类型的可能性两方面考察）为人权关怀，都是执行性活动。两者最大区别是行政强制措施的基础决定与强制执行直接相连，两者间无相对人自动履行的可能；行政强制执行的基础决定与强制执行之间存在一个时间上的空隙，其间行政主体可以从容为催告程序敦促相对人自动履行，或因催告程序无意义而从容为直接强制执行。

行政强制措施和行政强制执行适用不同的程序规定和法律救济途径。

- 行政强制
  - 行政强制措施（主体为行政机关）
  - 行政强制执行
    - 行政机关自行实施的行政强制执行（主体为行政机关）
    - 法院依申请实施的行政强制执行（主体为法院，非诉行政执行）

第二节　行政强制措施

一、行政强制措施的概念与特征

1. 概念

行政强制措施，是指行政机关在行政管理过程中，为制止违法行为、防止证据损毁、避免危害发生、控制危险扩大等情形，依法对公民的人身自由实施暂时性限制，或者对公民、法人或者其他组织的财物实施暂时性控制的行为。

2. 特征

（1）强制性。公权力的行使一般都带有强制性（行政指导、行政奖励等行为例外），但行政强制措施的强制性更为明显和直接。这意味着行政机关实施行政强制措施时，对象人有容忍的义务，否则要承担法律后果。显著的强制性特征决定了必须对行政强制措施进行严格的条件和程序控制。

（2）临时性。任何行政强制措施都是一种中间行为，而不是最终行为，因而具有临时性。如扣押、冻结、暂扣证照等，都是一种临时性的保障措施，不是最终的目的。一旦实施行政强制措施的事由消失，行政强制措施也应相应终止。

（3）即时性。行政强制措施是在需要制止违法行为、防止证据灭失、避免危害发生、控制危险扩大的紧急情况下即刻实施的，其根本目的是维持社会秩序，防止危害社会的状态发生。由于行政强制措施实施的即时性，在行政强制措施实施之前，不可能先行作出一个处理相应事态的具体行政行为，然后再执行这个具体行政行为。而且即刻作出一个决定，即刻执行这个决定。并且在决定的作出与该决定的执行之间，没有明显的时间间隔。

（4）非处分性。行政强制措施的采取，不以对象人的违法为前提，其本身只是限权而不是制裁。在行政强制措施中，无论作为基础性的有关强制措施的行政决定，还是对这一决定的执行，都不具有处分性。这一点与行政强制执行不同。

二、行政强制措施的种类

行政强制措施的种类，是行政强制措施外在的具体表现形式。《行政强制法》列举了五类行政强制措施，并规定了其他行政强制措施的兜底条款。这五类行政强制措施的划分并非按照简单划一的标准，不具有逻辑上的穷尽性，主要是根据实践归纳的较多采用的行政强制措施种类。

1. 限制公民人身自由

人身自由是宪法保障的公民的基本权利，限制公民人身自由是法律的专属立法权。根据《立法法》第九条的规定，只有法律才能设定限制人身自由的行政强制措施。中国现有法律中规定的限制公民人身自由的措施有：盘问、留置盘问、传唤、强制传唤、扣留、拘留、人身检查、强制检测、约束、隔离、强制隔离、强行带离现场、强行驱散、驱逐、禁闭等。

2. 查封场所、设施或者财物

查封是行政机关限制当事人对其财产的使用和处分的强制措施，主要是对不动产或者其他不便移动的财产，由行政机关以加贴封条的方式限制当事人对财产的移动或使用。查封在法律、法规中规定的比较多，实践中也比较常用。法律、法规中除使用“查封”外，还经常使用“封存”“封闭”、“关闭或限制使用场所”“禁止或者限制使用设备、设施”等表述。

3. 扣押财物

扣押是行政机关解除当事人对其财物的占有，并限制其处分的强制措施。与查封不同的是，扣押主要是针对可移动的财产，且被扣押的财产通常由行政机关保管。扣押在法律、法规中规定的比较多，实践也比较常用。除了使用“扣押”外，还经常使用“暂扣”“扣留”等。

4. 冻结存款、汇款

冻结主要是限制金融资产的流动的强制措施，包括冻结银行存款、汇款和邮政企业汇款，也包括股票等有价证券。除了使用“冻结”外，还使用“暂停支付”一词。根据《中华人民共和国商业银行法》的规定，冻结存款、汇款，只有法律才能规定。法律在规定冻结措施时也有非常严格的限制，只在确有必要的情况下才作出规定。

5. 其他行政强制措施

由于行政管理情况复杂，法律难以把行政管理需要的行政强制措施都规定出来，实践中行政法规还规定了四类以外的许多强制措施，因此立法规定了这一兜底条款，以涵盖上述四类以外的其他行政强制措施。较为普遍的其他行政强制措施有《中华人民共和国价格法》规定的“部分或者全面冻结价格的紧急措施”、《中华人民共和国动物防疫法》规定的“隔离”“扑杀”“销毁”等。

三、行政强制措施的设定和规定

1. 行政强制措施的设定

行政强制措施的设定，是不以任何法律、法规的规定作为其具体存在依据的、制定原创性法律规范的行为，即是“从无到有”创设行政强制措施的行为。从传统的侵害保留原则出发，行政强制措施的设定应当严格由法律来担当。但是结合现实，这样的严格论点只会使法律不堪重负。因此，有必要对不同性质的行政强制措施予以区别对待。

（1）法律

《行政强制法》第十条规定，“行政强制措施由法律设定”，即法律可以设定任何种类的行政强制措施。

公民的人身权和财产权受宪法保护。由于行政强制措施涉及对公民的人身自由和财产权的限制，因此由全国人大及其常委会通过制定法律对公民的权利和自由作必要的限制，符合法治原则。而且根据《立法法》第八条第（五）项规定，“对公民政治权利的剥夺、限制人身自由的强制措施和处罚”的事项只能制定法律。因此，限制人身自由的行政强制措施由且只能由法律设定。

但是，法律也不能随意设定行政强制措施，同样需要受到限制。首先，应遵守《行政强制法》第五条的规定，“行政强制的设定和实施，应当适当。采用非强制手段可以达到行政管理目的的，不得设定和实施行政强制。

（2）行政法规

根据《行政强制法》第十条第二款规定，尚未制定法律，且属于国务院行政管理职权事项的，行政法规可以设定除限制人身自由，冻结存款、汇款和应当由法律规定的行政强制措施以外的其他行政强制措施。

行政法规是国务院制定的规范性文件，效力仅次于宪法和法律。所以《行政强制法》授权行政法规部分的行政强制措施设定权，但同时也做出了限制：一是尚未制定法律。行政法规设定行政强制措施要遵循行政法的一个重要原则——法律优先原则，即只有在尚未制定法律的情况下，行政法规才可以进行设定；法律若是已经设定了行政强制措施的，行政法规只能在法律所设定的范围内具体规定，不得超越法律。二是属于国务院行政管理职权范围的事项。《宪法》第八十九条规定了国务院的职权，国务院行政法规设定的行政强制措施，只能是属于这些事项范围之内。三是不得设定限制人身自由、冻结存款、汇款和其他应当由法律规定的行政强制措施。这是法律保留原则在行政强制法中的具体体现，这些事项由法律保留，只能由法律规定，其他规范性文件包括行政法规都不能设定。

此外，根据《行政强制法》第十一条第二款的规定，法律中未设定行政强制措施的，行政法规、地方性法规不得设定行政强制措施。但是，法律规定特定事项由行政法规规定具体管理措施的，行政法规可以设定除限制人身自由、冻结存款、汇款和其他应当由法律规定的行政强制措施以外的其他行政强制措施。这是由于法律在对某些领域进行规范时，都经过慎重权衡，如果需要设定行政强制措施，就应当明确规定，如果没有设定的，行政法规、地方性法规在制定实施性规定时，不得设定行政强制措施。但是，由于有些法律规定的比较原则，对于有些事项没有作具体规定，而是授权国务院规定。对于这种法律对特定事项只作原则性规定，未规定具体管理措施的情况下，行政法规可以设定行政强制措施。

（3）地方性法规

根据《行政强制法》第十条第三款的规定，尚未制定法律、行政法规，且属于地方性事务的，地方性法规可以设定查封场所、设施和财物，扣押财物的行政强制措施。

地方性法规是由有立法权的地方人大及其常委会制定的规范性文件。地方人大及其常委会是地方国家权力机关，只要属于地方事务，在不与法律、行政法规抵触的情况下，都可以制定地方性法规，设定行政强制措施。但是，地方性法规设定行政强制措施也存在限制，一方面同样受到法律优先、法律保留和地方性事务的限制，另一方面地方性法规只能设定查封、扣押的行政强制措施，而不能设定其他的行政强制措施。

（4）其他规范性文件

《行政强制法》第十条第四款规定，法律、法规以外的其他规范性文件不得设定行政强制措施。

由于中国以前没有对行政强制措施的设定权进行统一的规范，行政强制措施的设定比较混乱，除了法律、法规设定了行政强制措施外，规章甚至规章以下的其他规范性文件也设定行政强制措施。因此，行政强制法从保护公民、法人和其他组织权益的角度考虑，没有规定规章和规章以下的规范性文件可以设定行政强制措施。

2. 行政强制措施的规定

行政强制措施的规定，是指在原创性规范的基础上对于行政强制措施予以具体化、细则化过程。由于我国地域辽阔，经济社会发展不平衡，各地情况千差万别，因此有时制定法律时不能规定的很详细、具体，只能作出原则性规定，由行政法规、地方性法规进行具体化。

对于行政强制措施的规定，《行政强制法》制作了原则性的规定，即法律对行政强制措施的对象、条件、种类作了规定的，行政法规、地方性法规不得作出扩大规定。除此之外，下位法，包括行政法规、地方性法规、行政规章甚至其他规范性文件，可以对上位法已经设定的行政强制措施，就其实施程序作出具体化规定。当然，在作出具体规定时，不得对上位法规定的行政强制措施的适用对象、条件以及范围等予以变更或扩大。

四、行政强制措施的实施

行政强制法对行政强制措施的实施做出了一般性的规定，同时又就查封、扣押和冻结的实施程序进行了专门规定。

（一）行政强制措施实施的一般规定

1. 实施条件

实施行政强制措施，一般要符合下列五个条件：

（1）只能在履行行政管理职责过程中实施。之所以实施行政强制措施，是行政机关在行政管理过程中，为了维护公共利益和社会秩序所需要采取的必要手段，是暂时性的限制公民的人身权利以及公民、法人和其他组织的财产权利。

（2）必须符合法律、法规规定的可以实施行政强制措施的情形。行政强制措施是一项中间性的临时行为，一般是为了制止违法行为、防止证据损毁、避免危害发生、控制危险扩大。因此，只有在上述情形下才能实施行政强制措施，行政机关及其工作人员在实施行政强制措施时应从严掌握。

（3）必须有法律法规的明确授权。行政强制措施的设定只能有法律、法规规定。在《行政强制法》没有普遍授权的情况下，行政机关享有行政强制措施权要有单行法律、法规具体授权。

（4）必须由行政机关实施行政强制措施。只有法定授权的具有行政强制措施权的行政机关才能具体实施行政强制措施，其他组织和个人都无权实施行政强制措施。

（5）必须有实施行政强制措施的必要。由于行政强制措施直接发生作用，对当事人权益的影响很大，因此应审慎实施。行政强制法总则中也确立了鼓励采用非强制手段的立法原则。因此，只要采取其他手段能够实现行政管理目的的，应尽量少采用行政强制措施；对于违法行为情节显著轻微或者没有明显社会危害的，可以不采取行政强制措施。

2. 实施主体

《行政强制法》第十七条规定，“行政强制措施由法律、法规规定的行政机关在法定职权范围内实施。行政强制措施权不得委托。依据《中华人民共和国行政处罚法》的规定行使相对集中行政处罚权的行政机关，可以实施法律、法规规定的与行政处罚权有关的行政强制措施。行政强制措施应当由行政机关具备资格的行政执法人员实施，其他人员不得实施。”

第一，行政强制措施的实施主体法定。行政强制法对行政强制措施的实施主体作了严格规定，一是只有行政机关才能实施行政强制措施，二是行政机关中，只有法律、法规授予行政强制措施权的行政机关才能实施，未经授权的行政机关不得行使行政强制措施。三是行政强制措施权不得委托，即拥有行政强制措施权的行政机关只能自己实施行政强制措施，而不能将其委托给其他机关或者组织形式。四是法律、行政法规授权的具有管理公共事务职能的组织在法定授权范围内实施行政强制，可以适用有关行政机关的规定，这是行政强制法附则的规定。五是代表行政机关实施行政强制措施的必须是具备资格的行政执法人员，其他人员不得实施。

第二，相对集中行政强制措施权。相对集中行政强制措施权是指将单行法律、法规授权各行政机关的行政强制措施权从原行政机关的管理职能中分离出来，由一个行政机关统一行使；行政强制措施权相对集中后，被集中的行政机关不得再行使。这是《行政处罚法》所设立的相对集中行政处罚权制度对行政强制法所提出的要求，基于行政处罚权的集中，与之相对应的行政强制权也应随之转移。

3. 实施程序

行政机关实施行政强制措施一般程序如下：

（1）实施前须向行政机关负责人报告并经批准。这是实施行政强制措施的内部程序，要求实施行政强制措施前须向行政机关负责人报告并经批准，一般还要作出书面决定。这一规定是为了避免执法人员随意作出行政强制措施决定，侵害相对人的合法权益。当然，如果情况紧急，可以不执行事先报告和批准程序，而适用行政强制法的特别规定。

（2）由两名以上行政执法人员实施。这是为了有利于约束和保护行政执法人员依法实施行政强制措施，便于执法人员之间相互监督，防止出现非法实施、侵害当事人合法权益的行为，同时也可以防止当事人诬陷、诬告、贿赂执法人员。

（3）出示执法身份证件。行政执法人员实施行政强制措施时，应主动向当事人出示执法证件，表明身份。这既有利于取得当事人的配合，也便于当事人进行陈述、申辩和对实施的过程进行监督。

（4）通知当事人到场。这一规定是为了便于执法人员向当事人说明实施行政强制措施的有关情况，同时也便于当事人行使陈述、申辩的权利，并对实施过程进行监督，维护自己的合法权益。

（5）当场告知当事人采取行政强制措施的理由、依据以及当事人依法享有的权利、救济途径。不论是一般情况下，还是紧急情况下，告知是行政机关必须履行的程序。告知应当场进行，形式上可以在行政强制措施决定书中载明，同时也要当场向当事人宣读应告知的内容。紧急情况下，可以口头告知。在当事人不到场的情况下，载有应告知内容的行政强制措施决定书的送达视为告知。

（6）听取当事人的陈述和申辩。行政执法人员向当事人告知采取行政强制措施的有关情况后，当事人有权表明自己的意见和看法，提出自己的主张和证据，也有权进行解释、辩解，反驳对自己不利的意见和证据。陈述权和申辩权是当事人的法定权利，听取当事人的陈述和申辩也是行政机关的法定义务。

（7）制作现场笔录。行政执法人员应对于实施行政强制措施的现场情况予以书面记录。现场笔录一般包括以下内容：第一，实施行政强制措施的事由、时间、地点、当事人、实施人员、其他参加人员的到场情况；第二，实施行政强制措施的过程和结果；第三，当事人的陈述和申辩，或者见证人对实施提出的意见或者看法等；第四，其他需要记录的有关情况。

（8）现场笔录由当事人和行政执法人员签名或者盖章，当事人拒绝的，在笔录中予以注明。当事人如果对现场笔记没有异议的，应当在现场笔录上签名或者盖章，证明现场笔录的记载属实。签名或者盖章是现场笔录发生法律效力的要件之一。实践中并不是每个当事人都愿意在现场笔录中签名或者盖章，甚至会无理纠缠。如果当事人拒绝签名的，行政执法人员应当在笔录上注明，这种情况不影响笔录的效力。

（9）当事人不到场的，邀请见证人到场，由见证人和行政执法人员在现场笔录上签名或者盖章。对于实践中当事人不能到场的情况，行政强制法规定应当邀请见证人到场，并由见证人和行政执法人员在现场笔录上说明情况，并签名或者盖章。

（10）法律、法规规定的其他程序。除了上述程序外，各单行法律、法规可能还会对特定行政强制措施的实施作出其他的程序规定，行政机关在执法时也要一并遵守。

行政机关实施行政强制措施特别程序如下：

（1）紧急情况下的实施程序

在一些紧急情况下，由于时间紧迫，执法人员无法完整履行全部的一般程序，行政强制法对此规定了紧急时实施行政强制措施的程序，是对行政强制措施实施的最低的程序性要求。

《行政强制法》第十九条规定，“情况紧急，需要当场实施行政强制措施的，行政执法人员应当在二十四小时内向行政机关负责人报告，并补办批准手续。行政机关负责人认为不应当采取行政强制措施的，应当立即解除。”

（2）限制公民人身自由的特别程序

基于公民人身自由的重要意义，行政强制法对于实施限制人身自由的行政强制措施规定要遵守一般行政强制措施所应遵循的基本程序外，还应遵循一些特别的程序。

第一，当场告知或者实施行政强制措施后立即通知当事人家属实施行政强制措施的行政机关、地点和期限。第二，在紧急情况下当场实施行政强制措施的，在返回行政机关后，立即向行政机关负责人报告并补办批准手续。第三，实施限制人身自由的行政强制措施不得超过法定期限。第四，实施行政强制措施的目的已经达到或者条件已经消失，应当立即解除。第五，法律对实施限制人身自由的行政强制措施另有其他程序规定的，行政执法机关也应遵照执行。

（3）涉罪移送程序

行政机关在办理行政案件，实施行政强制措施时发现相对人的违法行为已构成犯罪时，应依法移送司法机关追究刑事责任，不应以行政处罚代替刑事责任，使犯罪分子逍遥法外。在进行移送时，不仅要移送案件，还要移送办案过程中查封、扣押、冻结的财物，使得司法机关能够准确全面的了解案件事实，查找有关证据，公正正确办案。行政机关在将涉案财物移送司法机关后，应当以书面形式告知当事人，以便当事人及时了解案件进展，及时寻求权利救济，依法维护自己的合法利益。

（二）查封、扣押

查封、扣押是行政机关直接对当事人的场所、设施或者财物予以暂时性控制的行政强制措施。由于查封、扣押将直接导致对当事人财产权的限制，因此行政强制法对其实施进行了严格的规定。

1. 实施查封、扣押的主体

查封、扣押只能由法律、法规规定的行政机关或者依法授权的具有管理公共事务职能的组织实施，除此以外的任何行政机关或者组织都不得实施。实施查封、扣押，必须有法律、法规的明确授权。

2. 查封、扣押的标的

查封、扣押应严格遵循标的有限原则。行政强制法规定查封、扣押限于涉案的场所、设施或者财物，不得查封、扣押与违法行为无关的场所、设施或者财物；不得查封、扣押公民个人及其所扶养家属的生活必需品。当事人的场所、设施或者财物已被其他国家机关依法查封的，不得重复查封。

3. 查封、扣押的程序

行政机关决定实施查封、扣押的，应当履行实施行政强制措施的一般程序性规定，同时制作并当场交付查封、扣押决定书和清单。查封、扣押决定书应当载明下列事项：

（1）当事人的姓名或者名称、地址；

（2）查封、扣押的理由、依据和期限；

（3）查封、扣押场所、设施或者财物的名称、数量等；

（4）申请行政复议或者提起行政诉讼的途径和期限；

（5）行政机关的名称、印章和日期。查封、扣押清单一式二份，由当事人和行政机关分别保存。

4. 查封、扣押的期限

查封、扣押的期限不得超过三十日；情况复杂的，经行政机关负责人批准，可以延长，但是延长期限不得超过三十日。法律、行政法规另有规定的除外。延长查封、扣押的决定应当及时书面告知当事人，并说明理由。

对物品需要进行检测、检验、检疫或者技术鉴定的，查封、扣押的期间不包括检测、检验、检疫或者技术鉴定的期间。检测、检验、检疫或者技术鉴定的期间应当明确，并书面告知当事人。检测、检验、检疫或者技术鉴定的费用由行政机关承担。

5. 查封、扣押物的保管

对查封、扣押的场所、设施或者财物，行政机关应当妥善保管，不得使用或者损毁；造成损失的，应当承担赔偿责任。对查封的场所、设施或者财物，行政机关可以委托第三人保管，第三人不得损毁或者擅自转移、处置。因第三人的原因造成的损失，行政机关先行赔付后，有权向第三人追偿。因查封、扣押发生的保管费用由行政机关承担。

6. 查封、扣押物的处分

行政机关采取查封、扣押措施后，应当及时查清事实，在法定的期限内作出处理决定。对违法事实清楚，依法应当没收的非法财物予以没收；法律、行政法规规定应当销毁的，依法销毁；应当解除查封、扣押的，作出解除查封、扣押的决定。

7. 查封、扣押的解除

行政机关采取查封、扣押措施后，经调查有下列情形之一的，应当及时作出解除查封、扣押决定：

（1）当事人没有违法行为；

（2）查封、扣押的场所、设施或者财物与违法行为无关；

（3）行政机关对违法行为已经作出处理决定，不再需要查封、扣押；

（4）查封、扣押期限已经届满；

（5）其他不再需要采取查封、扣押措施的情形。

解除查封、扣押应当立即退还财物；已将鲜活物品或者其他不易保管的财物拍卖或者变卖的，退还拍卖或者变卖所得款项。变卖价格明显低于市场价格，给当事人造成损失的，应当给予补偿。

（三）冻结

冻结存款、汇款既关系到金融机构的信用，又关系到公民、法人和其他组织的财产安全，应当予以严格限制。为此，行政强制法对冻结行政强制措施的适用作出了具体规定。

1. 实施冻结的主体

冻结存款、汇款应当由法律规定的行政机关实施，不得委托给其他行政机关或者组织；其他任何行政机关或者组织不得冻结存款、汇款。因此，有权实施冻结的主体只能是法律明确规定的行政机关和法律授权的具有管理公共事务职能的组织。在这里，法规无权规定冻结存款、汇款的主体。

2. 冻结的数额

冻结存款、汇款的数额应当与违法行为涉及的金额相当。这是比例原则的具体体现，要求行政行为的具体方式和幅度应该与行政目的成比例、相匹配，具体而言，在实施冻结措施时，冻结的数额不能超过涉案的金额。

3. 不得重复冻结原则

已被其他国家机关依法冻结的，不得重复冻结。此处不得重复冻结的是存款或汇款，而非账号。对于一个账号内已被冻结后剩余的存款、汇款，仍能够依法冻结，并不违反不得重复冻结原则。

4. 冻结的程序

行政机关依照法律规定决定实施冻结存款、汇款的，应当在实施前须向行政机关负责人报告并经批准；由两名以上行政执法人员实施；应出示执法身份证件并制作现场笔录。同时，行政机关应向金融机构交付冻结通知书。金融机构接到行政机关依法作出的冻结通知书后，应当立即予以冻结，不得拖延，不得在冻结前向当事人泄露信息。法律规定以外的行政机关或者组织要求冻结当事人存款、汇款的，金融机构应当拒绝。

依照法律规定冻结存款、汇款的，作出决定的行政机关应当在三日内向当事人交付冻结决定书。冻结决定书应当载明下列事项：

（1）当事人的姓名或者名称、地址；

（2）冻结的理由、依据和期限；

（3）冻结的账号和数额；

（4）申请行政复议或者提起行政诉讼的途径和期限；

（5）行政机关的名称、印章和日期。

5. 冻结的期限

自冻结存款、汇款之日起三十日内，行政机关应当作出处理决定或者作出解除冻结决定；情况复杂的，经行政机关负责人批准，可以延长，但是延长期限不得超过三十日。法律另有规定的除外。延长冻结的决定应当及时书面告知当事人，并说明理由。行政机关逾期未作出处理决定或者解除冻结决定的，金融机构应当自冻结期满之日起解除冻结。

6. 冻结的解除

行政机关实施冻结后，经调查认为有下列情形之一的，应当及时作出解除冻结决定：

（1）当事人没有违法行为；

（2）冻结的存款、汇款与违法行为无关；

（3）行政机关对违法行为已经作出处理决定，不再需要冻结；

（4）冻结期限已经届满；

（5）其他不再需要采取冻结措施的情形。行政机关作出解除冻结决定的，应当及时通知金融机构和当事人。金融机构接到通知后，应当立即解除冻结。行政机关逾期未作出处理决定或者解除冻结决定的，金融机构应当自冻结期满之日起解除冻结。

第三节　行政强制执行

一、行政强制执行概述

1. 行政强制执行的概念

行政强制执行，是指行政机关或者行政机关申请人民法院，对不履行行政决定的公民、法人或者其他组织，依法强制履行义务的行为。具体可分为行政机关强制执行和申请人民法院强制执行。

2. 行政强制执行的特点

（1）行政强制执行以行政主体和法院为执行主体。

（2）行政强制执行以已生效的具体行政行为所确定的义务为执行内容。根据这一特征，我们不能把对已发生法律效力的司法裁判的执行置于行政强制执行范围之内。

（3）强制执行的目的在于迫使相对人履行义务或用代执行等方式达到与履行义务相同之状态，最终确保行政法上秩序的实现。对于行政机关拒不履行人民法院的判决，相对人申请人民法院强制执行的情况不属行政强制执行的范围，它应当属于司法强制执行的范畴。

（4）在执行条件上，行政强制执行必须以相对人逾期不履行已经生效的具体行政行为所确定的义务为前提。如果具体行政行为尚未生效，或者相对人未逾期不履行具体行政行为所确定的义务时，行政强制执行不能发动。

3. 行政强制执行的方式

行政强制执行包括了行政机关自己强制执行和申请人民法院强制执行。行政强制法主要就行政机关自己强制执行的方式作出了规定，而申请人民法院强制执行的方式由《行政诉讼法》《民事诉讼法》具体规定，行政强制法规定的行政强制执行方式有：

（1）加处罚款或者滞纳金

加处罚款或者滞纳金属于执行罚，是间接强制的执行方式。执行罚是指有关行政主体在相对人逾期拒不履行法定义务时，对相对人处以财产上新的制裁，以迫使相对人自觉履行法定义务的行政强制执行方式。《行政强制法》第四十五条规定，行政机关依法作出金钱给付义务的行政决定，当事人逾期不履行的，行政机关可以依法加处罚款或者滞纳金。加处罚款或者滞纳金的标准应当告知当事人。加处罚款或者滞纳金的数额不得超出金钱给付义务的数额。

在中国，执行罚主要针对不履行罚款、税款、行政征收等金钱给付义务，如

《行政处罚法》第五十一条第一项规定，“当事人到期不缴纳罚款的，每日按罚款数额的百分之三加处罚款。”

（2）划拨存款、汇款

划拨汇款、存款是直接强制的执行方式。直接的划拨存款、汇款涉及当事人的财产权益和社会的金融秩序，因此根据《商业银行法》的有关规定，采取划拨存款、汇款方式，需要由法律明确授权。

（3）拍卖或者依法处理查封、扣押的场所、设施或者财物

这是执行金钱给付义务采取的强制执行方式，属于直接强制。实施行政管理过程中，对于已被行政机关依法实施了查封、扣押的场所、设置和财物，在当事人在法定期限内不申请复议或者提起行政诉讼，经催告仍不履行的，有权机关可以将查封、扣押的财物依法拍卖抵缴罚款。《行政处罚法》《海关法》《税收征收管理法》等法律均有相关的规定。

（4）排除妨碍、恢复原状

排除妨碍就是排除对权利人行使人身权和财产权的阻碍，恢复原状就是通过修理等手段使受到损坏的财产恢复到损坏前的状况。排除妨碍、恢复原状的前提是通过采取这些措施能够阻止侵害，或减少受到的损失，前者适用于持续性的违法行为，后者适用于可补救的违法行为。《道路交通安全法》《水法》《气象法》等法律中有相关的规定。

（5）代履行

代履行，又叫代执行，是指义务人不履行行政法上所确定的可代替作为义务，由行政强制执行机关或第三人代为履行，并向义务人征收必要费用的行政强制执行方法。代履行作为一种间接强制的方式，其优点在于一方面实现了行政行为所确定的义务，确保公共秩序的正常状态；另一方面减少了直接强制的使用，可以弱化与当事人的冲突。

（6）其他强制执行方式

这是关于执行方式的兜底规定，涵盖了法律中所规定的其他强制执行方式。这一条款的规定表明了立法者将行政强制执行方式的设定权保留给了法律，即只有法律才能设定行政强制执行的方式。

4. 行政强制执行的设定

中国的行政强制执行制度的法律依据是《行政诉讼法》第六十六条的规定，“公民、法人或者其他组织对具体行政行为在法定期间不提起诉讼又不履行的，行政机关可以申请人民法院强制执行，或者依法强制执行。”这就确定了中国由行政机关执行和行政机关申请法院执行并行的模式。

对于行政强制执行权在行政机关与法院之间的分配，行政强制法确立了立法保留原则，即行政强制执行由法律设定，法律没有规定行政机关强制执行的，作出行政决定的行政机关应当申请人民法院强制执行。

二、行政机关强制执行

（一）一般规定

1. 行政机关强制执行的条件

为规范行政机关的行政强制执行权，行政强制法对行政机关适用行政强制的前提条件作出了具体规定：

（1）行政决定已依法作出。行政强制执行的基础是具有可执行的行政决定，因此，行政机关实施行政强制执行，需要有行政机关依法作出的行政决定，且该决定已经生效，具有可执行性。

（2）当事人未履行。法律的强制性在现实社会变得更为间接，只有在期待当事人履行不能实现的情况下，才会适用直接的强制，甚至是暴力的手段实现法律所确定的权利义务关系。因此，也只有在当事人未能在行政机关决定或法定的履行期限内不履行行政决定所确定的义务，行政机关才能进行行政强制执行。

（3）行政机关具有行政强制执行权。由于我国采取行政机关执行和法院执行的双重体制，且以法院执行为原则，因此行政机关自行执行必须得到法律的明确授权，否则就应申请人民法院执行。

2. 行政强制执行的程序

行政机关实施行政强制执行，应遵守下列一般性的程序规定，同时还应遵守各种行政强制执行方式的具体程序性要求。

（1）催告。行政机关作出强制执行决定前，应当事先催告当事人履行义务。催告应当以书面形式作出，并载明下列事项：履行义务的期限；履行义务的方式；涉及金钱给付的，应当有明确的金额和给付方式；当事人依法享有的陈述权和申辩权。

（2）听取异议。当事人收到催告书后有权进行陈述和申辩。行政机关应当充分听取当事人的意见，对当事人提出的事实、理由和证据，应当进行记录、复核。当事人提出的事实、理由或者证据成立的，行政机关应当采纳。

（3）作出强制执行决定。经催告，当事人逾期仍不履行行政决定，且无正当理由的，行政机关可以作出强制执行决定。强制执行决定应当以书面形式作出，并载明下列事项：当事人的姓名或者名称、地址；强制执行的理由和依据；强制执行的方式和时间；申请行政复议或者提起行政诉讼的途径和期限；行政机关的名称、印章和日期。

在催告期间，对有证据证明有转移或者隐匿财物迹象的，行政机关可以作出立即强制执行决定。

（4）送达。催告书、行政强制执行决定书应当直接送达当事人。当事人拒绝接收或者无法直接送达当事人的，应当依照《中华人民共和国民事诉讼法》的有关规定送达。

（5）执行。行政机关应当依据行政决定和行政强制执行决定书中所记载的内容

实施强制执行。

实施行政强制执行，行政机关可以在不损害公共利益和他人合法权益的情况下，与当事人达成执行协议。执行协议可以约定分阶段履行；当事人采取补救措施的，可以减免加处的罚款或者滞纳金。执行协议应当履行。当事人不履行执行协议的，行政机关应当恢复强制执行。

行政机关不得在夜间或者法定节假日实施行政强制执行。但是，情况紧急的除外。行政机关不得对居民生活采取停止供水、供电、供热、供燃气等方式迫使当事人履行相关行政决定。

对违法的建筑物、构筑物、设施等需要强制拆除的，应当由行政机关予以公告，限期当事人自行拆除。当事人在法定期限内不申请行政复议或者提起行政诉讼，又不拆除的，行政机关可以依法强制拆除。

3. 执行的中止与终结

（1）有下列情形之一的，中止执行：①当事人履行行政决定确有困难或者暂无履行能力的；②第三人对执行标的主张权利，确有理由的；③执行可能造成难以弥补的损失，且中止执行不损害公共利益的；④行政机关认为需要中止执行的其他情形。中止执行的情形消失后，行政机关应当恢复执行。对没有明显社会危害，当事人确无能力履行，中止执行满三年未恢复执行的，行政机关不再执行。

（2）有下列情形之一的，终结执行：①公民死亡，无遗产可供执行，又无义务承受人的；②法人或者其他组织终止，无财产可供执行，又无义务承受人的；③执行标的灭失的；④据以执行的行政决定被撤销的；⑤行政机关认为需要终结执行的其他情形。

4. 执行错误

在执行中或者执行完毕后，据以执行的行政决定被撤销、变更，或者执行错误的，应当恢复原状或者退还财物；不能恢复原状或者退还财物的，依法给予赔偿。

（二）金钱给付义务的执行

1. 金钱给付义务执行概述

行政机关依法作出金钱给付义务的行政决定，当事人逾期不履行的，行政机关可以依法加处罚款或者滞纳金。行政机关依照法律规定加处罚款或者滞纳金超过三十日，经催告当事人仍不履行的，具有行政强制执行权的行政机关可以强制执行。

行政机关实施强制执行前，需要采取查封、扣押、冻结措施的，依照行政强制法有关行政强制措施的规定执行。

2. 金钱给付义务执行主体

没有行政强制执行权的行政机关应当申请人民法院强制执行。但是，当事人在法定期限内不申请行政复议或者提起行政诉讼，经催告仍不履行的，在实施行政管理过程中已经采取查封、扣押措施的行政机关，可以将查封、扣押的财物依法拍卖抵缴罚款。

3. 金钱给付义务执行程序

划拨存款、汇款应当由法律规定的行政机关决定，并书面通知金融机构。金融机构接到行政机关依法作出划拨存款、汇款的决定后，应当立即划拨。法律规定以外的行政机关或者组织要求划拨当事人存款、汇款的，金融机构应当拒绝。

依法拍卖财物，由行政机关委托拍卖机构依照《中华人民共和国拍卖法》的规定办理。

划拨的存款、汇款以及拍卖和依法处理所得的款项应当上缴国库或者划入财政专户。任何行政机关或者个人不得以任何形式截留、私分或者变相私分。

（三）代履行

1. 代履行概述

行政机关依法作出要求当事人履行排除妨碍、恢复原状等义务的行政决定，当事人逾期不履行，经催告仍不履行，其后果已经或者将危害交通安全、造成环境污染或者破坏自然资源的，行政机关可以代履行，或者委托没有利害关系的第三人代履行。

2. 代履行的要件

代履行必须同时具备如下四个要件：

（1）存在相对人逾期不履行行政法上义务的事实，且此种不履行因故意或过失引起。

（2）该行政法上的义务是他人可以代为履行的作为义务。可以由他人代为履行的义务，不能是人身方面的义务。有关人身方面的义务，如公民的结婚登记、节育义务，受行政拘留义务等，他人无法代为履行，只能由相对人亲自履行。因此，代履行的义务必须是非人身方面的义务，如拆除违章建筑、补种树木等。同时，不作为义务，如不得销售质量不合格的食品、不得违反规定排放污染物等，他人无法代为履行，只能由相对人亲自履行。因此，代履行的义务必须是作为义务。

（3）代履行的义务必须是代履行后能达到与相对人亲自履行义务相同状态的义务。有些义务，虽然可以由他人代为履行，但他人代为履行不能达到相对人亲自履行义务相同的目的。例如，履行罚款义务，他人可以代为履行，但是他人代为履行就无法达到制裁和教育行政违法行为人的目的，因此不能用代履行的方法予以强制执行。

（4）由义务人承担必要的费用。代履行的合理费用均由不履行义务的相对人承担，该种费用可依法事前征收或事后征收。费用的征收既是对不履行义务的相对人的制裁，又是对代履行者劳动的补偿。如果代履行后没有收取必要费用，就失去了设立该项制度的意义。

3. 代履行的程序

代履行的一般程序应当遵守下列规定：

（1）代履行前送达决定书，代履行决定书应当载明当事人的姓名或者名称、地址，代履行的理由和依据、方式和时间、标的、费用预算以及代履行人；

（2）代履行三日前，催告当事人履行，当事人履行的，停止代履行；

(3) 代履行时，作出决定的行政机关应当派员到场监督；

(4) 代履行完毕，行政机关到场监督的工作人员、代履行人和当事人或者见证人应当在执行文书上签名或者盖章；

(5) 代履行的费用按照成本合理确定，由当事人承担。但是，法律另有规定的除外；

(6) 代履行不得采用暴力、胁迫以及其他非法方式。

代履行的特别程序应当遵守如下规定：

需要立即清除道路、河道、航道或者公共场所的遗洒物、障碍物或者污染物，当事人不能清除的，行政机关可以决定立即实施代履行；当事人不在场的，行政机关应当在事后立即通知当事人，并依法作出处理。

三、申请人民法院强制执行

申请人民法院执行，又称为非诉行政执行，是指具体行政行为的相对人对具体行政行为在法定期限内没有提起行政复议或行政诉讼，行政机关申请人民法院强制执行的制度。

（一）申请人民法院强制执行的要件

行政机关申请人民法院强制执行其作出的行政决定的前提条件是，当事人在法定期限内不申请行政复议或者提起行政诉讼，又不履行行政决定的，没有行政强制执行权的行政机关可以自期限届满之日起三个月内，依照本章规定申请人民法院强制执行。

对于行政机关申请人民法院强制执行期限的起算点，应区别对待。首先，如果法律规定该具体行政行为的救济采取行政终局的，即当事人在行政复议后不能向法院起诉的，则该期限的起算点应为当事人收到行政决定之日起六十日后的次日。其次，如果法律规定采取行政复议前置制度的，相对人不经行政复议不得向法院提起行政诉讼，则该期限的起算点也是当事人收到行政决定之日起六十日后的次日。第三，如果法律规定当事人可以自由的选择行政复议或行政诉讼，即相对人有权直接向人民法院提起行政诉讼的，则该期限的起算点是当事人收到行政决定之日起三个月后的次日。

（二）申请人民法院强制执行的程序

1. 行政机关先行催告

行政机关申请人民法院强制执行前，应当催告当事人履行义务。催告书送达十日后当事人仍未履行义务的，行政机关可以向所在地有管辖权的人民法院申请强制执行；执行对象是不动产的，向不动产所在地有管辖权的人民法院申请强制执行。

2. 申请与受理

经催告后相对人仍不履行的，行政机关可向人民法院申请强制执行。行政机关向人民法院申请强制执行，应当提供下列材料：

(1) 强制执行申请书；

（2）行政决定书及作出决定的事实、理由和依据；

（3）当事人的意见及行政机关催告情况；

（4）申请强制执行标的情况；

（5）法律、行政法规规定的其他材料。强制执行申请书应当由行政机关负责人签名，加盖行政机关的印章，并注明日期。

人民法院接到行政机关强制执行的申请，应当在五日内受理。行政机关对人民法院不予受理的裁定有异议的，可以在十五日内向上一级人民法院申请复议，上一级人民法院应当自收到复议申请之日起十五日内作出是否受理的裁定。

3. 审查

对于行政机关的强制执行申请，人民法院需要对申请进行必要的审查。人民法院对行政机关强制执行的申请进行书面审查，即主要以行政机关提供的书面材料为主进行审查，审查的内容主要有：

（1）行政机关是否按照《行政强制法》第五十五条的规定提供了齐备的申请材料。根据该条规定，“行政机关向人民法院申请强制执行，应当提供下列材料：（一）强制执行申请书；（二）行政决定书及作出决定的事实、理由和依据；（三）当事人的意见及行政机关催告情况；（四）申请强制执行标的情况；（五）法律、行政法规规定的其他材料。强制执行申请书应当由行政机关负责人签名，加盖行政机关的印章，并注明日期。”

（2）行政决定具备法定执行效力的。法院应当审查该行政决定是否已生效、有无复议诉讼的情形、加处罚款或者滞纳金的有无超过三十日等。行政决定只有发生法律效力，才具有执行效力。

（3）行政决定不具有《行政强制法》第五十八条规定的情形。该条款规定，“人民法院发现有下列情形之一的，在作出裁定前可以听取被执行人和行政机关的意见：（一）明显缺乏事实根据的；（二）明显缺乏法律、法规依据的；（三）其他明显违法并损害被执行人合法权益的。”

除此之外，人民法院还要审查是否超过法定的申请期限，是否为本法院管辖等。经过审查认为符合申请强制执行条件的，人民法院应当自受理之日起七日内作出执行裁定。对于适用《行政强制法》第五十八条规定情形的强制执行申请，人民法院应当自受理之日起三十日内作出是否执行的裁定。裁定不予执行的，应当说明理由，并在五日内将不予执行的裁定送达行政机关。行政机关对人民法院不予执行的裁定有异议的，可以自收到裁定之日起十五日内向上一级人民法院申请复议，上一级人民法院应当自收到复议申请之日起三十日内作出是否执行的裁定。

因情况紧急，为保障公共安全，行政机关可以申请人民法院立即执行。经人民法院院长批准，人民法院应当自作出执行裁定之日起五日内执行。

4. 执行

《行政强制法》并未对强制执行裁定的执行制度作出明确规定，因此在个案中按

照法律的具体规定进行执行。如依法拍卖财物，由人民法院委托拍卖机构依照《拍卖法》的规定办理。

（三）申请人民法院强制执行的费用承担

行政机关申请人民法院强制执行，不缴纳申请费。强制执行的费用由被执行人承担。人民法院以划拨、拍卖方式强制执行的，可以在划拨、拍卖后将强制执行的费用扣除。划拨的存款、汇款以及拍卖和依法处理所得的款项应当上缴国库或者划入财政专户，不得以任何形式截留、私分或者变相私分。

第五章　政府信息公开法律制度

2007 年 1 月 17 日，国务院第一百六十五次常务会议讨论通过了《中华人民共和国政府信息公开条例》，并将于 2008 年 5 月 1 日起正式施行。此后，国务院办公厅又陆续发布了《关于施行〈中国人民共和国政府信息公开条例〉若干问题的意见》（国办发［2008］36 号）、《关于做好政府信息依申请公开工作的意见》（国办发［2010］5 号），条例和相关意见的出台，对党中央、国务院提倡的提高政府透明度，建立阳光政府目标的实现，以及促进依法行政，充分发挥政府信息对人民群众生产、生活和经济社会活动的服务作用，都将产生积极而深远的影响。

第一节　概　　述

一、政府信息的概念与特征

1. 概念

政府信息，一般是指政府机关掌握的与经济、社会管理和公共服务相关的，以纸质、胶卷、磁带、磁盘以及其他电子存储材料等载体反映的内容。《政府信息公开条例》对政府信息作出的定义是：行政机关在履行职责过程中制作或者获取的，以一定形式记录、保存的信息。

一般认为，政府信息应当同时符合以下三个条件：一是由政府机关掌握的信息；二是与经济、社会管理和公共服务相关的信息；三是由特定载体所反映的内容。信息是较为抽象的概念，需要一定的载体予以承载才易为人所掌握。政府信息也不例外，过去政府机关掌握的政府信息主要以纸质载体信息为主，随着现代电子信息技术在政府机关的大规模应用，目前政府机关以胶卷、磁带、磁盘及其他电子存储材料等载体记录的政府信息日益增加，因此，政府信息包括了这些形式载体所反映的内容。

2. 特征

政府信息应当具备如下特征：

（1）主体为行政机关，包括《行政处罚法》中规定的授权组织和受委托组织。授权组织是指法律、法规授权的具有管理公共事务职能的组织。受委托组织就是指行政机关依照法律、法规或者规章的规定，在其法定权限范围内委托的符合法定条件的组织。

（2）必须是在履行职责过程中制作或者获取的，否则，不得成为政府信息。

（3）以一定形式记录、保存。

上述三个特征共同构成了政府信息的完整内涵，是一个有机统一的整体，缺一不可。

二、推行政府信息公开的重要意义

1. 推行政府信息公开是保障公民知情权、参与权、表达权、监督权的政治要求

《宪法》明确规定，中华人民共和国的一切权力属于人民。人民依照法律规定，通过各种途径和形式，管理国家事务，管理经济和文化事业，管理社会事务。各级行政机关作为行政权力的行使主体，其权利只能是来源于人民，最终还必须回归于人民。换句话说，行政机关只能是受人民的委托，代表人民行使管理国家事务、经济和文化事业以及社会事务，人民才是权利的真正拥有者。人民群众对政府行使权力的内容、程序和过程享有知情权、参与权、表达权、监督权。这种权利是宪法赋予人民的当家做主的权利，也是人民民主权利的重要表现形式。各级行政机关应当切实保障人民群众所拥有的这些权利，不得以任何借口或理由影响这种权利的实现。这是法律赋予行政机关的一项义务，必须不折不扣地履行好，而不能将政府信息公开视为对老百姓的一种施舍。

2. 推行政府信息公开是化解社会矛盾，促进社会主义和谐社会建设的客观要求

党的十六届六中全会作出了《中共中央关于构建社会主义和谐社会若干重大问题的决定》，要求推进决策科学化、民主化，深化政务公开，依法保障公民的知情权、参与权、表达权、监督权，及时发布公共信息，为群众生活和参与经济社会活动创造便利条件。

随着经济全球化和国民经济与社会发展信息化的飞速发展，信息在经济发展和社会管理中的作用越来越突出。特别是我国现阶段正处于体制深刻转换，结构深刻调整、社会深刻变革，以及对敌斗争的复杂期、刑事犯罪的高发期和人民内部矛盾凸显这样一个关键时期，政府信息是否公开、透明，直接关系到人民群众对政府的信赖程度，也直接关系到社会政治经济的稳定。现阶段，信息公开已不是行政机关想不想公开、愿不愿意公开的问题，而是改革、发展、稳定这一大趋势使然。

3. 推行政府信息公开是转变执政方式，深化行政体制改革的必然要求

长期以来，中国的行政管理体制基本上是处在一个封闭运行的状态，从决策动议到决策过程以至于决策结果，完全是政府机关内部自我运作的一种机制。这种机制运作的特点就是政府掌握了所有信息，社会公众几乎一无所知。由于信息的不对称性，决定了一切都是政府说了算。公众只能成为被动的接受者，只能从政府的文件中、会议中甚至是道听途说中了解一些支离破碎的信息。其结果就是政府怎么说老百姓就怎么听、就怎么做。长此以往，行政方式也就变成了审批、发证、收费，开会、发文、贯彻、检查等等这种高成本、低效率的模式，既缺乏公开、透明、民主程序，又浪费了大量的人力、物力和财力。

为了彻底改变现行的行政管理体制中存在的各种弊病，实现高效、廉洁、公开、透明的服务型政府、阳光政府的目标，近年来，国务院围绕“科学民主决策、推进依法行政、加强行政监督”这三项基本准则，大力推进行政管理体制改革，不断转变政府职能，尤其是以改革行政审批制度为突破口，积极实现管制型政府向服务型政府转变，努力探索政府职能转变的新途径、新方式。其中，大力提倡和推进政府信息公开，就是实现政府职能转变的一项重要举措。转变执政理念，实行阳光行政，把信息公开作为政府施政的一项基本制度，将行政机关办事制度与办事程序公开，把政府制作和获取的信息公开，是提高党的执政能力和政府执政能力的重要内容，是深化行政体制改革的方向和必然选择。

4. 推行政府信息公开是建立反腐倡廉长效机制的制度性要求

2005 年中央印发了《建立健全教育、制度、监督并重的惩治和预防腐败体系实施纲要》，明确将政务公开作为反腐倡廉制度的一项重要内容。推进政府信息公开，将政府的行使权利的过程置于人民群众的公开监督之下，不仅对于畅通人民群众对政府权力的监督渠道，发挥人民群众当家作主的积极性，保障民主权利的实现将起到积极作用，而且对于防止权力失控、决策失误和行为失范，尤其是防止政府机关“暗箱操作”“权力寻租”等，从源头上预防和治理腐败也将产生深远的影响。

三、政府信息公开的主体

根据《政府信息公开条例》的规定，信息公开的主体主要包括如下两类：

1. 行政机关

主要指依法履行政府职责的各级人民政府和政府的组成部门。《政府信息公开条例》第四条规定：“各级人民政府及县级以上人民政府部门应当建立健全本行政机关的政府信息公开工作制度，并指定机构作为政府信息公开工作机构，负责本行政机关政府信息公开的日常工作。”

2. 法律、法规授权的具有管理公共事务职能的组织

主要指事业单位。如地震局、气象局、银监会、证监会、保监会、电监会等。这些事业单位作为政府信息公开的主体必须具备两个条件：具有法律、法规的明确授权；具有管理公共事务的职能。否则，不具备这两个条件的任何事业单位，都不是信息公开的主体。

需要指出的是，《政府信息公开条例》还规定了一类主体即与群众利益密切相关的公共企事业单位。考虑到有些公共企事业单位具有独占公共资源的优势，他们在提供社会公共服务过程中也制作、获取了大量与人民群众的生产、生活密切相关的信息。这些信息直接关系到人民群众的切身利益。例如教育、医疗卫生、供水、供电、供气等公共企事业单位。如果不要求这类主体公开这些公共信息，不仅可能影响人民群众的知情权，甚至给人民群众的生活、工作等带来不便。因此，《政府信息公开条例》第三十七条规定：“教育、医疗卫生、计划生育、供水、供电、供气、供热、环保、公共交通等与人民群众利益密切相关的公共企事业单位在提供社会公共服务过程中制作、获取的信息的公开，参照本条例执行，具体办法由国务院有关主管部门或者机构制定。”即，公共企事业单位也负有公开某些信息的义务。考虑到这些公共企事业单位毕竟不是行政管理主体，不能完全适用条例关于行政机关的规定。因此，条例授权国务院有关主管部门或者机构制定具体办法，对这些公共企事业单位公开信息的行为作出进一步的规定，以明确他们信息公开行为的具体要求。

第二节 政府信息公开的标准

一、必须公开的信息

包括：涉及公民、法人或者其他组织切身利益的；需要社会广泛知晓或者参与的；反映本行政机关机构设置、职能、办事程序等情况的；其他依照法律、法规和国家有关规定应当主动公开的。

1. 县级以上政府及其部门应当公开的信息

（1）行政法规、规章和规范性文件；

（2）国民经济和社会发展规划、专项规划、区域规划及相关政策；

（3）国民经济和社会发展统计信息；

（4）财政预算、决算报告；

（5）行政事业性收费的项目、依据、标准；

（6）政府集中采购项目的目录、标准及实施情况；

（7）行政许可的事项、依据、条件、数量、程序、期限以及申请许可需要提交的全部材料目录及办理情况；

（8）重大建设项目的批准和实施情况；

（9）扶贫、教育、医疗、社会保障、促进就业等方面的政策、措施及其实施情况；

（10）突发公共事件的应急预案、预警信息及应对情况；

（11）环境保护、公共卫生、安全生产、食品药品、产品质量的监督检查情况。

2. 设区的市级政府、县级政府及其部门除了公开前面11项内容外，还必须公开的信息

（1）城乡建设和管理的重大事项；

（2）社会公益事业建设情况；

（3）征收或者征用土地、房屋拆迁及其补偿、补助费用的发放、使用情况；

（4）抢险救灾、优抚、救济、社会捐助等款物的管理、使用和分配情况。

3. 乡镇人民政府除了公开前面11项内容外，还必须公开的信息

（1）贯彻落实国家关于农村工作政策的情况；

（2）财政收支、各类专项资金的管理和使用情况；

（3）乡镇土地利用总体规划、宅基地使用的审核情况；

（4）征收或征用土地、房屋拆迁及其补偿、补助费用的发放、使用情况；

（5）乡镇的债权债务、筹资筹劳情况；

（6）抢险救灾、优抚、救济、社会捐助等款物的发放情况；

（7）乡镇集体企业及其他乡镇经济实体承包、租赁、拍卖等情况；

（8）执行计划生育政策情况。

二、经申请可以公开的信息

由于政府信息中有一部分信息只涉及部分人和事，对特定公民、法人或者其他组织从事生产、安排生活、开展科研等活动具有特殊的作用，而对其他人和组织关系不大。为了减少行政机关不必要的信息公开成本，《政府信息公开条例》专门就特殊需要的信息披露问题作出了规定，即公民、法人或者其他组织可以根据自身生产、生活、科研等特殊需要，向国务院部门、地方各级人民政府及县级以上地方人民政府部门申请获取相关政府信息。但是，这种信息的获取必须采取书面形式申请，而且要交纳相关费用，不是无偿获得。该项制度除体现便民原则外，主要还是考虑政府机关时间、精力的有限性和服务成本的公平性，避免一些人无限制地申请信息，影响政府机关的正常工作。

三、不得公开的信息

政府信息公开目的是为了更好地体现“执政为民”，实现为人民服务的宗旨。但是，强调政府信息公开并不意味着所有的政府信息都必须公开，这不是立法的本意，世界其他国家也没有这一先例。亦即某些信息是不能公开的。根据《政府信息公开条例》的规定，在中国不得公开的信息主要有三类：一是涉及国家安全、公共安全、经济安全和社会稳定的信息；二是涉及国家秘密、商业秘密、个人隐私的信息，未经权利人或者行政机关同意，不得公开；三是涉及国家外交、国防、社会管理等敏感信息，未经批准不得公开。

第三节 政府信息公开制度

一、审查制度

为了处理好公开与保密的关系，使政府信息公开立法与《中华人民共和国保守国家秘密法》等法律、法规相衔接，达到既要保证公民、法人和其他组织的知情权，又能防止出现因公开不当导致失密、泄密而损害国家安全、公共安全、经济安全，影响社会稳定和侵犯公民、法人或者其他组织的合法权益的问题，《政府信息公开条例》建立了相应的政府信息公开审查制度。

（1）依法审查的原则。行政机关在公开政府信息前，应当依照《中华人民共和国保守国家秘密法》以及其他法律、法规和国家有关规定对拟公开的政府信息进行审查。

（2）及时、准确原则。行政机关发布信息必须保证信息的及时性和准确性。否则，过时的信息将会失去发布的意义。不准确的信息将会导致信息的混乱，甚至影响社会稳定。行政机关公开信息应当及时、准确。对于影响或者可能影响社会稳定、扰乱社会管理秩序的虚假或者不完整信息，应当在其职责范围内发布准确的信息予以澄清。同时，还要求行政机关应当建立健全信息发布协调机制，发布的信息涉及其他行政机关的，应当与有关行政机关进行沟通、确认，保证信息的准确一致。

（3）请示、协助原则。行政机关对政府信息不能确定是否可以公开时，应当依照法律、法规和国家有关规定报有关主管部门或者同级保密工作部门确定。

（4）不得公开原则。除了涉及国家安全、公共安全、经济安全和社会稳定的信息不得公开外，对于涉及国家秘密、商业秘密、个人隐私的政府信息，原则上也不得公开。但是，经权利人同意或者行政机关认为不公开可能对公共利益造成重大影响的涉及商业秘密、个人隐私的政府信息，可以予以公开。

二、便民制度

为了真正做到信息公开的便民性，《政府信息公开条例》专门规定了信息公开的方式和程序。主要包括如下内容：

1. 公共媒体公布

对于政府应当主动公开的信息，行政机关必须通过政府公报、政府网站、新闻发布会以及报刊、广播、电视等便于公众知晓的方式公开。

各级人民政府应当在国家档案馆、公共图书馆设置政府信息查阅场所，并配备相应的设施、设备，为人们获取政府信息提供便利。行政机关还可以根据需要设立公共查阅室、资料索取点、信息公告栏、电子信息屏等场所，公开信息。

2. 时间要求

《政府信息公开条例》规定，政府应当主动公开的信息，应在该信息形成或者变更之日起二十个工作日内予以公布。

3. 编制信息公开指南和目录

为了便于公众了解获取信息，行政机关应当编制、公布信息公开指南和公开目录，并及时加以更新。指南应当包括政府信息的分类、编排体系、获取方式，政府信息公开工作机构的名称、办公地址、办公时间、联系电话、传真号码、电子邮箱等内容。目录应当包括政府信息的索引、名称、内容概述、生成日期等内容。

4. 申请信息的答复

对于需要经过申请才能提供的政府信息，行政机关能够当场答复的，应当当场答复；不能当场答复的，应当自收到申请之日起十五个工作日内予以答复；需要延期答复的，应当经信息工作机构负责人同意，但最长不得超过十五个工作日。

对于申请公开的信息经审查，属于可公开范围的，应当告知申请人获取该信息的方式和途径；属于不予公开范围的，应当告知申请人并说明理由；不属于本行政机关管辖的，应当告知申请人申请的其他机关和途径。

5. 查询费用减免

对于申请公开信息的个人，确有经济困难的，经本人申请、信息机构负责人同意，可以减免有关查询费用。

三、监督和保障制度

（1）各级人民政府应当建立健全政府信息公开工作考核制度、社会评议制度和责任追究制度，定期对政府信息公开工作进行考核、评议。

（2）政府信息公开工作主管部门和监察机关负责对行政机关政府信息公开的实施情况进行监督检查。

（3）各级行政机关定期公布本行政机关政府信息公开工作年度报告。

（4）公民、法人或者其他组织认为行政机关不依法履行政府信息公开义务的，可以向上级行政机关、监察机关或者政府信息公开工作主管部门举报，收到举报的机关应当予以调查处理。

（5）公民、法人或者其他组织认为行政机关在政府信息公开工作中的具体行政行为侵犯其合法权益的，可以依法申请行政复议或者提起行政诉讼。

四、法律责任

《政府信息公开条例》对下列两种行为设定了法律责任：

一是违反该条例的规定，未建立健全保密审查制度的，由监察机关、上一级行政机关责令改正；情节严重的，对行政机关负责人依法给予处分。

二是不依法履行信息公开义务的，不及时更新公开的信息内容、信息指南和目录的，不按规定收取费用的，通过其他组织、个人以有偿服务方式提供政府信息的，公开不应公开信息的等。对于这类违法行为，监察机关、上一级行政机关应当责令改正；情节严重的，对行政机关直接负责的主管人员和其他直接责任人员依法给予处分；构成犯罪的，依法追究刑事责任。

第六章　行政复议法律制度

行政复议是县级以上各级人民政府及其部门解决行政争议、化解社会矛盾、加强层级监督的一项重要法律制度，具有方便群众、快捷高效、方式灵活等特点。1999 年 4 月 29 日，第九届全国人民代表大会常务委员会第九次会议通过了《中华人民共和国行政复议法》，同年 10 月 1 日起施行。2007 年 5 月 23 日，国务院第一百七十七次常务会议通过了《中华人民共和国行政复议法实施条例》，同年 8 月 1 日起施行。

第一节　概　　述

行政复议，是指公民、法人或其他组织认为行政机关的具体行政行为侵犯其合法权益，依法向行政复议机关提出复查该具体行政行为的申请，行政复议机关依法对被申请的具体行政行为进行审查，并作出行政复议决定的一种法律制度。

一、行政复议的法律特性

行政复议制度是一种行政机关的内部监督，是依靠行政机关内部上级与下级之间的、领导与被领导的关系来纠正内部错误的一种机制。行政复议具有以下法律特性：

1. 行政复议是权利救济制度

行政复议的内容和目的，是要使行政机关作出的违法或不当的行政行为得到制止和纠正，使被侵犯的公民、法人或者其他组织的权益得到保护。

2. 行政复议是行政监督制度

行政复议是上级行政机关对下级行政机关的一种层级监督活动。行政复议作为行政机关内部自我纠正错误的一种监督制度，是基于层级领导关系而产生的。这种层级监督权具有维持、撤销、变更或者确认下级行政机关决定违法的内容。

3. 行政复议是一种依申请的具体行政行为

行政复议与行政诉讼都属于不服行政行为的救济途径，行政复议的要素和环节往往受到司法活动的影响，但行政复议的性质属于行政活动，而不是司法活动，因此行政机关的行政行为应当遵守行政活动的基本制度，应当具备具体行政行为的成立条件。行政复议是基于公民、法人或其他组织的申请而开始的，而不是行政机关依职权主动为之的行政行为。没有公民、法人或其他组织的申请，行政复议活动就不能开始。

4. 行政复议是一种行政裁判制度

行政复议的对象是行政争议。由于这一特征，行政复议也常被称作行政司法行

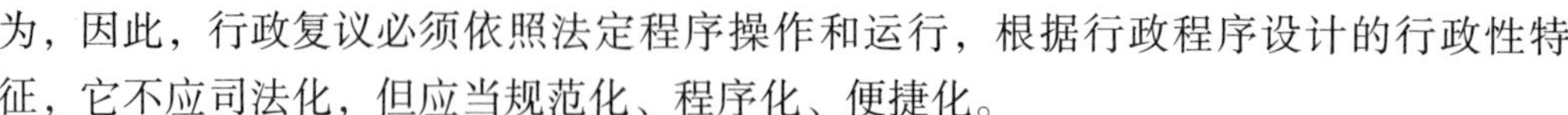

为，因此，行政复议必须依照法定程序操作和运行，根据行政程序设计的行政性特征，它不应司法化，但应当规范化、程序化、便捷化。

二、行政复议的基本原则

1. 以事实为根据，以法律为准绳的原则

以事实为根据，是指行政复议机关审理行政复议案件，必须以查明的客观情况作为认定事实、判断证据、适用法律、作出裁决的根据。以法律为准绳，就是要求行政复议机关在弄清案件客观情况的基础上，正确适用法律。行政复议机关审理行政复议案件要以事实为根据、以法律为准绳，最重要的是要重依据、重证据、重程序，坚持法律面前人人平等，这是保证行政复议公正性的重要前提。

2. 合法、公正、公开、及时、便民原则

合法原则是指复议机关必须严格按照法定职责权限和程序进行审查裁决。包括主体合法、权限合法、内容合法和程序合法等要求。

公正原则是指复议机关在进行行政复议时，复议过程和复议结果都应当公正。具体包括：

（1）行政复议机关平等地对待各方复议参加人，包括平等对待申请人与被申请人、平等对待不同的申请人，认真听取各方面的意见。

（2）充分保障各方复议参加人的权利。

（3）对具体行政行为适当性的审查严格以法律的目的和社会公认的公正标准为尺度。

公开原则是合法原则与公正原则的必须要求，它包括复议过程公开和复议结果公开。在复议过程中，申请人可以查阅被申请人提出的书面答复，作出具体行政行为的证据、依据和有关的其他材料，其他利害关系人也可以在知悉行政复议程序开始后参加复议程序。行政复议机关作出复议决定的内容和依据都应当公开，以便利害关系人及时知悉复议决定并寻求救济，也便于接受社会监督。

及时原则是指行政复议机关处理行政复议案件尽可能在较短的时间内审结行政复议案件，遵循复议案件的法定期限，讲求效率。

便民原则是指行政复议工作要方便老百姓申请和参与行政复议。

3. 全面审查，有错必纠原则

行政复议机关在行政复议中，既要对具体行政行为的合法性进行审查，也要对具体行政行为的适当性进行审查。这是行政复议与行政诉讼的重要区别之一。无论对什么行政复议案件，行政复议机关都必须正确处理，一经发现错误，必须坚决予以纠正。

4. 一级复议制原则

一级复议制是指公民、法人或者其他组织对行政机关作出的具体行政行为不服，可以向该行政机关的上一级行政机关或者法律、法规规定的行政机关申请复议，对复

议决定不服的，不能再申请复议。对复议决定，当事人应当履行。

第二节 行政复议中的各方主体

一、行政复议机关和行政复议机构

1. 行政复议机关和行政复议机构的关系

行政复议机关是指受理复议申请，依法对具体行政行为进行审查并以自己的名义作出裁决的行政机关。行政复议机构是行政复议机关内设的具体办理行政复议事项的机构。行政复议机构只能以行政复议机关的名义审理行政复议案件，对行政复议机关（或其法定代表人）负责。行政复议机关应担负起对行政复议工作的领导责任，支持本级行政复议机构依法办理行政复议事项，解决行政复议工作中面临的突出问题，为行政复议工作顺利开展提供保障。各级行政复议机关的首长，是本机关行政复议工作的第一责任人，应认真负责的履行相关职责。

2. 行政复议机构的职责

行政复议机构在具体办理行政复议事项时履行下列职责：

（1）受理行政复议申请；

（2）向有关组织和人员调查取证，查阅文件和资料；

（3）审查申请行政复议的具体行政行为是否合法与适当，拟订行政复议决定；

（4）处理或者转送对作为具体行政行为依据的有关规定的审查申请；

（5）对行政机关违反行政复议法律规定的行为依照规定的权限和程序提出处理建议；

（6）办理因不服行政复议决定提起行政诉讼的应诉事项；

（7）依照行政复议法第十八条的规定转送有关行政复议申请；

（8）办理行政复议法第二十九条规定的行政赔偿等事项；

（9）按照职责权限，督促行政复议申请的受理和行政复议决定的履行；

（10）办理行政复议、行政诉讼案件统计和重大行政复议决定备案事项；

（11）办理或者组织办理未经行政复议直接提起行政诉讼的行政应诉事项；

（12）研究行政复议工作发现的问题，及时向有关机关提出改进建议，重大问题及时向行政复议机关报告；

（13）法律、法规规定的其他职责。

3. 行政复议人员的资格制度

专职行政复议人员应当具备与履行行政复议职责相适应的品行、专业知识和业务能力，并取得相应资格。

4. 行政复议机关的确定

（1）县级以上地方政府部门作为被申请人时，行政复议机关是本级人民政府和上一级人民政府主管部门。

（2）海关、金融、国税、外汇管理等实行垂直领导的行政机关和国家安全机关作为被申请人时，行政复议机关是其上一级主管部门。

（3）请人对经国务院批准实行省以下垂直领导的部门作出的具体行政行为不服的，可以选择向该部门的本级人民政府或者上一级主管部门申请行政复议；省、自治区、直辖市另有规定的，依照省、自治区、直辖市的规定办理。

（4）自治区、直辖市地方人民政府以外的地方各级人民政府作为被申请人时，行政复议机关是上一级人民政府。

（5）自治区人民政府依法设立的派出机关所属的县级地方人民政府作为被申请人时，行政复议机关是该派出机关。

（6）国务院部门或者省、自治区、直辖市人民政府作为被申请人时，行政复议机关仍然分别是国务院部门或者省、自治区、直辖市人民政府。

（7）请人对两个以上国务院部门共同作出的具体行政行为不服的，可以向其中任何一个国务院部门提出行政复议申请，由作出具体行政行为的国务院部门共同作出行政复议决定。

（8）请人依据行政复议法第三十条第二款的规定申请行政复议的，应当向省、自治区、直辖市人民政府提出行政复议申请。

（9）其他情形：

① 县级以上的地方人民政府依法设立的派出机关作为被申请人时，由设立该派出机关的人民政府作为行政复议机关。

② 政府工作部门依法设立的派出机构作为被申请人时，设立该派出机构的部门或者该部门的本级地方人民政府作为行政复议机关。

③ 法律、法规授权的组织作为被申请人时，由直接管理该组织的地方人民政府、地方人民政府工作部门或者国务院部门作为行政复议机关。

④ 两个或者两个以上的行政机关作为共同被申请人时，由他们的共同上一级行政复议机关作为行政复议机关。

⑤ 继续行使被撤销行政机关职权的行政机关作为被申请人时，由继续行使职权的行政机关的上一级行政机关作为行政复议机关。

二、行政复议参加人

1. 申请人

是指依法申请行政复议的公民、法人或其他组织，是认为行政主体的具体行政行为侵害其合法权益，以自己的名义向行政复议机关提出申请，要求对该具体行政行为复查并依法作出裁决的人。

（1）申请人的资格转移

主要有两种情况：一是有权申请复议的公民死亡的，其近亲属可以申请复议。近

亲属包括配偶、父母、子女、兄弟姐妹、祖父母、外祖父母、孙子女、外孙子女。二是有权申请行政复议的法人或者其他组织终止的，承受其权利的法人或者其他组织可以申请行政复议。

（2）几种特殊情况下申请人的确定

① 合伙企业申请行政复议的，应当以核准登记的企业为申请人，由执行合伙事务的合伙人代表该企业参加行政复议；其他合伙组织申请行政复议的，由合伙人共同申请行政复议。不具备法人资格的其他组织申请行政复议的，由该组织的主要负责人代表该组织参加行政复议；没有主要负责人的，由共同推选的其他成员代表该组织参加行政复议。

② 股份制企业的股东大会、股东代表大会、董事会认为行政机关作出的具体行政行为侵犯企业合法权益的，可以以企业的名义申请行政复议。

③ 同一行政复议案件申请人超过 5 人的，推选 1 ~ 5 名代表参加行政复议。

2. 被申请人

是指申请人认为其行政行为侵犯了申请人的合法权益，复议机关通知其参加复议的行政机关。通常就是作出或者共同作出具体行政行为的行政机关或者法律、法规授权的组织本身。但有五种例外的情况：

（1）行政机关委托的组织作出具体行政行为的，委托的行政机关是被申请人。

（2）作出具体行政行为的机关被撤销的，继续行使其职权的行政机关是被申请人。

（3）行政机关与法律、法规授权的组织以共同的名义作出具体行政行为的，行政机关和法律、法规授权的组织为共同被申请人。

（4）行政机关与其他组织以共同名义作出具体行政行为的，行政机关为被申请人。

（5）下级行政机关依照法律、法规、规章规定，经上级行政机关批准作出具体行政行为的，批准机关为被申请人。

（6）行政机关设立的派出机构、内设机构或者其他组织，未经法律、法规授权，对外以自己名义作出具体行政行为的，该行政机关为被申请人。

3. 第三人

是指同申请行政复议的具体行政行为有利害关系，经复议机关批准其申请或应复议机关通知参加复议的其他公民、法人或其他组织。行政复议期间，行政复议机构认为申请人以外的公民、法人或者其他组织与被审查的具体行政行为有利害关系的，可以通知其作为第三人参加行政复议。行政复议期间，申请人以外的公民、法人或者其他组织与被审查的具体行政行为有利害关系的，可以向行政复议机构申请作为第三人参加行政复议。第三人不参加行政复议，不影响行政复议案件的审理。

4. 代理人

是指依法以他人（申请人、被申请人、第三人）名义，并在代理权限内代替他人参加复议活动的人，包括法定代理人、指定代理人和委托代理人。申请人、第三人可以委托1～2名代理人参加行政复议。申请人、第三人委托代理人的，应当向行政复议机构提交授权委托书。授权委托书应当载明委托事项、权限和期限。复议机构应当核实并记录在卷。申请人、第三人解除或者变更委托人，应当书面报告行政复议机构。

第三节　行政复议范围

行政复议范围是指法律、法规规定公民、法人或者其他组织对具体行政行为不服可以申请行政复议解决的范围。即行政机关对哪些行政争议拥有复议管辖权。

一、可以申请复议的范围

公民、法人或者其他组织可以依法申请行政复议的事项，主要包括以下几个方面：

（1）对行政机关作出的警告、罚款、没收违法所得、没收非法财物、责令停产停业、暂扣或者吊销许可证、暂扣或者吊销执照、行政拘留等行政处罚决定不服的。

（2）对行政机关作出的限制人身自由或者查封、扣押、冻结财产等行政强制措施决定不服的。

（3）对行政机关作出的有关许可证、执照、资质证、资格证等证书变更、中止、撤销的决定不服的。

（4）对行政机关作出的关于确认土地、矿藏、水流、森林、山岭、草原、荒地、滩涂、海域等自然资源的所有权或者使用权的决定不服的。

（5）认为行政机关侵犯合法的经营自主权的。

（6）认为行政机关变更或者废止农业承包合同，侵犯其合法权益的。

（7）认为行政机关违法集资、征收财物、摊派费用或者违法要求履行其他义务的。

（8）认为符合法定条件申请行政机关颁发许可证、执照、资质证、资格证等证书，或者申请行政机关审批、登记有关事项，行政机关没有依法办理的。

（9）申请行政机关履行保护人身权利、财产权利、受教育权利的法定职责，行政机关没有依法履行的。

（10）申请行政机关依法发给抚恤金、社会保险金或最低生活保障费，行政机关没有依法发放的。

（11）认为行政机关的其他具体行政行为侵犯其合法权益的。

二、不能申请行政复议的事项

对于下列行政争议，公民、法人或者其他组织不能申请行政复议，只能通过其他

途径解决：

（1）不服行政机关作出的行政处分或者其他人事处理决定的，依照有关法律、行政法规的规定提出申诉。

（2）不服行政机关对民事纠纷作出的调解或者其他处理，依法申请仲裁或者向法院起诉。

三、对抽象行政行为的监督审查权

抽象行政行为是行政机关针对非特定人制定颁布的，发生法律效力并具有反复适用性和普遍约束力的规范性文件。抽象行政行为包括行政法规、规章和其他规范性文件三类。对行政法规、规章不服的，不能申请行政复议，而只能按照《立法法》规定的程序办理。认为其他规范性文件不合法的，在对具体行政行为申请复议时，可以一并向行政复议机关提出对该规定的复议申请。根据《行政复议法》第七条规定，"公民、法人或者其他组织认为行政机关的具体行政行为所依据的下列规定不合法，在对具体行政行为申请行政复议时，可以一并向行政复议机关提出对该规定的审查申请：（一）国务院部门的规定；（二）县级以上地方各级人民政府及其工作部门的规定；（三）乡、镇人民政府的规定。"

在具体的复议过程中，要求复议机关应先中止对具体行政行为的审查，待对抽象行政行为的处理决定作出之后再恢复复议程序。但同时也应注意行政复议法规定的复议机关或其他有权机关对抽象行政行为的审查不同于具体行政行为的审查，严格的讲，它不是一种行政复议活动，而是由行政复议引发的对抽象行政行为的审查活动。

第四节　行政复议的申请与受理

行政复议的申请是指公民、法人或其他组织认为行政机关的具体行政行为侵犯了其合法权益，依法请求行政复议机关对该具体行政行为进行审查和处理，以保护自己的合法权益的一种意思表示。

一、行政复议的申请条件

1. 申请人

申请人必须是认为具体行政行为侵犯了其合法权益的公民、法人或者其他组织。

2. 被申请人

有明确的被申请人。如果没有被申请人，行政复议机关无法开展行政复议活动。

3. 有具体的行政复议请求和事实根据

行政复议请求是为维护自己的合法权益，要求行政复议机关对最初的具体行政行为进行审查并作出决定。目的是保护自己的合法权益免遭违法或不当的具体行政行为的侵害，其性质是对违法或不当的具体行政行为进行事后的补救。行政复议请求应明

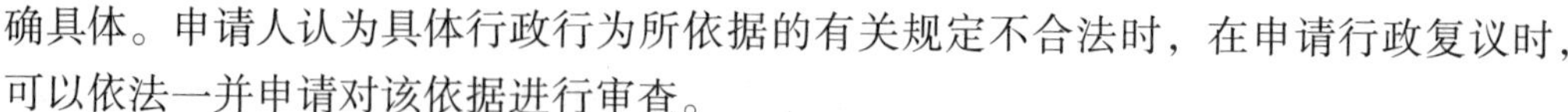

确具体。申请人认为具体行政行为所依据的有关规定不合法时，在申请行政复议时，可以依法一并申请对该依据进行审查。

4. 属于行政复议范围和受理复议机关管辖

5. 必须在法定的期限内申请复议

公民、法人或者其他组织认为具体行政行为侵犯其合法权益的，可以自知道该具体行政行为之日起六十日内提出行政复议申请；但是法律规定的申请期限超过六十日的除外。因不可抗力或者其他正当理由耽误法定申请期限的，申请期限自障碍消除之日起继续计算。公民、法人或者其他组织申请行政复议的期限，是从知道具体行政行为之日起计算。在实践中，主要有以下几种情形：

（1）当场作出具体行政行为的，自具体行政行为作出之日起计算。

（2）载明具体行政行为的法律文书直接送达的，自受送达人签收之日起计算。

（3）载明具体行政行为的法律文书邮寄送达的，自受送达人在邮件签收单上签收之日起计算；没有邮件签收单的，自受送达人在送达回执上签名之日起计算。

（4）具体行政行为依法通过公告形式告知受送达人的，自公告规定的期限届满之日起计算。

（5）行政机关作出具体行政行为时未告知公民、法人或者其他组织，事后补充告知的，自该公民、法人或者其他组织收到行政机关补充告知之日起计算。

（6）被申请人能够证明公民、法人或者其他组织知道具体行政行为的，自证据材料证明其知道具体行政行为之日起计算。

（7）行政机关作出具体行政行为，依法应当向有关公民、法人或者其他组织送达法律文书而未送达的，视为该公民、法人或者其他组织不知道该具体行政行为。

（8）认为对申请发放许可证、执照、资质证、资格证等证书，或者申请行政机关审批、登记有关事项，行政机关没有依法办理的，或者申请发放抚恤金、社会保险金或者最低生活保障费，行政机关没有发放的，申请复议期限计算方式有：一是有履行期限规定的，自履行期届满之日起计算；二是没有履行期限规定的，自行政机关收到申请满六十日起计算。法律、法规、规章规定的答复期限的最后一日的次日为知道具体行政行为之日，法律、法规、规章没有规定答复期限的，行政机关公示的答复期限的最后一日的次日为知道具体行政行为之日。

（9）在紧急情况下请求行政机关履行保护人身权、财产权的法定职责，行政机关不履行的，行政复议申请期限不受限制。

6. 尚未提起行政诉讼

如果提起行政诉讼，人民法院已经依法受理的，不得申请行政复议。

7. 法律、法规规定的其他条件

二、行政复议的申请方式

申请人表达申请意愿的形式，既可以是书面的，也可以是口头的。

1. 书面申请

采用书面申请行政复议的，可以采取当面递交、邮寄或者传真等方式提出行政复议申请。有条件的行政复议机构可以接受电子邮件形式提出的行政复议申请。书面申请行政复议的，应当在行政复议申请书中载明下列内容：

（1）申请人的基本情况，包括：公民的姓名、性别、年龄、身份证号码、工作单位、住所、邮政编码；法人或者其他组织的名称、住所、邮政编码和法定代表人或者主要负责人的姓名、职务。

（2）被申请人名称。

（3）行政复议请求、申请行政复议的主要事实和理由。

（4）申请人的签名或者盖章。

（5）申请行政复议的日期。

2. 口头申请

是指行政管理相对人以口头言语的形式向行政机关提出申请，以表达其申请行政复议的意愿和要求。口头申请的方式与书面申请方式只有外在形式的差别，而无实质内容的差别，其内容应与书面申请的要求内容相同。行政复议机构工作人员必须当场制作行政复议申请笔录交申请人核对或者向申请人宣读，并由申请人签字确认。笔录中有更改、涂抹的地方，也应该由申请人在相应的位置签字确认。

三、行政复议申请的转送

1. 转送的义务和情形

县级地方人民政府收到属于其他行政复议机关受理的行政复议申请，有义务转送有关行政复议机关。《行政复议法》第十五条规定对本法第十二条、第十三条、第十四条规定以外的其他行政机关、组成的具体行政行为不服的，按照下列规定申请行政复议；

（一）对县级以上地方人民政府依法设立的派出机关的具体行政行为不服的，向设立该派出机关的人民政府申请行政复议；

（二）对政府工作部门依法设立的派出机构依照法律、法规或者规章规定，以自己的名义作出的具体行政行为不服的，向设立该派出机构的部门或者该部门的本级地方人民政府申请行政复议；

（三）对法律、法规授权的组织的具体行政行为不服的，分别向直接管理该组织的地方人民政府、地方人民政府工作部门或者国务院部门申请行政复议；

（四）对两个或者两个以上行政机关以共同的名义作出的具体行政行为不服的，向其共同上一级行政机关申请行政复议；

（五）对被撤销的行政机关在撤销前所作出的具体行政行为不服的，向继续行使其职权的行政机关的上一级行政机关申请行政复议。

有前款所列情形之一的，申请人也可以向具体行政行为发生地的县级地方人民政府提出行政复议申请，由接受申请的县级地方人民政府依照本法第十八条的规定办理。

2. 转送的期限

转送是法定程序，应当执行法定期限。转送的法定期限是收到该行政复议申请后的七日内，转送时应当同时告知行政复议申请人。

3. 接受转送的处理

接受转送的行政复议机关应当根据关于受理的规定，在法定期限内作出有关受理的决定。但是接受转送的受理时间，应当从收到转送之日起计算。

四、行政复议的受理

1. 受理和受理期限

行政机关应当在收到行政复议申请后的五日内，对申请进行审查并作出有关受理的决定。审查的内容包括：

（1）审查是否符合申请的一般条件。申请人提出复议申请后，复议机关应当审查复议申请是否符合申请复议的条件。

（2）审查是否超过法定的申请时效。如果复议申请超过申请时效，又无正当理由申请延长期限，复议机关不予受理。

（3）审查是否重复申请。对复议机关已经处理过的行政复议案件，或者正在审理的行政复议案件，申请人不能再就同一请求、同一理由向复议机关申请复议。

（4）审查是否已起诉。对法律、法规不要求必须经行政复议后即可起诉的事项，公民、法人或其他组织已经向人民法院起诉，人民法院已经依法受理的，不得再向行政机关申请复议。

（5）法律、法规规定的其他条件。如税收征收管理法规定，纳税人和纳税机关在纳税问题上发生争议时，必须先按规定纳税，然后才能提起行政复议。

2. 对复议申请的处理

经对复议申请审查后，复议机关应当依法作出以下处理：

（1）不予受理

经审查不符合《行政复议法》规定的条件的，应当决定不予受理，并书面告知申请人；对符合行政复议法规定，但是不属于本机关受理的行政复议申请，应当告知申请人向有关行政复议机关提出。如果申请人不服不予受理的决定，可以有两种选择：一是将情况向复议机关的上一级行政机关反映，上级行政机关认为复议机关无正当理由拒绝受理的，应当责令其受理或者必要时可直接受理；二是向人民法院提起诉讼，对于复议机关决定不予受理或受理后超过复议期限不作答复的，公民、法人或其他组织可以在收到不予受理决定书之日起十五日内依法向人民法院起诉。

（2）受理

行政复议申请符合下列条件的，应当予以受理：

① 有明确的申请人和符合规定的被申请人；

② 申请人与具体行政行为有利害关系；

③ 有具体的行政复议请求和理由；

④ 在法定申请期限内提出；

⑤ 属于收到行政复议申请的行政复议机构的职责范围；

⑥ 其他行政复议机关尚未受理同一行政复议申请，人民法院尚未受理同一主体就同一事实提起的行政诉讼。

3. 对行政复议受理的监督和处理

公民、法人或者其他组织依法提出行政复议申请，行政复议机关无正当理由不予受理的，上级行政机关认为行政复议机关不予受理行政复议申请的理由不成立的，可以先行督促其受理；经督促仍不受理的，应当责令其限期受理，必要时，也可以直接受理；认为行政复议申请不符合法定受理条件的，应当告知申请人。

五、行政复议与行政诉讼的关系

根据《行政诉讼法》，除非法律、法规规定必须先申请行政复议的，行政争议当事人可以自由选择申请行政复议还是提起行政诉讼。行政复议已经被依法受理的，当事人在法定复议期限以内不得提起诉讼。行政诉讼已经被依法受理的，则不得再申请行政复议。

法律、法规规定应当首先向行政复议机关申请行政复议，对行政复议决定不服再向人民法院提起行政诉讼的，行政复议机关不予受理或者受理后超过行政复议期限不作答复的，公民、法人或者其他组织可以自收到不予受理决定书之日起或者行政复议期满之日起 15 日内，依法向人民法院起诉。

法律规定行政复议机关作出的终局行政复议决定，当事人不得提起行政诉讼。《行政复议法》规定的终局行政复议决定有两个：一是行政复议法第十四条规定的国务院的裁决。二是第三十条关于省、自治区、直辖市人民政府对确认自然资源所有权或者使用权的复议决定。

六、具体行政行为在复议期间的执行力

行政复议期间原具体行政行为不停止执行，这是行政复议的一项特殊规则。这是因为：

（1）具体行政行为是代表国家为了维护公共利益所为的行为，因而具有效力先定的特权，一经作出即推定为有效，相对人必须服从或履行，不能随意否定；

（2）出于维护行政管理活动的连续性，保障行政管理活动的效率的需要，具体行政行为一经作出，就要得到执行。

但是，任何法律规则都可能存在例外，为了防止执行具体行政行为可能造成无可挽回的损害，在以下情况下可以暂停执行：

（1）被申请人认为需要停止执行的；

（2）行政复议机关认为需要停止执行的；

（3）申请人申请停止执行，行政复议机关认为其要求合理，决定停止执行的；

（4）法律规定停止执行，如治安管理处罚条例规定的拘留处罚担保制度下的暂缓执行。

第五节　行政复议案件的审理

一、审理方式

行政复议机构审理行政复议案件，应当由 2 名以上行政复议人员参加。

1. 书面审理

行政复议原则上实行书面审理，行政复议机关在审理复议案件时，通过对各方提交的书面材料进行审查，可以判断具体行政行为是否合法、适当，并作出行政复议决定。

2. 实地调查核实证据

行政复议案件的审理目的是解决行政争议、化解矛盾、保障社会的和谐稳定，因此，行政复议机构对行政复议案件不能简单对待，对于有些案件事实不清的，还有进行调查核实证据的必要，这样才能在事实清楚的基础上，正确作出行政复议决定。同时，通过实地调查核实证据，还可以与行政复议参加人等进行当面沟通，了解情况、听取意见，尊重当事人的参与权，可以克服书面审查的弊端，提高行政复议审理的透明度和公信力。

3. 听证审理

行政复议听证，既不同于立法听证，也不同于执法听证，它实际上是与法院审理程序相类似的一种行政复议审理方式，类似于准司法听证，其目的是为了给行政复议当事人提供一个质证、辩论的平台，为行政复议机关查清案件事实提供帮助。

但是，申请人提出要求或者行政复议机关负责法制工作的机构认为有必要时，可以向有关组织和人员调查情况，听取申请人、被申请人和第三人的意见。实行书面审查为原则，口头审查为例外，主要是为了保障行政效率。

二、举证责任

1. 被申请人的举证责任

行政复议案件的审理中，被申请人对具体行政行为承担举证责任。被申请人应当自收到申请书副本或者申请笔录复印件之日起十日内，向行政复议机关提出书面答复，并提交当初作出具体行政行为的证据、依据和其他有关材料。

2. 申请人的举证责任

有下列情形之一的，申请人应当提供证明材料：

（1）认为申请人不履行法定职责的，提供曾经要求被申请人履行法定职责而被申请人未履行的证明材料。

（2）申请行政复议时一并提出行政赔偿请求的，提供受具体行政行为侵害而造成损害的证明材料。

（3）法律、法规规定需要申请人提供证据材料的其他情形。

三、申请人、第三人查阅资料的权利

行政复议法规定了查阅被申请人提供资料的制度，这是执行行政公开原则的重要制度。享有资料查阅权的主体，是申请人和第三人；资料查阅的内容，是被申请人提出的书面答复、作出具体行政行为的证据、依据和其他有关材料。除涉及国家秘密、商业秘密或者个人隐私外，行政复议机关不得拒绝。行政复议机关应当为申请人、第三人查阅有关材料提供必要条件。

四、被申请人不得自行收集证据

在行政复议过程中，被申请人不得自行向申请人和其他有关组织或个人收集证据。行政复议中的证据限于具体行政行为作出以前收集到的证据，根据“先取证，后裁决”的原则，行政机关在作出具体行政行为以前必须收集足够的证据，作出具体行政行为后不能再收集证据，否则复议机关不予采纳。但是，如果被申请人向复议机关提出取证要求，复议机关认为有必要时可以作调查取证的决定。

五、复议申请的撤回

根据《行政复议法》的规定，行政复议申请人有权撤回已经提出的行政复议申请。申请人在行政复议决定作出前自愿撤回行政复议申请的，经行政复议机构同意，可以撤回。因为行政复议的主要目的是保护申请人的合法权益，申请人对自己的合法权益有放弃的权利。

（1）撤回的条件。申请人要求撤回的，经说明理由的，可以撤回。

（2）撤回的时间。撤回应当在行政复议决定作出以前；

（3）撤回的效果，是终止正在进行的行政复议。申请人不得再以同一事实和理由提出行政复议申请。但是，申请人能够证明撤回行政复议申请违背其真实意思表示的除外。

六、对抽象行政行为的处理

申请人在申请行政复议时，一并提出对有关规定的审查申请的，根据《行政复议法》的规定，行政机关应当依法处理：

（1）行政复议机关对该规定有权处理的，应当在三十日内依法处理。

（2）行政复议机关无权处理的，应当在七日内按照法定程序转送有权处理的行政机关依法处理，有权处理的行政机关应当在六十日内依法处理。

（3）接受转送的行政复议机关，应当在六十日内依法作出处理。

（4）对有关规定处理期间，中止对具体行政行为的审查。

第六节　行政复议决定

一、行政复议决定

行政复议决定是指复议机构对案件进行初步审查，提出意见，经行政复议机关的负责人审查同意或集体讨论通过后，就有关具体行政行为是否合法、适当所做出书面裁断。行政复议决定是复议活动的最终结果的表现形式，是复议机关经审查后对具体行政行为的结论性决定。

行政复议决定有以下几种：

1. 驳回行政复议申请决定

（1）申请人认为行政机关不履行法定职责申请行政复议，行政复议机关受理后发现该行政机关没有相应法定职责或者在受理前已经履行法定职责的；

（2）受理行政复议申请后，发现该行政复议申请不符合行政复议法和行政复议法实施条例规定的受理条件的。

2. 维持决定

具体行政行为认定事实清楚，证据确凿，适用依据正确，程序合法，内容适当，应当决定维持。

3. 责令履行法定职责决定

复议机关经过审查，认定被申请人没有履行法律、法规规定的职责，从而做出责令其在一定期限内履行法定职责的决定。这种复议决定针对的是申请人要求被申请人作出一定的具体行政行为作出的，它主要适用于行政机关应作为而不作为的案件。

4. 变更决定

行政复议机关经过对具体行政行为的审查，认为该具体行政行为违法或不当，做出改变原具体行政行为的决定。变更决定实际上是复议机关直接作出了一个新的具体行政行为。主要适用于案件事实清楚、证据确凿，内容明显不当的具体行政行为。

5. 撤销决定

撤销决定指复议机关经过对具体行政行为的审查，认为具体行政行为违法或不当，作出否定具体行政行为的决定。撤销决定可以全部撤销，也可以部分撤销；可以简单撤销，也可以撤销并责令在一定期限内重新作出具体行政行为。法律、法规、规章未规定期限的，重新作出具体行政行为的期限为六十日。撤销决定适用于下列情况：

（1）主要事实不清，证据不足的；

（2）适用依据有错误的；

（3）违反法定程序的；

（4）超越职权或者滥用职权的；

（5）具体行政行为明显不当。

被申请人不按照行政复议法的规定提出书面答复、提交当初作出具体行政行为的证据、依据和其他有关材料的，视为该具体行政行为没有证据、依据，决定撤销该具体行政行为。

6. 确认违法决定

确认违法决定指复议机关经过审查有关行政机关的不作为行为或事实行为，宣布该行为违法的复议决定。适用于具体行政行为违法但不可撤销或者决定撤销已经没有实际意义的情形。

7. 赔偿决定

公民、法人或其他组织在申请行政复议时可以一并提出行政赔偿请求，行政复议机关对依法应当予以赔偿的，在决定撤销、变更具体行政行为或者确认具体行政行为违法时，应当同时决定被申请人依法给予赔偿。

申请人在申请行政复议时没有提出行政赔偿请求的，行政复议机关在依法决定撤销或者变更罚款，撤销违法集资、没收财物、征收财物、摊派费用以及对财产的查封、扣押、冻结等具体行政行为时，应当同时责令被申请人返还财产，解除对财产的查封、扣押、冻结措施，或者赔偿相应的价款。

二、行政复议决定的执行

1. 决定的作出

复议机关对复议案件必须作出书面复议决定书。行政复议决定书是行政复议机关对具体行政行为进行审查之后作出的结论性裁决的书面形式。复议决定书一经送达，即发生法律效力。

复议机关受理案件后必须在六十日的审结期限作出复议决定，法律规定的行政复议期限少于六十日的除外。情况复杂，不能在规定期限内作出复议决定的，经行政复议机关的负责人批准，可以适当延长，并告知申请人和被申请人，但是延长期限最多不得超过三十日。复议机关未在法定期限内作出决定，复议申请人可在复议期满十五日内向人民法院提起行政诉讼。

2. 决定的执行

（1）对被申请人不履行行政复议决定的处理。被申请人应当履行行政复议决定。被申请人不履行或者无正当理由拖延履行行政复议决定的，行政复议机关或者有关上级行政机关应当责令其限期履行。对直接负责的主管人员和其他直接责任人员依法给予警告、记过、记大过的行政处分；经责令履行仍拒不履行的，依法给予降级、撤职、开除的行政处分。

（2）对申请人不履行行政复议决定的处理。申请人不履行行政复议决定是指申请人在法定期间内既不依法提起行政诉讼，又不履行行政复议决定中规定的应由其履行的义务，或者不履行终局的行政复议决定规定的应由其履行的义务。①行政复议机关维持具体行政行为的，由作出具体行政行为的行政机关依法强制执行，或者申请人民法院强制执行；②行政复议机关变更具体行政行为的，由行政复议机关依法强制执行，或者申请人民法院强制执行。

三、行政复议的调解

调解作为解决社会冲突的方式在我国被广泛运用，在行政复议中，有下列情形之一的，行政复议机关可以按照自愿、合法的原则进行调解：

（1）公民、法人或者其他组织对行政机关行使法律、法规规定的自由裁量权作出的具体行政行为不服申请行政复议的；

（2）当事人之间的行政赔偿或者行政补偿纠纷。当事人经调解达成协议的，行政复议机关应当制作行政复议调解书。调解书应当载明行政复议请求、事实、理由和调解结果，并加盖行政复议机关印章。行政复议调解书经双方当事人签字，即具有法律效力。

调解未达成协议或者调解书生效前一方反悔的，行政复议机关应当及时作出行政复议决定。

第七节　行政复议违法责任及指导监督

一、行政复议机关的违法责任

行政复议机关的违法行为，主要有以下三种：

（1）无正当理由不予受理依法提出的行政复议申请；

（2）不按照规定转送行政复议申请；

（3）在法定期限内不作出行政复议决定。

行政复议机关有上述违法行为的，对直接负责的主管人员和其他直接责任人员依法给予警告、记过、记大过的行政处分；经责令受理仍不受理或者不按照规定转送行政复议申请，造成严重后果的，依法给予降级、撤职、开除的行政处分。行政复议机关工作人员在行政复议活动中，徇私舞弊或者有其他渎职、失职行为的，依法给予警告、记过、记大过的行政处分；情节严重的，依法给予降级、撤职、开除的处分；构成犯罪的，依法追究刑事责任。

二、被申请人的违法责任

被申请人的违法行为主要有三种：

（1）不提出书面答复或者不提交作出具体行政行为的证据、依据和期限等相关材料；

（2）阻挠、变相阻挠公民、法人或者其他组织依法申请行政复议；

（3）不履行或者无正当理由拖延履行行政复议决定。

被申请人有上述前两种违法行为的，对直接负责的主管人员和其他直接责任人员依法给予警告、记过、记大过的行政处分，进行报复陷害的，依法给予降级、撤职、开除的行政处分；构成犯罪的，依法追究刑事责任。被申请人有上述最后一种违法行为的，对直接负责的主管人员和其他直接责任人员依法给予警告、记过、记大过的行政处分；经责令履行仍拒不履行的，依法给予降级、撤职、开除的行政处分。

三、其他人的违法责任

拒绝或者阻挠行政复议人员调查取证、查阅、复制、调取有关文件和资料的，对有关责任人员依法给予处分或者治安处罚；构成犯罪的，依法追究刑事责任。

四、行政复议指导监督

行政复议是一项政治性、政策性、专业性、法律性很强的工作，只有加强行政复议指导监督工作，才能够不断提高行政复议的质量，确保不同地区对同类案件裁决结果的基本一致，也才能有效推动行政复议工作的全面展开，确保行政复议工作的队伍、制度建设的不断整体推进，这是法制统一、政令畅通和行政复议工作顺利开展的根本要求。

（1）行政复议机关应当加强对行政复议工作的领导。行政复议机构在本级行政复议机关的领导下，按照职责权限对行政复议工作进行督促、指导。

（2）县级以上各级人民政府应当加强对所属工作部门和下级人民政府履行行政复议职责的监督。行政复议机关应当加强对其行政复议机构履行行政复议职责的监督。

（3）县级以上地方各级人民政府应当建立健全行政复议工作责任制，将行政复议工作纳入本级政府目标责任制。

（4）县级以上地方人民政府应当按照职责权限，通过定期组织检查、抽查等方式，对所属工作部门和下级人民政府行政复议工作进行检查，并及时向有关方面反馈检查结果。

（5）行政复议期间行政复议机关发现被申请人或者其他下级行政机关的相关行政行为违法或者需要做好善后工作的，可以制作行政复议意见书。有关机关应当自收到复议意见书之日起六十日内将纠正相关行政违法行为或者做好善后工作的情况通报行政复议机构。行政复议期间行政复议机构发现法律、法规、规章实施中带有普遍性的问题，可以制作行政复议建议书，向有关机关提出完善制度和改进行政执法的建议。

（6）县级以上各级人民政府行政复议机构应当定期向本级人民政府提交行政复议工作状况分析报告。

（7）下级行政复议机关应当及时将重大行政复议决定报上级行政复议机关备案。

（8）各级行政复议机构应当定期组织对行政复议人员进行业务培训，提高行政复议人员的专业素质。

（9）各级行政复议机关应当定期总结行政复议工作，对在行政复议工作中做出显著成绩的单位和个人，依照有关规定给予表彰和奖励。

第七章　行政诉讼法律制度

1989 年 4 月 4 日，第七届全国人民代表大会第二次会议通过《中华人民共和国行政诉讼法》，自 1990 年 10 月 1 日起施行。行政诉讼法是规范行政诉讼活动、调整行政诉讼关系的法律规范。

2014 年 11 月 1 日十二届全国人大常委会第十一次会议表决通过关于修改行政诉讼法的决定。修改后的行诉法将于 2015 年 5 月 1 日起施行。

第一节　概　　述

一、行政诉讼的概念

行政诉讼是法院应公民、法人或其他组织的请求，通过法定程序审查具体行政行为的合法性，从而解决特定范围内行政争议的活动。具体包括以下涵义：

1. 行政诉讼是解决行政争议的活动

行政诉讼以审查行政行为为核心内容。行政诉讼的审理的形式及裁判形式都不同于民事诉讼和刑事诉讼，独具特色。如被诉行政行为的合法性审查不适用调解；被告对具体行政行为合法性负举证责任；行政诉讼的裁判以确认、撤销、判决、变更为主要形式等。

2. 行政诉讼是人民法院运用国家审判权解决行政争议的活动

解决行政争议的方式和途径不止一种，有行政复议机关的复议活动，也有行政申诉处理活动，还有权力机关的监督处理活动。行政诉讼专指法院运用诉讼程序解决行政争议的活动。必须由法院主持，当事人各方参加，采用开庭举证、质证、辩论、陈述和法院裁判等诉讼形式解决行政争议。

3. 行政诉讼的原、被告具有恒定性

原告恒定为作为行政管理相对一方的公民、法人或者其他组织；被告恒定为作为行政主体的行政机关和法律、法规授权的组织。

4. 行政诉讼的核心

对具体行政行为的合法性进行审查。

5. 行政诉讼的根本目的

通过司法权对行政权的监督，确保行政机关依法行政，保障相对人的合法权益。

二、行政诉讼的基本原则

行政诉讼的基本原则包括两类：一类是与民事、刑事诉讼共有的原则；另一类是行政诉讼特有的原则。

1. 与民事、刑事诉讼共有的原则

（1）人民法院依法独立行使行政审判权原则

（2）以事实为根据、以法律为准绳的原则

（3）当事人的法律地位平等原则

（4）使用民族语言文字原则

（5）当事人有权辩论原则

（6）合议、回避、公开审判和两审终审原则

（7）人民检察院实行法律监督原则

2. 行政诉讼特有的原则

（1）具体行政行为合法性审查原则

人民法院审理行政案件，诉讼的客体限于具体行政行为，不包括抽象行政行为，法院审查具体行政行为的内容，以审查具体行政行为的合法性为原则，以审查具体行为的合理性为例外。

（2）司法变更权有限原则

司法变更权是指人民法院对被诉具体行政行为经过审理后，改变该具体行政行为的权力。司法变更涉及到司法权和行政权的关系。行政诉讼法既考虑到最大程度地保护当事人合法权益的需要有保障司法权行使的有效性，又考虑到法定的权力分配关系，规定“行政处罚显失公平的，可以判决变更”。因此，法院的司法变更权仅限于在行政处罚显失公平的情况下才可以行使。

（3）关于调解的处理原则

现《行政诉讼法》规定，人民法院审理行政案件，不适用调解。但实际上，行政机关执法时的裁量权，范围日益拓展，执法中发生争议时，在裁量权范围内，进行调解是完全可行且有益的。将于2015年5月1日施行的新《行政诉讼法》中，第60条增加了对行政赔偿、补偿以及行政机关行使法律法规规定的自由裁量权的案件可以调解。当然，对行政争议进行调解时，与民事调解不同，必须遵循自愿、合法原则，不得损害国家利益、社会公共利益和私人合法权益。

第二节　行政诉讼的受案范围

行政诉讼的受案范围是指人民法院受理行政争议的种类和权限。

一、应当受理的案件

原则上，公民、法人或者其他组织对具有国家行政职权的机关和组织及其工作人

员的行政行为不服，依法提起诉讼的，属于人民法院行政诉讼的受案范围。新《行政诉讼法》第二条增加了一款："前款所称行政行为，包括法律、法规、规章授权的组织作出的行政行为"。由此，一些行使公共行政职能的组织，也有可能成为行政诉讼的被告。《行政诉讼法》第十一条具体列举了人民法院可以受理的案件。新《行政诉讼法》则将受案范围由8项扩充为十二项，将一些具体的社会保障权、知情权等纳入了受案范围。

1. 对行政拘留、暂扣或者吊销许可证和执照、责令停产停业、没收违法所得、没收非法财物、罚款、警告等行政处罚不服的。

行政处罚行为是行政机关对相对人的一种惩处，是典型的具体行政行为。由于行政处罚直接关系到被处罚者的人身权与财产权，为保护公民、法人或其他组织的合法权益。

2. 对限制人身自由或者对财产的查封、扣押、冻结等行政强制措施和行政强制执行不服的。

行政强制措施是行政机关根据需要对有关人员的人身或财产施加限制的强制性手段。行政强制措施作为一种具体行政行为，按内容可分为限制人身自由的强制措施和限制或剥夺财产的强制措施两类。

3. 申请行政许可，行政机关拒绝或者在法定期限内不予答复，或者对行政机关作出的有关行政许可的其他决定不服的。

行政许可案件是指认为符合条件申请行政机关颁发许可证和执照，行政机关拒绝颁发或不予答复而提起的诉讼。在公民、法人或其他组织提出申请后，行政机关如果拒绝颁发，说明申请人不符合从事该项行为与活动的法律条件，相对人也就不能从事该项活动或行为，无法取得相应的经济利益。而如果行政机关迟迟不予答复，即消极的不作为，申请人依旧无法取得许可证与执照。因此上述两种行为引发的争议均属于人民法院的受案范围。

4. 对行政机关做出的关于确认土地、矿藏、水流、森林、山岭、草原、荒地、滩涂、海域等自然资源的所有权或者使用权的决定不服的。

5. 对征收、征用决定及其补偿决定不服的。

6. 申请行政机关履行保护人身权、财产权等合法权益的法定职责，行政机关拒绝履行或者不予答复的。

保护公民、法人或其他组织的人身权、财产权是许多行政机关的法定职责。尤其是在现代社会，公力救济对自力救济的取代使得公民、法人或其他组织人身权、财产权的保护很大程度上依赖于行政机关对该义务的履行。如果行政机关在公民、法人或其他组织申请履行该项义务时拒绝履行或消极的不作任何答复，一方面构成违法失职，另一方面则使公民、法人或其他组织的人身权、财产权受到的威胁无法排除，有时甚至造成无法弥补的损失。理解此类案件需要注意：①保护公民、法人或其他组织的合法权益必须是有关行政机关的法定职责；②公民、法人或其他组织须先向行政机关提出申请，以使行政机关知晓相应的情况。

7. 认为行政机关侵犯其经营自主权或者农村土地承包经营权、农村土地经营权的。

经营自主权是市场主体依法享有的自主调配和使用其人力、财产和物力的权利。在市场经济体制下，享有经营自主权是各市场参与主体，主要包括个体经营户、农村承包经营户、各类企业和经济组织，以及实行企业管理的事业单位，保持自身的独立性、参与市场竞争、获取经济利益的必要条件。该权利的外延依市场与主体类型的不同而宽窄不一。公民、法人或其他组织认为法定经营自主权受到侵犯的，均可以提起行政诉讼。

8. 认为行政机关滥用行政权力排除或者限制竞争的。

9. 认为行政机关违法集资、摊派费用或者违法要求履行其他义务的。

10. 认为行政机关没有依法支付抚恤金、最低生活保障待遇或者社会保险待遇的。

抚恤金是行政机关依法发放给某些伤残人员或死亡人员遗属的专项费用，目的是对他们进行慰抚和保障他们的生活。抚恤金的享有是公民的一种受社会保障的权利，因此负有发放抚恤金法定职责的行政机关若不依法发给公民抚恤金，不但是一种失职行为，更是对公民人身权和财产权的侵犯，由此引发的争议属于行政诉讼的受案范围。

11. 认为行政机关不依法履行、未按照约定履行或者违法变更、解除政府特许经营协议、土地房屋征收补偿协议等协议的。

12. 认为行政机关侵犯其他人身权、财产权等合法权益的。

二、不予受理的案件

不予受理的案件是指明确排除不属于人民法院受案范围的行政案件。

1. 国防、外交等国家行为

指国务院、中央军事委员会、国防部、外交部等根据宪法和法律的授权，以国家的名义实施的有关国防和外交事务的行为，以及经宪法和法律授权的国家机关宣布紧急状态、总动员等行为。

2. 抽象行政行为

指行政机关制定行政法规、规章以及制定发布针对不特定对象、具有反复适用性和普遍约束力的决定、命令的行政行为。对于上述抽象行政行为的监督，应按照立法法的有关规定处理，可以通过人民代表大会和上级行政机关监督的方式确保其合法性。抽象行政行为不具有可诉性，与法院对抽象行政行为进行必要的审查是两个不同的问题。法院如果发现行政法规、行政规章或者行政机关制定的具有普遍约束力的决定、命令与更高层次的法律文件相抵触或者同等法律效力的抽象行政行为之间相互矛盾，有权送请有关机关作出解释或者裁决。

3. 内部行政行为

行政机关管理内部事务的行政行为，如对其所属的工作人员进行奖惩、任免等，属于行政机关自律权范畴，法院对此不能通过审判程序进行干涉。同时，行政机关奖惩、任免工作人员通常以内部规定、内部考核结果为依据，是行政机关综合判断的结果，法院无法判断行政机关的这些决定是否合法与适当。根据有关法律规定，这类行为的监督权，分别由上级行政机关、监察机关、人事机关行使。

4. 法律规定由行政机关最终裁决的具体行政行为

指法律规定的由行政机关作出最终决定的行为。由于行政终局裁决行为意味着剥夺了公民、法人或者其他组织对该行为的诉权和人民法院对该行为的司法审查权，因此，行政终局裁决行为必须是法律规定的。所谓“法律”是指全国人民代表大会及其常务委员会制定、通过的规范性文件。

5. 公安、国家安全等机关依照刑事诉讼法的明确授权实施的行为

这类行为既包括这些机关在刑事案件的立案侦查中所采取的拘传、取保候审、监视居住、拘留、逮捕等刑事强制措施，也包括在侦查过程中为搜集、取得证据而采取的诸如勘验、检查行为，搜查行为，对物证、书证的扣押行为，鉴定等行为。因公安、国家安全等机关依照刑事诉讼法的明确授权实施的行为引发的争议不属行政诉讼的受案范围。

6. 行政机关的调解行为和依据法律规定作出的仲裁行为

调解行为是指由国家行政机关主持的，以争议双方自愿为原则，通过行政机关的调停，斡旋等活动，促成民事争议双方当事人互让以达成协议，从而解决争议的行政活动方式。行政调解行为虽然也是由行政机关的活动，但是却不是具体行政行为，因行政调解所遵循的是“自愿原则”，双方当事人若对调解协议不满意的，也不能以行政机关为被告提起行政诉讼，而应将原始的民事争议交人民法院裁判。仲裁行为是指行政主体以第三人的身份对平等民事主体间的民事纠纷进行裁断的法律制度。

7. 不具有强制力的行政指导行为

是国家行政机关对特定的公民、法人或其他组织，运用说服、教育、劝告、建议、协商、示范、鼓励、政策指导等非强制性手段或以提供经费帮助、提供知识技术帮助为利益诱导促使其自愿作出或不作出某种行为，以实现一定行政目的。其特征在于非强制性，不是具体行政行为，因之引发的争议不属于行政诉讼的受案范围。

8. 驳回当事人对行政行为提起申诉的重复处理行为

行政机关对当事人提出的不服申诉请求的驳回，实际上是告知当事人前一个具体行政行为的正确性，是对前一个具体行政行为所确定的权利义务状态的维持。该重复处理行为不可诉。

9. 对公民、法人或其他组织的权利义务不产生实际影响的行为

具体行政行为须是对特定对象的权利、义务产生实际影响的行为，因此将对公民、法人或其他组织的权利义务不产生实际影响的行为引发的争议排除于人民法院的受案范围理所当然。

以下行为也是未对公民、法人或其他组织的权利、义务产生实际影响的行为：①尚未成熟的行为。主要是指尚处于行政系统内部、未最终形成的行为。比如一个需要经过上级机关批准却处于申请批准过程中的行为。②程序性的准备行为。比如行政处理决定作出之前的通知行为、咨询行为、调查行为等。这些行为均依附于其后续的决定行为，本身缺乏独立性，不能单独的影响公民、法人或其他组织的合法权益。如王某制售假冒伪劣产品，质量技术监督部门接到群众举报，欲查处王某，遂向其发出通知：接到通知后3日内到质监局接受调查。该通知行为就是典型的程序性准备行为。

10. 司法解释规定的其他案件

劳动行政部门作出责令用人单位支付劳动者工资报酬、经济补偿和赔偿金的劳动监察指令书，不属于可申请人民法院强制执行的具体行政行为，人民法院对此类案件不予受理。劳动行政部门作出责令用人单位支付劳动者工资报酬、经济补偿和赔偿金的行政处理决定书，当事人既不履行又不申请复议或者起诉的，劳动行政部门可以依法申请人民法院强制执行。

第三节　行政诉讼的管辖

各级人民法院行政审判庭审理行政案件和审查行政机关申请执行其具体行政行为的案件，专门人民法院、人民法庭不审理行政案件，也不审查和执行行政机关申请执行其具体行政行为的案件。

一、级别管辖

级别管辖是指上下级人民法院受理第一审行政案件的分工和权限。

新《行政诉讼法》第十五条规定，中级人民法院管辖下列第一审行政案件：“（1）对国务院部门或者县级以上地方人民政府所作的行政行为提起诉讼的案件；（2）海关处理的案件；（3）本辖区内重大、复杂的案件；（4）其他法律规定由中级人民法院管辖的案件。”

行政案件由最初作出行政行为的行政机关所在地人民法院管辖。经复议的案件，也可以由复议机关所在地人民法院管辖。

经最高人民法院批准，高级人民法院可以根据审判工作的实际情况，确定若干人民法院跨行政区域管辖行政案件。

二、地域管辖

地域管辖是指同级人民法院受理第一审行政案件的分工和权限。

行政案件由最初作出具体行政行为的行政机关所在地人民法院管辖。同时，《行

政诉讼法》和司法解释规定了以下特殊情况：

1. 经复议的案件

《行政诉讼法》第17条规定，“经复议的案件，复议机关改变原具体行政行为的，也可以由复议机关所在地人民法院管辖。”新《行政诉讼法》修改为“行政案件由最初作出行政行为的行政机关所在地人民法院管辖。经复议的案件，也可以由复议机关所在地人民法院管辖。”

2. 限制人身自由的强制措施案件

对限制人身自由的行政强制措施不服提起的诉讼，由被告所在地或者原告所在地人民法院管辖。这里的“原告所在地”，包括原告的户籍所在地、经常居住地和被限制人身自由地。而且，行政机关基于同一事实既对人身又对财产实施行政处罚或者采取行政强制措施的，被限制人身自由的公民、被扣押或者没收财产的公民、法人或者其他组织对上述行为均不服的，既可以向被告所在地人民法院提起诉讼，也可以向原告所在地人民法院提起诉讼，受诉人民法院可一并管辖。

3. 不动产案件

因不动产提起的行政诉讼，由不动产所在地人民法院管辖。

两个以上人民法院都有管辖权的案件，原告可以选择其中一个人民法院提起诉讼。原告向两个以上有管辖权的人民法院提起诉讼的，由最先立案的人民法院管辖。人民法院发现受理的案件不属于本院管辖的，应当移送有管辖权的人民法院，受移送的人民法院应当受理。受移送的人民法院认为受移送的案件按照规定不属于本院管辖的，应当报请上级人民法院指定管辖，不得再自行移送。

第四节 行政诉讼参加人

行政诉讼参加人是指依法参加行政诉讼活动，享有诉讼权利，承担诉讼义务，并且与诉讼争议或者诉讼结果有利害关系的人。包括原告、被告、第三人、共同诉讼人、诉讼代理人。

一、行政诉讼原告

行政诉讼的原告是认为行政主体及其工作人员的行政行为（新《行政诉讼法》包括法律、法规、规章授权的组织作出的行政行为）侵犯其合法权益，而向人民法院提起诉讼的公民、法人或者其他组织。

1. 原告应当具备的条件

（1）必须是公民、法人或者其他组织。

（2）必须是认为行政行为侵犯其合法权益的公民、法人或者其他组织。

一般情况下，直接受到行政行为侵犯的公民、法人或者其他组织可以成为行政诉讼原告。但是，行政诉讼的原告并不仅限于行政行为直接指向的相对人，认为自己与行政行为有法律上的利害关系的公民、法人或者其他组织对行政行为不服的，也可以向法院起诉，从而成为行政诉讼原告。新《行政诉讼法》对此予以明确。

2. 原告资格转移

（1）有权提起诉讼的公民死亡，其近亲属可以提起诉讼。“近亲属”包括配偶、父母、子女、兄弟姐妹、祖父母、外祖父母、孙子女、外孙子女和其他具有扶养、赡养关系的亲属。

（2）公民因被限制人身自由而不能提起诉讼的，其近亲属可以依其口头或者书面委托以该公民的名义提起诉讼。

（3）有权提起诉讼的法人或者其他组织终止，继承其权利的公民、法人或者其他组织可以提起诉讼。

二、行政诉讼被告

被告是指其实施的具体行政行为被作为原告的个人或者组织指控侵犯其行政法上的合法权益，而由人民法院通知应诉的行政主体。

1. 行政诉讼被告的条件

（1）必须是行政主体。

（2）必须实施原告认为侵犯其合法权益的具体行政行为。

（3）人民法院通知其应诉。

2. 确定行政诉讼被告的规则

（1）公民、法人或者其他组织直接向人民法院提起诉讼的，作出具体行政行为的行政机关是被告。

（2）经复议的案件，复议机关决定维持原具体行政行为的，作出原具体行政行为的行政机关是被告；复议机关改变原具体行政行为的，复议机关是被告。新《行政诉讼法》修改为“经复议的案件，复议机关决定维持原行政行为的，作出原行政行为的行政机关和复议机关是共同被告；复议机关改变原行政行为的，复议机关是被告”。

（3）两个以上行政机关作出同一具体行政行为的，共同作出具体行政行为的行政机关是共同被告。

（4）由法律、法规授权的组织所作的具体行政行为，该组织是被告。

（5）由行政机关委托的组织所作的具体行政行为，委托的行政机关是被告。新《行政诉讼法》修改为“委托的行政机关是被告”。

（6）行政机关被撤销的，继续行使其职权的行政机关是被告。新《行政诉讼法》修改为“行政机关被撤销或者职权变更的，继续行使其职权的行政机关是被告”。

（7）当事人不服经上级行政机关批准的具体行政行为，向人民法院提起诉讼的，应当以在对外发生法律效力的文书上署名的机关为被告。

（8）行政机关组建并赋予行政管理职能但不具有独立承担法律责任能力的机构，

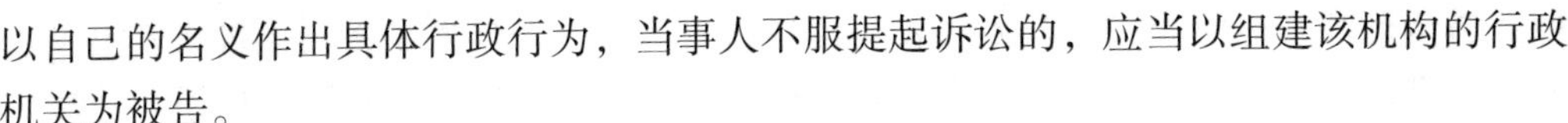

以自己的名义作出具体行政行为，当事人不服提起诉讼的，应当以组建该机构的行政机关为被告。

（9）行政机关的内设机构或者派出机构在没有法律、法规或者规章授权的情况下，以自己的名义作出具体行政行为，当事人不服提起诉讼的，应当以该行政机关为被告；法律、法规或者规章授权行使行政职权的行政机关内设机构、派出机构或者其他组织，超出法定授权范围实施行政行为，当事人不服提起诉讼的，应当以实施该行为的机构或者组织为被告。

（10）行政机关在没有法律、法规或者规章规定的情况下，授权其内设机构、派出机构或者其他组织行使行政职权的，应当视为委托。当事人不服提起诉讼的，应当以该行政机关为被告。

（11）复议机关在法定期间内不作复议决定，当事人对原具体行政行为不服提起诉讼的，应当以作出原具体行政行为的行政机关为被告；当事人对复议机关不作为不服提起诉讼的，应当以复议机关为被告。

此外，新《行政诉讼法》增加了一款："复议机关在法定期限内未作出复议决定，公民、法人或者其他组织起诉原行政行为的，作出原行政行为的行政机关是被告；起诉复议机关不作为的，复议机关是被告"。

三、行政诉讼第三人

行政诉讼第三人，是指提起诉讼的具体行政行为有利害关系，为了维护自己的合法权益而参加诉讼的个人或者组织。新《行政诉讼法》第二十九条规定，公民、法人或者其他组织同被诉行政行为有利害关系但没有提起诉讼，或者同案件处理结果有利害关系的，可以作为第三人申请参加诉讼，或者由人民法院通知参加诉讼。人民法院判决第三人承担义务或者减损第三人权益的，第三人有权依法提起上诉。

第三人有以下特征：

（1）第三人是原、被告之外的个人或者组织，具有独立的法律地位。

（2）第三人是同被诉具体行政行为有利害关系的人。

（3）第三人可以自己申请参加诉讼，也可以由人民法院通知其参加诉讼。

四、诉讼代理人

诉讼代理人是指根据法律规定、法院指定或者受当事人委托，以当事人的名义，在代理权限范围内代替当事人进行诉讼活动的人。诉讼代理人具有的法律特征，一是只能以被代理人的名义进行诉讼活动；二是参加诉讼的目的在于维护被代理人的权益；三是在代理权限内所实施的诉讼行为，其法律后果由被代理人承担。

诉讼代理人有下列几种：

1. 法定代理人

是指根据法律规定，代替无诉讼能力的公民进行行政诉讼活动的人。在行政诉讼中，法定代理只适用于代理未成年人、精神病人等无诉讼行为能力的原告或者第三人的个人进行诉讼，而不适用于法人、其他组织或作为被告的行政主体。如果上述法定代理人互相推诿代理责任的，由人民法院指定其中一人代为诉讼，被指定的法定代理人不得拒绝。

2. 委托代理人

指基于被代理人的委托授权而发生的代理，委托代理人是受当事人或者法定代理人的委托而代为进行诉讼行为的人。当事人、法定代理人可以委托 1 至 2 人代为诉讼。可以充当代理人的人有：

（1）律师；

（2）社会团体；

（3）提起诉讼的公民的近亲属或者所在单位推荐的人；

（4）经人民法院许可的其他公民。

不同身份的委托代理人在行政诉讼中的权利也不完全相同：律师可以依照规定查阅与本案有关的材料，可以向有关组织和公民调查、收集证据，但作为被告方的代理律师，没有人民法院的许可，不得自行收集证据。此外，对涉及国家秘密和个人隐私的材料，应当依照法律规定保守秘密；经人民法院许可，其他代理人可以查阅本案庭审材料，但涉及国家秘密和个人隐私的除外。

新《行政诉讼法》第三十一条规定，当事人、法定代理人，可以委托一至二人作为诉讼代理人。下列人员可以被委托为诉讼代理人：

（1）律师、基层法律服务工作者；

（2）当事人的近亲属或者工作人员；

（3）当事人所在社区、单位以及有关社会团体推荐的公民。

第五节 行政诉讼证据

行政诉讼证据是指能够证明行政案件真实情况的一切事实材料或手段。

一、行政诉讼证据的特征

1. 关联性

作为定案的证据，必须同案件的待证事实存在客观联系并能够证明某一待证事实是否真实存在。与案件的待证事实毫无关系的事实材料和手段，即使真实无误，也不能作为定案的证据。

2. 客观性

作为定案依据的证据必须是客观存在的事实，它是不依赖人们的主观意志而客观存在的。这一特征表明，任何错误的、猜测的、虚假的或者伪造的材料，都不能作为定案证据。

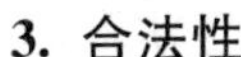

3. 合法性

证据的合法性包括两层含义：（1）当法律对某些证据有特定形式要求时，作为定案依据的证据必须具备法律要求的形式；（2）证据的收集、调查、以及审查判断活动必须合法。不具备法定形式，违法取得的证据即使与本案待证事实有关联性，也不能作为定案的证据。

二、行政诉讼证据种类

新《行政诉讼法》第三十三条规定，证据包括：

（1）书证

（2）物证

（3）视听资料

（4）电子数据

（5）证人证言

（6）当事人的陈述

（7）鉴定意见

（8）勘验笔录、现场笔录

以上证据经法庭审查属实，才能作为认定案件事实的根据。根据该规定，行政诉讼证据的种类包括：

1. 书证

即用文字或者图画、符号等记载的表达人的思想和行为，并用来证明案件情况的材料。其特征是以记载的内容反映案件事实。

2. 物证

即用来证明真实情况的物品或痕迹。物证以其存在的外形、形状、质量、大小等特征证明案件事实的物品。其基本特征是以物品的自然状态来证明案件事实，不带有任何主观内容。

3. 视听资料

利用录音、录像、计算机存储等手段，来证明案件事实的资料。其特征是以音响、影像或者其他信息等内容来证明案件的事实。视听资料易于篡改、伪造，因此，只要其中记录的形象、音响数据不真实，就不能作为定案的证据。

4. 电子数据

以数字化的信息编码的形式出现的，能准确地储存并反映有关案件的情况，是对案件具有较强证明力的独立的证据。从证据形式上看，电子数据证据介于物证与书证之间，如电子合同等。

5. 证人证言

是指用来证明案件事实的非本案诉讼参加人所作的陈述。不能正确表达意思的人不能作为证人。证人的思维能力、感知能力、视觉、听觉等生理功能，证人与本案诉讼有关系，以及与本案处理结果的关系等因素，都会影响证人证言的真实性和证明力。证人证言只有经过审查属实，才能作为定案的证据。

6. 当事人陈述

是指当事人在行政诉讼中就案件事实向人民法院所作的陈述。当事人与本案有利害关系，最了解案件情况，其陈述对证明案件事实有重要意义。但因当事人与本案有利害关系，其陈述可能带有主观因素。因此，对于当事人的陈述，应当结合本案其他证据认真审查和判断，确认能否作为定案的证据。

7. 鉴定意见

指鉴定人运用专业知识或技术，根据案件的事实材料，对某些专门性问题进行分析、鉴别、判断后所得出的结论。鉴定结论虽然是依据科学技术分析作出的，但由于需要鉴定的问题复杂多样，鉴定结论未必都能正确。因此，使用鉴定结论时必须注意审查判断，对于有疑问的鉴定结论。应请原鉴定人或另行委托鉴定人重新鉴定。

8. 勘验笔录和现场笔录

勘验笔录是指行政机关工作人员和人民法院审判人员制作的，对有争议的现场、物品进行勘查、检验、测量、拍照等情况和结果所作的记录。

现场笔录是指行政机关执法人员在现场，对当场实施行政处罚的现场情况的记录。现场笔录应由执法人员制作，其内容是简要记载违法行为的事实、时间、地点和所作的处理，并由违法人签字。如果有证人，证人也应在现场笔录上签字。在证据的种类中，现场笔录是行政诉讼中特有的一类证据。勘验笔录和现场笔录，只有经人民法院审查判断后才能作为定案的证据。

三、举证责任

举证责任是指当事人对自己所提出的主张中须确认的事实，承担提供证据的责任，否则将承担败诉的风险。由行政诉讼的性质所决定，行政诉讼举证责任的分配也存在特殊性。行政诉讼法第三十二条规定：“被告对作出的具体行政行为负举证责任，应当提供作出该具体行政行为的证据和所依据的规范性文件”。法律作此规定，是基于在行政管理中，行政机关处于管理者的主动地位，具体行政行为大多是行政机关的单方行为，无须征得相对人的同意。行政合法性原则要求行政机关作出行政行为必须有事实根据和证据，必须有法律根据。行政诉讼在审查管理者所作的具体行政行为是否合法时，被告当然能够而且必须举出作出具体行政行为的事实证据和依据的规范性文件。对被诉具体行政行为的合法性进行举证和说明，而不应由原告进行举证。因此，行政诉讼法明确规定，由被告对具体行政行为的合法性负举证责任。

行政诉讼被告举证所要证明的问题，是最初作出的具体行政行为的正确、合法，而不是重新收集证据去进一步证明被诉具体行政行为的合法性，也不是收集证明原先有哪些新的违法行为的证据。另一方面原告不服的正是行政机关在最初作出具体行政行为时的证据和法规依据，因此，被告向法庭提供的证据应当是作出具体行政行为时依据的证据和规范。根据最高法院的司法解释，被告应当在收到起诉状副本之日起10日内提交答辩状，并提供作出具体行政行为时的证据、依据；被告不提供或者无正当理由逾期提供的，应当认定该具体行政行为没有证据、依据。即使有正当理由，被告也应当在一审庭审结束前向法庭提供作出具体行政行为的主要证据和所依据的规范性文件。新《行政诉讼法》第三十六条规定，被告在作出行政行为时已经收集了证据，但因不可抗力等正当事由不能提供的，经人民法院准许，可以延期提供。第三十七条规定，原告可以提供证明行政行为违法的证据。原告提供的证据不成立的，不免除被告的举证责任。第三十八条规定，在起诉被告不履行法定职责的案件中，原告应当提供其向被告提出申请的证据。但有下列情形之一的除外：

（1）被告应当依职权主动履行法定职责的；

（2）原告因正当理由不能提供证据的。

在行政赔偿、补偿的案件中，原告应当对行政行为造成的损害提供证据。因被告的原因导致原告无法举证的，由被告承担举证责任。

原告或者第三人提出了其在行政处理程序中没有提出的理由或者证据的，经人民法院准许，被告可以补充证据

四、证据的审查、判断和保全

1. 审查、判断

证据的审查、判断，是指人民法院运用证据规则对行政案件的各种证据进行鉴别，以确认其证明力与准确性，找出它们与案件事实之间的联系，从而就案件事实作出结论的活动。

审查证据是在法庭审理的调查阶段进行的，在当事人和其他诉讼参与人的参加下，对当事人提供的或人民法院收集调查的证据，当庭出示或宣读，允许当事人进行质证和辩论。判断证据是指人民法院在审查证据的基础上，对证据的可靠性、证明力的大小作出判断和确认。审查判断证据是行政审判的重要环节，是提高办案质量的关键，必须坚持实事求是原则。新《行政诉讼法》第四十三条规定，证据应当在法庭上出示，并由当事人互相质证。对涉及国家秘密、商业秘密和个人隐私的证据，不得在公开开庭时出示。人民法院应当按照法定程序，全面、客观地审查核实证据。对未采纳的证据应当在裁判文书中说明理由。以非法手段取得的证据，不得作为认定案件事实的根据。

2. 保全

证据保全是指在证据可能灭失或者以后难以取得的情况下，对证据采取的保护措施。证据保全适用于以下两种情形：

（1）证据有可能灭失；

（2）证据以后难以取得。

证据保全措施和方法，应根据证据的不同种类和特点分别采取。证据保全，既可以由诉讼参加人主动申请，也可由人民法院主动采取。

第六节 行政诉讼的起诉与受理

一、提起行政诉讼的条件

1. 原告资格

新《行政诉讼法》第二十五条规定，“行政行为的相对人以及其他与行政行为有利害关系的公民、法人或者其他组织，有权提起诉讼”。第二十五条明确了原告资格的法律要素，即行政行为相对人或与行政行为有利害关系。新法对于原告资格采取了“可能性”标准，只要原告合法权益可能受到影响即予受理。法院在审查程序中也将会由是否为具体行政行为相对人，转向审查其是否具有司法上值得保护的利益或者其是否受到不利影响。

2. 有明确的被告

即原告在起诉时，必须明确对谁起诉，明确指出被告人。没有具体明确的被告，就无法形成一个争端，人民法院也就无法进行审判活动。原告所起诉的被告不适格，人民法院应当告知原告变更被告；原告不同意变更的，裁定驳回起诉。应当追加被告而原告不同意追加的，人民法院应当通知其以第三人的身份参加诉讼。

3. 有具体的诉讼请求和事实根据

诉讼请求是指要求法院为何种判决的请求，包括对具体行政行为作出合法性评判的请求、对被诉行政行为进行处置的请求、判决被告为一定行为的请求、支持原告诉讼主张的请求等。起诉状副本送达被告后，原告提出新的诉讼请求的，人民法院不予准许，但有正当理由的除外。

事实根据主要是指证明被诉行为存在的事实根据。但是，如果行政机关在作出具体行政行为时，没有制作或者没有送达法律文书，公民、法人或者其他组织不服向人民法院起诉的，只要能证明具体行政行为存在，人民法院就应当依法受理。

4. 属于人民法院受案范围和受诉人民法院管辖

应当符合《行政诉讼法》关于行政诉讼案件受理和人民法院管辖的规定。如果原告起诉不属于人民法院受案范围，起诉不能成立，人民法院也无权受理。同时，人民法院对行政案件的受理有一定分工，当事人应依法向对案件有管辖权的人民法院起诉。

5. 符合起诉期限

新《行政诉讼法》第四十六条规定，公民、法人或者其他组织直接向人民法院提起诉讼的，应当自知道或者应当知道作出行政行为之日起六个月内提出。法律另有规定的除外。因不动产提起诉讼的案件自行政行为作出之日起超过二十年，其他案件自行政行为作出之日起超过五年提起诉讼的，人民法院不予受理。法律对起诉期限另有规定的除外。

第四十七条规定，公民、法人或者其他组织申请行政机关履行保护其人身权、财产权等合法权益的法定职责，行政机关在接到申请之日起两个月内不履行的，公民、法人或者其他组织可以向人民法院提起诉讼。法律、法规对行政机关履行职责的期限另有规定的，从其规定。公民、法人或者其他组织在紧急情况下请求行政机关履行保护其人身权、财产权等合法权益的法定职责，行政机关不履行的，提起诉讼不受前款规定期限的限制。

第四十八条规定，公民、法人或者其他组织因不可抗力或者其他不属于其自身的原因耽误起诉期限的，被耽误的时间不计算在起诉期限内。公民、法人或者其他组织因前款规定以外的其他特殊情况耽误起诉期限的，在障碍消除后十日内，可以申请延长期限，是否准许由人民法院决定。起诉人因不可抗力或者其他特殊原因耽误法定期限的，在障碍消除后的10日内，可以申请延长期限，由人民法院决定。

6. 符合法定的提起诉讼的程序

这是针对行政复议与行政诉讼的关系而言的。行政复议与行政诉讼的关系，主要有三种情况：（1）复议前置。行政复议为行政诉讼的前置程序，行政案件必须经过行政复议，对复议决定不服或者复议机关逾期不予答复，才能起诉。（2）由当事人选择直接提起行政诉讼或先复议后诉讼。当事人既可以选择先申请复议，对复议结果不服再提起行政诉讼，也可以不申请复议而直接向人民法院起诉。（3）由当事人选择申请复议机关作最终裁决或者直接向人民法院起诉。当事人申请复议则意味着丧失诉权，不得再起诉。

7. 符合法定的起诉形式

法定的起诉形式，是指原告起诉必须书写起诉状。起诉状必须符合法律要求的格式和要求载明的内容，并按照被告人数提出副本。书写起诉状确有困难的，可以口头起诉，由人民法院记入笔录，出具注明日期的书面凭证，并告知对方当事人。

二、受理行政诉讼

新《行政诉讼法》第五十一条规定，人民法院在接到起诉状时对符合本法规定的起诉条件的，应当登记立案。对当场不能判定是否符合本法规定的起诉条件的，应当接收起诉状，出具注明收到日期的书面凭证，并在七日内决定是否立案。不符合起诉条件的，作出不予立案的裁定。裁定书应当载明不予立案的理由。原告对裁定不服的，可以提起上诉。起诉状内容欠缺或者有其他错误的，应当给予指导和释明，并一次性告知当事人需要补正的内容。不得未经指导和释明即以起诉不符合条件为由不接收起诉状。对于不接收起诉状、接收起诉状后不出具书面凭证，以及不一次性告知当事人需要补正的起诉状内容的，当事人可以向上级人民法院投诉，上级人民法院应当责令改正，并对直接负责的主管人员和其他直接责任人员依法给予处分。

人民法院既不立案，又不作出不予立案裁定的，当事人可以向上一级人民法院起诉。上一级人民法院认为符合起诉条件的，应当立案、审理，也可以指定其他下级人民法院立案、审理。

诉讼期间，不停止行政行为的执行。但有下列情形之一的，裁定停止执行：

（1）被告认为需要停止执行的；

（2）原告或者利害关系人申请停止执行，人民法院认为该行政行为的执行会造成难以弥补的损失，并且停止执行不损害国家利益、社会公共利益的；

（3）人民法院认为该行政行为的执行会给国家利益、社会公共利益造成重大损害的；

（4）法律、法规规定停止执行的。

"当事人对停止执行或者不停止执行的裁定不服的，可以申请复议一次。"

第七节　行政诉讼的执行

执行是行政诉讼的最后一个环节。这里的执行包括对行政裁判的执行和非诉行政行为的执行。

一、对行政裁判的执行

新《行政诉讼法》第五十七条规定，人民法院对起诉行政机关没有依法支付抚恤金、最低生活保障金和工伤、医疗社会保险金的案件，权利义务关系明确、不先予执行将严重影响原告生活的，可以根据原告的申请，裁定先予执行。

当事人对先予执行裁定不服的，可以申请复议一次。复议期间不停止裁定的执行。对发生法律效力的行政判决书、行政裁定书、行政赔偿判决书和行政赔偿调解书，负有义务的一方当事人拒绝履行的，对方当事人可以依法申请人民法院强制执行。新《行政诉讼法》第九十五条规定，公民、法人或者其他组织拒绝履行判决、裁定、调解书的，行政机关或者第三人可以向第一审人民法院申请强制执行，或者由行政机关依法强制执行。

1. 申请期限

申请人是公民的，申请执行生效的行政判决书、行政裁定书、行政赔偿判决书和行政赔偿调解书的期限为 1 年，申请人是行政机关、法人或者其他组织的为 180 日。申请执行的期限从法律文书规定的履行期间最后一日起计算；法律文书中没有规定履行期限的，从该法律文书送达当事人之日起计算。逾期申请的，除有正当理由外，人民法院不予受理。

2. 执行机构

发生法律效力的行政判决书、行政裁定书、行政赔偿判决书和行政赔偿调解书，由第一审人民法院执行。第一审人民法院认为情况特殊需要由第二审人民法院执行

的，可以报请第二审人民法院执行；第二审人民法院可以决定由其执行，也可以决定由第一审人民法院执行。

3. 强制执行

当事人必须履行人民法院发生法律效力的判决、裁定。

公民、法人或者其他组织拒绝履行判决、裁定的，行政机关可以向第一审人民法院申请强制执行，自己有强制执行权的，应当依法强制执行。

行政机关拒绝履行人民法院生效判决、裁定、调解书的，依照新《行政诉讼法》规定，第一审人民法院可以采取以下措施：

（1）对应当归还的罚款或者应当给付的款额，通知银行从该行政机关的账户内划拨；

（2）在规定期限内不履行的，从期满之日起，对该行政机关负责人按日处五十元至一百元的罚款；

（3）将行政机关拒绝履行的情况予以公告；

（4）向监察机关或者该行政机关的上一级行政机关提出司法建议。接受司法建议的机关，根据有关规定进行处理，并将处理情况告知人民法院；

（5）拒不履行判决、裁定、调解书，社会影响恶劣的，可以对该行政机关直接负责的主管人员和其他直接责任人员予以拘留；情节严重，构成犯罪的，依法追究刑事责任。

二、对非诉行政行为的执行

公民、法人或者其他组织对具体行政行为在法定期限内不提起诉讼又不履行的，行政机关可以申请人民法院强制执行，或者依法强制执行。

1. 申请执行的条件

行政机关申请执行非诉的具体行政行为，应当具备以下条件：

（1）具体行政行为依法可以由人民法院执行

法律、法规没有赋予行政机关强制执行权，行政机关申请人民法院强制执行的，人民法院应当依法受理。法律、法规规定既可以由行政机关依法强制执行，也可以申请人民法院强制执行，行政机关申请人民法院强制执行的，人民法院可以依法受理。

（2）具体行政行为已经生效并具有可执行的内容

行政机关申请人民法院强制执行其具体行政行为，应当提交申请执行书、据以执行的行政法律文书、证明该具体行政行为合法的材料和被执行人财产状况以及其他必须提交的材料。享有权利的公民、法人或者其他组织申请人民法院强制执行的，人民法院应当向作出裁决的行政机关调取有关材料。

（3）申请人是作出该具体行政行为的行政机关或者法律、法规、规章授权的组织

行政机关根据法律的授权对平等主体之间民事争议作出裁决后，当事人在法定期

限内不起诉又不履行，作出裁决的行政机关在申请执行的期限内未申请人民法院强制执行的，生效具体行政行为确定的权利人或者其继承人、权利承受人在90日内可以申请人民法院强制执行。享有权利的公民、法人或者其他组织申请人民法院强制执行具体行政行为，参照行政机关申请人民法院强制执行具体行政行为的规定。

（4）被申请人是该具体行政行为所确定的义务人。

（5）被申请人在具体行政行为确定的期限内或者行政机关另行指定的期限内未履行义务。在诉讼过程中，被告或者具体行政行为确定的权利人申请人民法院强制执行被诉具体行政行为，人民法院不予执行，但不及时执行可能给国家利益、公共利益或者他人合法权益造成不可弥补的损失的，人民法院可以先予执行。后者申请强制执行的，应当提供相应的财产担保。

（6）申请人在法定期限内提出申请

根据行政强制法规定，当事人在法定期限内不申请行政复议或者提起行政诉讼，又不履行行政决定的，没有行政强制执行权的行政机关可以自期限届满之日起三个月内，依照法定程序申请人民法院强制执行。

（7）被申请执行的行政案件属于受理申请执行的人民法院管辖

行政机关申请人民法院强制执行其具体行政行为，由申请人所在地的基层人民法院受理；执行对象为不动产的，由不动产所在地的基层人民法院受理。基层人民法院认为执行确有困难的，可以报请上级人民法院执行；上级人民法院可以决定由其执行，也可以决定由下级人民法院执行。

人民法院对符合条件的申请，应当立案受理，并通知申请人；对不符合条件的申请，应当裁定不予受理。

2. 财产保全措施

行政机关或者具体行政行为确定的权利人申请人民法院强制执行前，有充分理由认为被执行人可能逃避执行的，可以申请人民法院采取财产保全措施。后者申请强制执行的，应当提供相应的财产担保。《行政诉讼法》关于财产保全未作出明确规定的，适用《中华人民共和国民事诉讼法》的相关规定。

3. 对非诉行政行为的合法性审查

人民法院受理行政机关申请执行其具体行政行为的案件后，应当在30日内由行政审判庭组成合议庭对具体行政行为的合法性进行审查，并就是否准予强制执行作出裁定；需要采取强制执行措施的，由本院负责强制执行非诉行政行为的机构执行。被申请执行的具体行政行为有下列情形之一的，人民法院应当裁定不准予执行：

① 明显缺乏事实根据的；

② 明显缺乏法律依据的；

③ 其他明显违法并损害被执行人合法权益的。

第八章　国家赔偿法律制度

1994 年 5 月 12 日，第八届全国人民代表大会常务委员会第七次会议通过了《中华人民共和国国家赔偿法》（下简称《国家赔偿法》），2010 年 4 月 29 日，第十一届全国人民代表大会常务委员会第十四次会议第一次修正，2012 年 10 月 26 日，第十一届全国人民代表大会常务委员会第二十九次会议第二次修正，自 2013 年 1 月 1 日起施行。

第一节　概　　述

一、国家赔偿的概念

国家赔偿是国家对国家机关及其工作人员违法行使职权的损害给予受害人赔偿的活动。对于这一概念，可以作如下理解：

（1）国家赔偿是由国家承担的法律责任。

（2）国家赔偿是对国家机关及其工作人员的行为承担的责任。

（3）国家赔偿是对国家机关及其人员行使职权的行为承担的责任。

（4）国家赔偿是对违法行为承担的赔偿责任。

二、我国建立国家赔偿制度的意义

（1）落实宪法原则，完善我国的法律责任体系。国家赔偿制度的建立，特别是国家赔偿法的颁布，使得国家要对国家机关及其工作人员的国家侵权行为承担赔偿责任，从而使我国的法律责任体系更加完善。

（2）国家赔偿法是人权保障法，对于救济公民、法人或其他组织之合法权益具有非常重要的作用。一定意义上说，公民、法人或其他组织的合法权益受到国家侵权行为的侵害以后能否获得有效的、真正的赔偿，是检验一个国家人权保护状况的试金石，是衡量一个国家民主、法治水平高低的尺度。国家赔偿法的制定、颁布，体现了民主法治的发展方向，是我国取得的人权保障的成果，具有其他法律不可替代的独特作用。

（3）具有监督国家机关及其工作人员依法行使职权的作用。“依法治国”要求每个国家机关以及每个国家机关的工作人员均要按照法律规定的权限、程序、条件行使国家权力。国家赔偿这种通过让国家机关及其工作人员承担赔偿义务的监督方式能有力地遏制国家机关及其工作人员的违法行使职权的行为。

三、国家赔偿法的适用范围

根据国家赔偿法的规定，国家赔偿分为行政赔偿和司法赔偿。行政赔偿是国家对国家行政机关及其工作人员违法行使职权给相对人造成的损害所承担的赔偿责任。而司法赔偿则是指司法机关，即公安机关、检察机关、法院和监狱管理机关及其工作人员违法行使司法权给公民、法人或其他组织造成损害时，国家所承担的赔偿责任。司法赔偿又可以分为刑事赔偿与非刑事赔偿。刑事赔偿即国家对行使侦查权、检察权、刑事审判权以及监狱管理权的国家司法机关及其工作人员所为的国家侵权行为所承担的赔偿责任；而非刑事赔偿则是指国家对人民法院在审理行政案件、民事案件（包括经济案件）过程中违法采取强制措施等国家侵权行为所承担的赔偿责任。本节重点讲述行政赔偿。

但是以下的事项，受害人是不能援引国家赔偿法而要求国家承担赔偿责任的：

（1）国家行为。国家行为又称为政府行为、统治行为。国家行为是指国务院、中央军事委员会、国防部、外交部根据宪法和法律的授权以国家的名义实施的国防和外交行为以及宪法和法律授权的机关宣布紧急状态、总动员等行为。

（2）立法行为。立法行为包括最高国家权力机关制定法律、国务院制定行政法规、省级人大制定地方性法规（包括自治条例、单行条例）以及国务院各部门、地方人民政府制定规章等活动。

（3）军事行为。我国并没有在国家赔偿法中规定军事赔偿，但这并不说明军事赔偿不存在。相反，军队对于演习、训练中的侵权行为仍然要进行赔偿，只是赔偿不适用国家赔偿法，而适用其他的特别规定而已。

（4）公有公共设施的致害。所谓公有公共设施是指供公众使用的公物，如公园、溪流、桥梁、铁路、游泳场、科技馆、高速公路等。我国国家赔偿法对公有公共设施的致害赔偿并未规定，因此国家不是赔偿责任主体。受害人应该根据民法通则等法律的有关规定要求公有公共设施的管理者负民事责任，由管理者从自有资金中支付赔偿费用。

第二节　国家赔偿的构成要件

国家赔偿的构成要件是国家承担赔偿责任的条件、标准。

一、主体要件

（1）侵权行为的主体是国家机关或其工作人员，而不仅仅是国家机关的工作人员。也就是说国家侵权行为的实施主体有两类，一是国家机关，主要是指国家行政机关、行使侦查、检察、审判职能的机关以及看守所、监狱管理机关；二是这些国家机关的工作人员。

（2）法律、法规授权的组织所实施的侵权行为，国家也要承担赔偿责任。被法律、法规授权的组织是指并非属于国家行政机关的社会组织，经法律、法规的授权，从而履行一定的行政职能的组织。国家通过法律、法规授予国家机关以外的普通社会组织以行政权力的原因各异。这些社会组织因为法律、法规的授权而与国家形成了职务委托关系，它们所实施的侵权行为，因与履行其公共管理职责有关，因而国家应承担赔偿责任。

（3）被委托人实施的侵权行为造成的损失应由国家承担赔偿责任。实践中行政机关为了保障行政效率或其他目的，有时会把一部分公务委托给个人或非国家组织行使，被委托人是以委托人的名义行使委托人的权力。因而虽然被委托人执行职务造成他人损害，委托人应是赔偿义务机关，国家应承担赔偿责任，而不应由受委托机关赔偿。

（4）自愿协助公务的人员在执行公务的范围以内所为的行为，国家也应当承担赔偿责任。比如某公民在协助警察追赶逃犯时将该逃犯打伤，国家应该对该行为造成的损失承担赔偿责任。

对于假冒公务人员“执行职务”造成他人损害的。比如某人假扮税务局官员查账骗走某企业 100 万元，因无论是在事实上还是形式上，假冒者与国家之间均不存在任何的代理或委托关系，因而应该由假冒者个人赔偿受害人的损失，国家不承担赔偿责任。

二、行为要件

1. 必须是执行职务的行为

国家并不对国家机关及其工作人员所作的一切产生损害公民、法人或其他组织权益后果的行为承担赔偿责任。国家对行政机关及其工作人员所为的与行使职权有关的，给公民、法人或其他组织造成损害的，违反行政职责的行为要承担赔偿责任。但是究竟哪些行为是“行使职权”或“与行使职权有关”的职务行为呢？一般而言，可以考虑以下几个标准：

（1）执行职务时间。一般而言，上班时间所为的行为可以考虑定性为职务行为，而下班时间所为的行为则可以考虑定性为非职务行为。“时间”这一标准不宜绝对化，公务人员行为的时间虽然在决定行为的性质方面很重要，但不是必要或充分的条件，尚需要结合其他标准综合判断。

（2）执行职务的地点。国家机关及其工作人员不在法律规定的执行职务的特定空间内所实施的行为，一般不宜视为职务行为。例如外地工商人员到本地农贸市场巡查并强行罚款的行为就不应定性为职务行为，因为工商人员执行职务的地点违反了法律的规定。同样，这个标准也不宜绝对化。

（3）实施行为时的名义。即当国家机关工作人员实施某行为时，如以国家机关名义出现，如公务人员着装、佩戴标志、出示证件、宣布代表的机关等，则应视为是职务行为，相反，以个人名义或个人身份所实施的行为，则应视为个人行为、非执行职务行为。

（4）与行使职务的内在联系。只有当国家机关及其工作人员的行为与行使职务之间有内在的、实质的联系时，才应定性为职务行为，否则即为非职务行为。而且这种联系是否内在，是否实质，应从客观的角度判断，即只要客观上、外形上具有行使职权的特征，就应定性为职务行为。

2. 必须是行为违法

职务行为只有在违法的情况下才会引起国家赔偿责任，如果是合法的职务行为，引起的是国家补偿，而不是国家赔偿。所谓违法，是指国家机关及其工作人员行使职权的行为违反法律、法规的规定。违法不同于过错，它是一个客观的标准。即不问行为人的主观有无过错，而是以法律、法规作为标准衡量该行为。只要国家机关及其工作人员的行为是法律所禁止的，而受害人的权益是法律所保护的，那么，一旦损害发生，不问行为人是否有侵犯他人权益的故意或过失，国家均应承担赔偿责任。也就是说，我国的国家赔偿法采用的是违法归责原则，而不是过错归责原则和违法过错归责原则。

三、损害结果要件

（1）损害必须具有现实性和确定性，即损害之事实必须是已经发生的，确实存在的事实。比如，新闻出版局认为某出版社出版的书有色情内容，对该出版社处以1万元的罚款。如果该罚款尚未执行，那么即使该处罚行为被撤销了，出版社也不能请求国家赔偿。因为在罚款未执行的情况下，出版社未受到任何财产损失。

（2）损害必须是直接损害，而不包括间接损害。受害人被吊销许可证和执照，责令停产、停业的，国家只赔偿停产停业期间必要的经常性费用开支这部分直接损失。对于可得利益，如营业额等间接损失，国家则不负责赔偿。

（3）损害结果必须与行政违法行为之间有必然的因果关系。国家赔偿中的因果关系是比较复杂的，一般而言，当违法职务行为与损害结果之间的联系达到相当因果关系程度之时，国家需要对该损害承担赔偿责任。也就是说，由损害看行为，可以确信是他造成的，由行为看结果，可以预料他能够造成该损害，那么行为与结果之间就具备因果关系。如警察将某人打伤，并因之于拘留所，受伤人因不能外出医治而致死，殴打行为与死亡结果之间应视为有因果关系。

四、法律要件

就国家赔偿可行性而言，如果允许受害人对国家所有行为提起赔偿诉讼也是不现实、不恰当的。因此，国家对什么行为负责赔偿、适用什么赔偿方式及程序，均须由法律明确规定。没有法律规定应赔偿的，即使有损失也不赔。在我国，国家承担行政赔偿责任的法律依据有：《国家赔偿法》《行政诉讼法》《民法通则》《治安管理处罚法》《海关法》及大量的最高法院的司法解释、国务院及各部委发布的行政法规和规章等，受害人依照以上规定才能获得赔偿请求权。

综上所述，只有在以上四个要件均具备时，国家才对损害承担赔偿责任。

第三节　行政赔偿

行政赔偿是国家赔偿的重要组成部分，是国家对行政机关及其工作人员违法行使职权给相对人造成损害的行为所承担的赔偿责任。

一、行政赔偿的范围

行政赔偿的范围，是指国家对哪些行政行为造成的损害予以赔偿，对哪些损害不予赔偿，即国家承担行政赔偿责任的领域。根据国家赔偿法的规定，行政赔偿范围涉及侵犯人身权、财产权以及精神侵权等方面：

1. 对侵犯人身权的行政赔偿

人身权包括人身自由权、人格权和身份权。国家赔偿法规定，行政机关有下列侵犯人身权的行为，受害人有权要求赔偿，国家应承担赔偿责任。

（1）违法拘留。在我国，拘留分为行政拘留、刑事拘留和司法拘留三种，这里指的是行政拘留。所谓行政拘留是指公安机关、国家安全机关对违反治安管理和安全管理的人，剥夺其一定时间的人身自由的处罚形式。如果行政机关违反法律规定的权限、程序，或在证据不足、事实不清的情况下拘留公民，属于违法拘留，相对人受到损害的，国家应予赔偿。

（2）违法采取限制公民人身自由的行政强制措施的行为。行政机关限制公民人身自由的行政强制措施有：劳动教养、收容审查、收容教育、强制戒毒、强制治疗、强制约束等。

（3）非法拘禁或以其他方式非法剥夺公民人身自由的行为。非法拘禁是指无法律授予的限制人身自由权的行政机关及其工作人员以拘禁或者其他强制方法非法地剥夺公民人身自由的行为。行政机关及其工作人员执行职务时，非法地对被害人身体实行强制拘禁，如捆绑、隔离、监督，使被害人失去行动自由的，构成非法拘禁，国家应赔偿公民自由被剥夺而遭受的损失。比如，乡政府将拒不缴纳公粮的农民关起来，要求家属先交公粮，否则不放人，国家应赔偿该农民因非法拘禁行为而遭受的损失。

行政机关或工作人员以其他方法非法剥夺公民人身自由。比如，计划生育办公室找不到超生的夫妇，强制其公公、婆婆每天到乡里上学习班，直至夫妇二人回来为止。这种情形在基层执法中比较常见，被剥夺人身自由的公民有要求国家承担赔偿责任的权利，国家也应赔偿。

（4）以殴打、虐待等行为或者以唆使、放纵他人以殴打、虐待等行为造成公民身体伤害或死亡。

（5）违法使用武器、警械造成公民身体伤害或者死亡的。武器、警械是指枪支、警棍、警笛、警绳、手铐和其他警械，这是行政公务人员履行职责所必备的，但是要在满足《人民警察使用警械和武器的规定》所规定的使用条件下才能使用。如果在不应当使用的场合使用了武器或警械，或者使用超过了法定的限度，或者使用武器、警械种类选择错误，或者使用武器、警械违反法定批准程序等，造成了公民人身伤害甚至死亡的，国家应该依法承担赔偿责任。

（6）造成公民身体伤害或者死亡的其他违法行为。这是一条概括性的兜底规定。前五种情形分别从不同的角度列举了行政机关及其工作人员侵犯公民人身权的行为，但行政机关及其工作人员侵犯公民人身权的行为不止这些，国家对于这些未列举的行政侵权行为也要承担赔偿责任。

2. 对侵犯财产权的行政赔偿

财产权是指公民、法人或其他组织拥有的由民法赋予的物权、债权和知识产权等权利，比如土地使用权、采矿权、租赁权、专利权、商标权等。行政机关及其工作人员的违法职务行为侵犯了公民、法人或其他组织的这些权利时，国家要承担赔偿责任。

（1）违法的行政处罚行为。具体表现为如下几种：

① 违法罚款。罚款是目前行政机关适用最广泛的处罚形式，但如果违反了法定条件、种类、数额幅度的罚款则构成违法罚款，相对人由此遭受的财产损失，国家应负赔偿责任。

② 违法没收违法所得和非法财物。没收违法所得，如工商行政管理机关没收企业不正当竞争所得，而没收淫秽的音像制品则是没收非法财物，由此给相对人造成的损失，国家应该承担赔偿责任。

③ 违法吊销许可证、执照。许可证和执照是行政机关根据相对人的申请，依法颁发的允许相对人从事某种活动、行使某种权利、获得某种资格能力的法律文书。如企业营业执照、驾驶执照、食品卫生许可证等。许可证和执照一经颁发，非依法定条件和程序不得吊销或废止。如果违反法定的条件或程序，则构成违法吊销许可证、执照的行为。

④ 违法责令停产停业。责令停产停业是责令相对人在一定期限内治理、整顿，达到要求后方允许其恢复生产和营业的处罚措施。如果责令停产停业未遵循法定的条件和程序，则构成违法，国家需要承担该行为给相对人造成财产损失的赔偿责任。

（2）违法对财产采取查封、扣押、冻结等行政强制措施。行政强制措施是行政机关为了强迫相对人履行行政法义务或行政决定，或为了达到某种行政目的而采取的各种强制性措施，分为限制人身自由的强制措施和限制财产权的强制措施。限制财产权的行政强制措施主要有查封、扣押、冻结等。违法的财产强制措施表现为：

① 行政机关无行政强制执行权；

② 不符合法定程序；

③ 疏于履行对财产的妥善保管义务；

④ 强制措施的对象错误；

⑤ 违反期限规定；

⑥ 行政强制措施过程中违法给第三人造成了损失。

（3）违法征收、征用财产。由于征收财物、收取税费关系到公民、法人或其他组织的财产权，一般法律、法规均明确规定了征用、征收的数额、标的、方式、期限、对象等。行政机关违反法律向相对人征收、征用财产、摊派费用的，属于违法的具体行政行为，国家应当赔偿相对人因该行为而受到的损失。

（4）造成财产损害的其他违法行为。这又是一条概括性的兜底规定，除了以上列举的几种违法行为以外的违法行政行为造成公民、法人或其他组织财产损害的，国家也应该予以赔偿。如行政机关强制企业合并、联营，非法强迫公民、法人或其他组织转让商标、著作权，违法确定资源所有权和使用权归属等。

3. 国家不予以赔偿的情形

按照国家赔偿法的规定，国家不承担赔偿责任的情形主要有：

（1）行政机关工作人员实施的与行政职权无关的个人行为。当行政机关工作人员以普通公民的身份从事活动时，行使的是其民事权利或者其他公民权利，并不是行政职权；其目的是为了个人的利益，而不是国家利益；其意思表示是自由的，不受行政法规则的约束；而且，也不具备法律规定的表现形式。因此，公务员以公民身份实施的行为应当视为其个人的行为，由此而造成损害引起的赔偿责任应当由个人负责。

（2）因公民、法人或其他组织自己的行为致使损害发生的。受害人自己的行为致使损害发生或者扩大的，是对自己的侵权，过错在于本人，后果应当由其个人承担。

（3）法律规定的其他情形。这里的“法律”应作狭义的理解，仅指由全国人大及其常委会制定、通过的法律，而不包括行政法规、地方性法规和规章等规范性文件在内。

二、行政赔偿请求人和赔偿义务机关

1. 行政赔偿请求人

行政赔偿请求人，是指因行政机关及其工作人员违法执行职务而遭受损害，有权请求国家予以赔偿的人。行政赔偿请求人主要有：

（1）受到行政侵权的公民、法人或其他组织；

（2）受害公民死亡的，其继承人和其他有扶养关系的亲属也可以成为赔偿请求权人；

（3）受害的法人或其他组织终止的，承受其权利的法人或其他组织有权要求赔偿。

2. 行政赔偿义务机关

行政赔偿义务机关，是指依法履行赔偿义务，接受赔偿请求、支付赔偿费用、参加赔偿诉讼程序的行政机关。分为以下几种情形：

（1）单独的赔偿义务机关。行政机关和行政机关工作人员在行使职权时侵犯公民、法人或其他组织的合法权益，造成损害的，该行政机关或工作人员所在的行政机关为赔偿义务机关。

（2）共同赔偿义务机关。两个以上行政机关共同实施违法行政行为造成损害的，为共同赔偿义务机关，承担连带责任。

（3）法律、法规授权的组织。法律法规授权的组织在行使行政职权时侵犯公民、法人和其他组织的合法权益造成损害的，该组织为赔偿义务机关。

（4）委托的行政机关。受行政机关委托的组织或者个人在行使受委托职权时侵犯公民、法人或者其他组织的合法权益造成损害的，委托的行政机关为赔偿义务机关。在委托行政中，受委托的组织及其工作人员以委托行政机关的名义对外活动，其行为的后果归属于委托行政机关，当受委托的组织执行职务侵权时，由委托的行政机关作赔偿义务机关，但在赔偿损失后，赔偿义务机关有权责令有故意或者重大过失的受委托的组织或者个人承担部分或者全部赔偿费用。当然，如果受委托的组织或者个人所实施的致害行为与委托的职权无关，则国家不能对该致害行为承担赔偿责任，受害人只能追究受委托人组织或个人的民事侵权责任。

（5）行政赔偿义务机关被撤销后的责任承担。行政机关实施侵权行为给他人造成损害后又被撤销的，继续行使其职权的行政机关为赔偿义务机关。如果没有继续行使其职权的行政机关，撤销该赔偿义务机关的行政机关为赔偿义务机关。

（6）经过行政复议的赔偿义务机关。经复议机关复议，如果复议机关作出维持决定或者减轻损害的变更决定，一般由最初作出具体行政行为的行政机关为赔偿义务机关。但是复议机关的复议决定加重损害的，复议机关对加重的部分履行赔偿义务。复议机关与原侵权机关不是共同赔偿义务机关，不负连带责任，而是各自对自己侵权造成的损害承担责任。

（7）派出机关作赔偿义务机关。派出机关是行政机关根据行政管理特殊地域的需要，按照法定程序设立独立执行行政任务的行政机关。派出机关在法律、法规、规章的授权范围内行使职权时侵犯公民、法人或者其他组织的合法权益造成损害的，视为自己的侵权行为，自己作赔偿义务机关；派出机关执行设立机关交办的任务时侵害公民、法人或者其他组织合法权益的，应当视为受委托实施的侵权行为，由设立机关即委托的行政机关作赔偿义务机关。

三、行政赔偿程序

行政赔偿程序是指受害人提起赔偿请求，赔偿义务机关履行赔偿义务的步骤、方法、顺序、形式等。

1. 行政赔偿请求的提出

（1）单独提起行政赔偿请求以及先行程序。如果受害人仅就赔偿问题单独提出请求，则要履行先行程序：①确认加害行为的违法性。受害人单独提起赔偿请求的，必须以加害行为的违法性得到确认为前提。确认加害行为违法性的途径有两种：一是赔偿义务机关自己确认；二是通过行政复议或行政诉讼途径确认。而对于事实行为，也就是《国家赔偿法》第三条所列举的，以殴打、虐待等行为或者唆使、放纵他人以殴打、虐待等行为造成公民身体伤害或者死亡的，违法使用武器、警械造成公民身体伤害或死亡的等侵害公民人身权、财产权的非具体行政行为而言，受害人可以要求赔偿义务机关确认违法。如果赔偿义务机关确认行为的违法性，那么受害人可以向行政机关和人民法院单独提起赔偿请求。但是赔偿义务机关拒不确认的，由于行政复议法和行政诉讼法均规定行政复议机关、法院不受理相对人就事实问题提出的复议申请或起诉，因此受害人可以直接向人民法院提起行政赔偿诉讼，无须经过下面所说的赔偿义务机关先行处理程序。②赔偿义务机关先行处理程序。如果行政职权行为已经被确认为违法，受害人首先应该向行政赔偿义务机关提出行政赔偿申请，只有赔偿义务机关不予赔偿或赔偿请求人对赔偿数额有异议时，赔偿请求人才可以向上级机关申请复议或直接向人民法院提起行政赔偿诉讼。

（2）一并提起行政赔偿请求。一并提起行政赔偿请求，是指请求人在申请行政复议、提起行政诉讼时一并提出赔偿请求。其特点是：将确认具体行政行为违法与要求赔偿两项请求一并提出，并要求并案审理，复议机关或人民法院通常先确认具体行政行为是否具有合法性，然后再决定是否赔偿。但对于事实行为而言，不存在这种一并提起行政赔偿请求的情形。虽然受害人可以在要求赔偿义务机关确认事实行为违法性的同时一并提起行政赔偿请求，但如果赔偿义务机关拒绝确认或虽确认但拒绝赔偿或提出的赔偿数额受害人不满意，受害人只能向人民法院或复议机关单独提起赔偿请求。

（3）提起行政赔偿的形式。受害人向赔偿义务机关提出赔偿请求，应当递交申请书。书写赔偿申请书有困难的，可以委托他人代书，最后由本人签名或盖章。如果请求人委托他人代书亦有不便，也可以口头向赔偿义务机关申请，由赔偿义务机关将口头申请记入笔录，经赔偿请求人确认无误以后，由请求人签字或盖章。

行政赔偿申请书必须载明以下事项：受害人的姓名、性别、年龄、工作单位、职业和住所；具体的行政赔偿请求；要求行政赔偿的理由和事实依据；赔偿义务机关；申请的年、月、日；有关附件。

赔偿请求人不是受害人本人的，应当说明与受害人的关系，并提供相应证明。赔偿请求人当面递交申请书的，赔偿义务机关应当当场出具加盖本行政机关专用印章并注明收讫日期的书面凭证。申请材料不齐全的，赔偿义务机关应当当场或者在五日内一次性告知赔偿请求人需要补正的全部内容。

2. 行政赔偿义务机关的受案与处理

行政赔偿义务机关在收到申请书后，应依法进行审查，并在收到申请之日起两个月内，作出是否赔偿的决定。赔偿义务机关作出赔偿决定，应当充分听取赔偿请求人的意见，并可以与赔偿请求人就赔偿方式、赔偿项目和赔偿数额依照本法第四章的规定进行协商。

赔偿义务机关决定赔偿的，应当制作赔偿决定书，并自作出决定之日起十日内送达赔偿请求人。赔偿义务机关决定不予赔偿的，应当自作出决定之日起十日内书面通知赔偿请求人，并说明不予赔偿的理由。

赔偿义务机关在规定期限内未作出是否赔偿的决定，赔偿请求人可以自期限届满之日起三个月内，向人民法院提起诉讼。赔偿请求人对赔偿的方式、项目、数额有异议的，或者赔偿义务机关作出不予赔偿决定的，赔偿请求人可以自赔偿义务机关作出赔偿或者不予赔偿决定之日起三个月内，向人民法院提起诉讼。

3. 行政赔偿诉讼

行政赔偿诉讼是特殊的诉讼形式。它是法院根据赔偿请求人的诉讼请求，依照相关法律，主要指行政诉讼法以及最高人民法院《关于审理行政赔偿案件若干问题的规定》等，裁判赔偿争议的活动。

其特点在于：

（1）在起诉条件上，如果受害人单独提起行政赔偿诉讼，以行政赔偿义务机关先行处理为前提；如果是因具体行政行为而遭受的损害，该具体行政行为必须已被确认为违法。

（2）从诉讼当事人看，赔偿诉讼以行政机关为被告，实行“国家责任，机关赔偿”的制度，致害的公务员不是被告。

（3）从受案范围来看，因行政赔偿诉讼主要解决的是赔偿争议，因而对于被作出最终裁决的行政机关确认为违法的最终裁决的具体行政行为所引发的赔偿纠纷、因事实行为引发的赔偿纠纷，人民法院均应受理。

（4）从审理形式看，赔偿诉讼不同于行政诉讼，赔偿可以适用调解。人民法院在坚持合法、自愿的前提下，可以就赔偿范围、赔偿方式和赔偿数额进行调解。

（5）从证据规则看，行政赔偿诉讼不完全采取“被告负举证责任”的原则，而是由赔偿请求人和赔偿义务机关对自己提出的主张提供证据。即原告对自己的主张承担举证责任，被告则有权提供不予赔偿或减少赔偿数额方面的证据。但是，赔偿义务机关采取行政拘留或者限制人身自由的强制措施期间，被限制人身自由的人死亡或者丧失行为能力的，赔偿义务机关的行为与被限制人身自由的人的死亡或者丧失行为能力是否存在因果关系，赔偿义务机关应当提供证据。

4. 行政追偿程序

追偿又称为求偿，是国家行政机关向请求人支付赔偿费用或履行赔偿义务以后，依法责令有故意或重大过失的公务员或受委托的组织或个人，承担全部或部分赔偿费用的制度。追偿制度一方面可以保障受害人及时得到赔偿，避免因公务员资力薄弱难以向受害人支付足额赔偿的情形，另一方面又可以监督公务人员依法行使职权。

追偿权的行使条件：

（1）行政赔偿义务机关已经向受害人支付了赔偿金；

（2）公务员或受委托的组织或个人有故意或重大过失。所谓故意是指公务员执行职务、行使权力时，明知自己的行为会给相对人造成损害，却仍旧希望、放任这种结果发生的主观态度。而重大过失则是公务员行使职权时未能达到普通公民应当达到的标准，而造成了公民、法人或其他组织合法权益的损害。重大过失是相对于一般过失而言的，对于仅有一般过失的公务人员，国家是不能行使追偿权的。

第四节　国家赔偿的实施

一、赔偿方式

赔偿方式是指国家承担赔偿责任的各种形式。《国家赔偿法》规定，国家赔偿以金钱赔偿为主，以返还财产和恢复原状为辅。此外，《国家赔偿法》还规定了恢复名誉、赔礼道歉、消除影响等赔偿方式。

二、赔偿计算标准

赔偿计算标准是计算赔偿金额的尺度和原则。《国家赔偿法》对不同的损害规定了不同的计算标准。

1. 人身自由损害的赔偿标准

《国家赔偿法》第三十三条规定，“侵害公民人身自由的，每日的赔偿金按国家上年度职工日平均工资计算。”

2. 生命健康权的损害赔偿标准

（1）造成身体伤害的，应当支付医疗费以及因误工而减少的收入。后者每日的赔偿金按国家上年度职工的日平均工资计算，最高额为国家上年度职工年平均工资的5倍。

（2）造成部分或全部丧失劳动能力的，应当支付医疗费、护理费、残疾生活辅助具费、康复费等因残疾而增加的必要支出和继续治疗所必需的费用，以及残疾赔偿金。残疾赔偿金根据丧失劳动能力的程度，按照国家规定的伤残等级确定，最高不超过国家上年度职工年平均工资的20倍。造成全部丧失劳动能力的，对其扶养的无劳动能力的人，还应当支付生活费。

（3）造成公民死亡的，应当支付死亡赔偿金、丧葬费，最高额为国家上年度职工年平均工资的20倍。对于死者生前抚养的无劳动能力的人，应当支付生活费。

（4）精神损害赔偿。因行政机关及其工作人员违法行使行政职权侵犯公民、法人或其他组织人身权，致人精神损害的，应当在侵权行为影响的范围内，为受害人消除影响，恢复名誉，赔礼道歉；造成严重后果的，应当支付相应的精神损害抚慰金。

关于生活费的发放标准，参照当地最低生活保障标准执行。被扶养的人是未成年

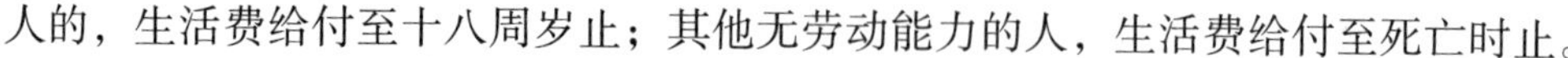

人的，生活费给付至十八周岁止；其他无劳动能力的人，生活费给付至死亡时止。

3. 财产损害的赔偿标准

依《国家赔偿法》的规定，国家对财产权受到国家侵权行为侵害的公民、法人或其他组织以赔偿直接损失为原则，即一般国家只赔偿因侵权行为直接造成的已经发生的实际损失。

(1) 处罚款、罚金、追缴、没收财产或者违法征收、征用财产的，返还财产；

(2) 查封、扣押、冻结财产的，解除对财产的查封、扣押、冻结，造成财产损坏或者灭失的，依照下列第（3）项、第（4）项的规定赔偿；

(3) 应当返还的财产损坏的，能够恢复原状的恢复原状，不能恢复原状的，按照损害程度给付相应的赔偿金；

(4) 应当返还的财产灭失的，给付相应的赔偿金；

(5) 财产已经拍卖或者变卖的，给付拍卖或者变卖所得的价款；变卖的价款明显低于财产价值的，应当支付相应的赔偿金；

(6) 吊销许可证和执照、责令停产停业的，赔偿停产停业期间必要的经常性费用开支；

(7) 返还执行的罚款或者罚金、追缴或者没收的金钱，解除冻结的存款或者汇款的，应当支付银行同期存款利息；

(8) 对财产权造成其他损害的，按照直接损失给予赔偿。

三、赔偿费用

国家赔偿费用以货币形式表现，由赔偿义务机关支付。中国的国家赔偿费用列入各级政府每年的年度财政预算中，有专款保障，也充分体现了“国家责任，机关赔偿”的特征。

赔偿请求人凭生效的判决书、复议决定书、赔偿决定书或者调解书，向赔偿义务机关申请支付赔偿金。赔偿义务机关应当自收到支付赔偿金申请之日起七日内，依照预算管理权限向有关的财政部门提出支付申请。财政部门应当自收到支付申请之日起十五日内支付赔偿金。

赔偿费用预算与支付管理的具体办法由国务院规定。依据《国家赔偿法》的规定，赔偿义务机关、复议机关或人民法院不得向赔偿请求人收取任何费用。勘验费、鉴定费等均由这些机关自行负担。

此外，国家对赔偿请求人取得的赔偿金不予征税，也就是说取得的赔偿金不须交纳任何税款。

四、赔偿请求时效

赔偿请求时效对赔偿请求人的意义在于，如果他在法定期间内未行使求偿权，就会丧失依法定程序取得赔偿的权利。

依《国家赔偿法》的规定，赔偿请求人请求国家赔偿的时效为二年，自其知道或者应当知道国家机关及其工作人员行使职权时的行为侵犯其人身权、财产权之日起计算，但被羁押等限制人身自由期间不计算在内。在申请行政复议或者提起行政诉讼时一并提出赔偿请求的，适用《行政复议法》《行政诉讼法》有关时效的规定。赔偿请求人在赔偿请求时效的最后六个月内，因不可抗力或者其他障碍不能行使请求权的，时效中止。从中止时效的原因消除之日起，赔偿请求时效期间继续计算。

第九章　信访法律制度

2005年1月5日，国务院第七十六次常务会议通过了《信访条例》，并于2005年5月1日起施行。《信访条例》的实施进一步完善了中国的信访制度和行政救济制度，初步实现了既有效保护人民群众的合法权益，又建立良好的信访秩序、确保社会稳定、促进社会主义和谐社会建设的立法目标。

第一节　概　　述

一、信访的概念

信访即来信来访的简称。广义的信访是指公民通过写信或上访，向党政机关、司法机关等单位提出意见、建议等，以表达其利益诉求的制度。狭义的信访即指行政信访，是指公民、法人或者其他组织采用书信、电子邮件、传真、电话、走访等形式，向各级人民政府工作部门反映情况，提出建议、意见或者投诉请求，依法由有关行政机关处理的活动。

二、信访的特点

信访既是公民权利的一种重要救济途径，又是政务监督的重要形式。主要表现为以下三个特点：

（1）内容的广泛性。较之行政复议和行政诉讼等行政救济制度，信访的内容更为广泛。信访所涉及的“职务行为”既包括具体行政行为，也涵盖抽象行政行为；既涉及行政法律行为，也涵括事实行为。

（2）形式的多样性。在信访活动中，信访人提出信访的形式多种多样，包括书信、电子邮件、传真、电话、走访等形式。

（3）救济和监督的双重性。信访是一种特殊的救济活动，也是一种监督活动。其意义不仅体现为对信访人合法权益之维护，而且也体现为人民群众对政府行政行为之监督。

三、信访的基本原则

（1）属地管理、分级负责，谁主管、谁负责原则。《信访条例》第四条规定了这一原则，是指信访一般由事发地政府解决，解决不了或者当事人仍然不服的可以由上

级政府解决。明确了各级政府及其职能部门在处理信访问题中的责任和分工，体现了把问题解决在基层、把矛盾化解在萌芽状态的要求。

（2）依法、及时、就地解决问题与疏导教育相结合原则。这一原则强调信访工作既要依法、高效地在当地解决群众信访反映的问题，又要做好相关的思想政治工作，进行宣传教育、疏导情绪，消解可能出现的社会不稳定因素。

（3）标本兼治、预防和化解相结合原则。这一原则强调信访工作的主动性和整体性，要求变被动为主动，不仅要及时处理信访问题，而且要深入分析信访问题的成因，提前预防，正本清源、标本兼治。

（4）方便、公开原则。根据《信访条例》的规定，各级人民政府、县级以上人民政府工作部门应当畅通信访渠道，为信访人反映情况、提出建议、意见或者投诉请求提供便利条件。同时，应当向社会公布与信访工作有关的法律、法规、规章，信访事项的处理程序，信访工作机构的通信地址、电子信箱、投诉电话、信访接待的时间和地点、查询信访事项处理进展及结果的方式等相关事项。

四、信访机构及其职责

信访机构是指接受信访人的来信、来访并作出相应处理的机关。根据《信访条例》规定，信访机构是指县级以上人民政府负责信访工作的行政机构。其主要职责如下：

（1）受理、交办、转送信访人提出的信访事项；

（2）承办上级和本级人民政府交由处理的信访事项；

（3）协调处理重要信访事项；

（4）督促检查信访事项的处理；

（5）研究、分析信访情况，开展调查研究，及时向本级人民政府提出完善政策和改进工作的建议；

（6）对本级人民政府其他工作部门和下级人民政府信访工作机构的信访工作进行指导。

五、信访当事人

信访当事人包括信访人和被信访人。

1. 信访人

根据《信访条例》规定，采用书信、电子邮件、传真、电话、走访等形式，反映情况，提出建议、意见或者投诉请求的公民、法人或者其他组织，称为信访人。

信访人的权利主要有：信访事项提出权；知情权、参与权、监督权和救济权；请求保密和要求回避的权利；获得行政奖励的权利。信访人反映的情况，提出的建议、意见，对国民经济和社会发展或者对改进国家机关工作以及保护社会公共利益有贡献的，由有关行政机关或者单位给予奖励。

信访人的义务：信访人在信访过程中应当遵守法律、法规，不得损害国家、社会、集体的利益和其他公民的合法权利，自觉维护社会公共秩序和信访秩序，不得有下列行为：

（1）在国家机关办公场所周围、公共场所非法聚集，围堵、冲击国家机关，拦截公务车辆，或者堵塞、阻断交通的；

（2）携带危险物品、管制器具的；

（3）侮辱、殴打、威胁国家机关工作人员，或者非法限制他人人身自由的；

（4）在信访接待场所滞留、滋事，或者将生活不能自理的人弃留在信访接待场所的；

（5）煽动、串联、胁迫、以财物诱使、幕后操纵他人信访或者以信访为名借机敛财的；

（6）扰乱公共秩序、妨害国家和公共安全的其他行为。

2. 被信访人

被信访人是指其职务行为可能或者已经影响到信访人的合法权益，信访人对此通过书信、电子邮件、传真、电话、走访等形式，反映情况、提出建议、意见或者投诉请求的对象。

第二节 信访程序

根据《信访条例》规定，信访的程序主要包括信访事项的提出、受理、办理和督办。

一、信访事项的提出

1. 信访事项提出的渠道

《信访条例》规定，各级人民政府、县级以上人民政府工作部门应当向社会公布信访工作机构的通信地址、电子信箱、投诉电话、信访接待的时间和地点。信访人可以通过书信、电子邮件、传真、电话、走访等形式向有关机关提出信访事项。

同时，根据《信访条例》规定，设区的市级、县级人民政府及其工作部门，乡、镇人民政府应当建立行政机关负责人信访接待日制度，由行政机关负责人协调处理信访事项。信访人可以在公布的接待日和接待地点向有关行政机关负责人当面反映信访事项。县级以上人民政府及其工作部门负责人或者其指定的人员，可以就信访人反映突出的问题到信访人居住地与信访人面谈沟通。

2. 信访事项提出的范围

信访人对下列组织、人员的职务行为反映情况，提出建议、意见，或者不服下列组织、人员的职务行为，可以向有关行政机关提出信访事项：

（1）行政机关及其工作人员；

（2）法律、法规授权的具有管理公共事务职能的组织及其工作人员；

（3）提供公共服务的企业、事业单位及其工作人员；

（4）社会团体或者其他企业、事业单位中由国家行政机关任命、派出的人员；

（5）村民委员会、居民委员会及其成员。

3. 信访事项提出的形式

《信访条例》规定了三种形式：

（1）书面形式。信访人提出信访事项，一般应当采用书信、电子邮件、传真等书面形式；信访人提出投诉请求的，还应当载明信访人的姓名（名称）、住址和请求、事实、理由。

（2）口头形式。信访人可以采用口头形式提出投诉请求，有关机关应当记录信访人的姓名（名称）、住址和请求、事实、理由。

（3）走访形式。信访人采用走访形式提出信访事项，应当向依法有权处理的本级或者上一级机关提出，且应当到专门设立或者指定的接待场所提出。多人采用走访形式提出共同的信访事项的，应当推选代表，代表人数不得超过5人。

二、信访事项的受理

1. 受理机关

《信访条例》规定，涉及两个或者两个以上行政机关的信访事项，由所涉及的行政机关协商受理；受理有争议的，由其共同的上一级行政机关决定受理机关。

应当对信访事项作出处理的行政机关分立、合并、撤销的，由继续行使其职权的行政机关受理；职责不清的，由本级人民政府或者其指定的机关受理。

2. 受理处置

县级以上人民政府信访工作机构收到信访事项，应当予以登记，并区分情况，在十五日内分别按下列方式处理：

（1）对符合规定并属于本机关法定职权范围的信访事项，应当受理；

（2）信访人对各级人民代表大会以及县级以上各级人民代表大会常务委员会、人民法院、人民检察院职权范围内的信访事项，应当分别向有关的人民代表大会及其常务委员会、人民法院、人民检察院提出。对已经或者依法应当通过诉讼、仲裁、行政复议等法定途径解决的，不予受理，但应当告知信访人依照有关法律、行政法规规定程序向有关机关提出。

（3）对依照法定职责属于本级人民政府或者其工作部门处理决定的信访事项，应当转送有权处理的行政机关；情况重大、紧急的，应当及时提出建议，报请本级人民政府决定。

（4）信访事项涉及下级行政机关或者其工作人员的，按照“属地管理、分级负责，谁主管、谁负责”的原则，直接转送有权处理的行政机关，并抄送下一级人民政府信访工作机构。县级以上人民政府信访工作机构要定期向下一级人民政府信访工作机构通报转送情况，下级人民政府信访工作机构要定期向上一级人民政府信访工作机构报告转送信访事项的办理情况。

（5）对转送信访事项中的重要情况需要反馈办理结果的，可以直接交由有权处理的行政机关办理，要求其在指定办理期限内反馈结果，提交办结报告。

3. 受理答复期限

收到信访事项后，能够当场答复是否受理的，应当当场书面答复；不能当场答复的，应当自收到信访事项之日起十五日内书面告知信访人。但是，信访人的姓名（名称）、住址不清的除外。

4. 险情报告

公民、法人或者其他组织发现可能造成社会影响的重大、紧急信访事项和信访信息时，可以就近向有关行政机关报告。地方各级人民政府接到报告后，应当立即报告上一级人民政府；必要时，通报有关主管部门。县级以上地方人民政府有关部门接到报告后，应当立即报告本级人民政府和上一级主管部门；必要时，通报有关主管部门。国务院有关部门接到报告后，应当立即报告国务院；必要时，通报有关主管部门。

5. 信息处理

行政机关对重大、紧急信访事项和信访信息不得隐瞒、谎报、缓报，或者授意他人隐瞒、谎报、缓报。对于可能造成社会影响的重大、紧急信访事项和信访信息，有关行政机关应当在职责范围内依法及时采取措施，防止不良影响的产生、扩大。行政机关及其工作人员不得将信访人的检举、揭发材料及有关情况透露或者转给被检举、揭发的人员或者单位。

三、信访事项的办理

根据《信访条例》的规定，信访事项的办理主要涉及以下内容：

1. 查明事实

对信访事项有权处理的行政机关办理信访事项，应当听取信访人陈述事实和理由；必要时可以要求信访人、有关组织和人员说明情况；需要进一步核实有关情况的，可以向其他组织和人员调查。

2. 分类处置

对信访事项有权处理的行政机关经调查核实，应当依照有关法律、法规、规章及其他有关规定，分别作出以下处理，并书面答复信访人：

（1）请求事实清楚，符合法律、法规、规章或者其他有关规定的，予以支持；

（2）请求事由合理但缺乏法律依据的，应当对信访人做好解释工作；

（3）请求缺乏事实根据或者不符合法律、法规、规章或者其他有关规定的，不予支持。

有权处理的行政机关作出支持信访请求意见的，应当督促有关机关或者单位

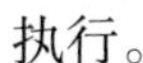

执行。

3. 办理期限

信访事项应当自受理之日起六十日内办结；情况复杂的，经本行政机关负责人批准，可以适当延长办理期限，但延长期限不得超过三十日，并告知信访人延期理由。

4. 听证

对重大、复杂、疑难的信访事项，可以举行听证。听证应当公开举行，通过质询、辩论、评议、合议等方式，查明事实，分清责任。

5. 复查

信访人对行政机关作出的信访事项处理意见不服的，可以自收到书面答复之日起三十日内请求原办理行政机关的上一级行政机关复查。收到复查请求的行政机关应当自收到复查请求之日起三十日内提出复查意见，并予以书面答复。

6. 复核

信访人对复查意见不服的，可以自收到书面答复之日起三十日内向复查机关的上一级行政机关请求复核。收到复核请求的行政机关应当自收到复核请求之日起三十日内提出复核意见。复核机关可以按照规定举行听证，经过听证的复核意见可以依法向社会公示。信访人对复核意见不服，仍然以同一事实和理由提出投诉请求的，各级人民政府信访工作机构和其他行政机关不再受理。

四、信访事项的督办

1. 督办的情形

《信访条例》规定，县级以上人民政府信访工作机构发现有关行政机关有下列情形之一的，应当及时督办，并提出改进建议：

（1）无正当理由未按规定的办理期限办结信访事项的；

（2）未按规定反馈信访事项办理结果的；

（3）未按规定程序办理信访事项的；

（4）办理信访事项推诿、敷衍、拖延的；

（5）不执行信访处理意见的；

（6）其他需要督办的情形。

收到改进建议的行政机关应当在三十日内书面反馈情况；未采纳改进建议的，应当说明理由。

2. 建议处分

县级以上人民政府信访工作机构对在信访工作中推诿、敷衍、拖延、弄虚作假造成严重后果的行政机关工作人员，可以向有关行政机关提出给予行政处分的建议。

3. 定期提交分析报告

县级以上人民政府信访工作机构应当就以下事项向本级人民政府定期提交信访情况分析报告：

（1）受理信访事项的数据统计、信访事项涉及领域以及被投诉较多的机关；

（2）转送、督办情况以及各部门采纳改进建议的情况；

（3）提出的政策性建议及其被采纳情况。

第三节　信访的法律责任

根据《信访条例》第六章的规定，信访的法律责任涉及被信访人、信访工作机构以及信访人三类人的责任。

一、被信访人的法律责任

《信访条例》规定，直接负责的主管人员和其他直接责任人员因下列情形之一导致信访事项发生，造成严重后果的，依照有关法律、行政法规的规定给予行政处分；构成犯罪的，依法追究刑事责任：

（1）超越或者滥用职权，侵害信访人合法权益的；

（2）行政机关应当作为而不作为，侵害信访人合法权益的；

（3）适用法律、法规错误或者违反法定程序，侵害信访人合法权益的；

（4）拒不执行有权处理的行政机关作出的支持信访请求意见的；

（5）打击报复信访人，构成犯罪的，依法追究刑事责任；尚不构成犯罪的，依法给予行政处分或者纪律处分。

二、信访工作机构的法律责任

根据《信访条例》规定，信访工作机构有以下情形的，应对承担相应责任：

（1）县级以上人民政府信访工作机构对收到的信访事项应当登记、转送、交办而未按规定登记、转送、交办，或者应当履行督办职责而未履行的，由其上级行政机关责令改正；造成严重后果的，对直接负责的主管人员和其他直接责任人员依法给予行政处分。

（2）负有受理信访事项职责的行政机关在受理信访事项过程中违反本条例的规定，有下列情形之一的，由其上级行政机关责令改正；造成严重后果的，对直接负责的主管人员和其他直接责任人员依法给予行政处分：

① 对收到的信访事项不按规定登记的；

② 对属于其法定职权范围的信访事项不予受理的；

③ 行政机关未在规定期限内书面告知信访人是否受理信访事项的。

（3）对信访事项有权处理的行政机关在办理信访事项过程中，有下列行为之一的，由其上级行政机关责令改正；造成严重后果的，对直接负责的主管人员和其他直接责任人员依法给予行政处分：

① 推诿、敷衍、拖延信访事项办理或者未在法定期限内办结信访事项的；

② 对事实清楚，符合法律、法规、规章或者其他有关规定的投诉请求未予支持的。

(4) 行政机关工作人员违反规定，将信访人的检举、揭发材料或者有关情况透露、转给被检举、揭发的人员或者单位的，依法给予行政处分。行政机关工作人员在处理信访事项过程中，作风粗暴，激化矛盾并造成严重后果的，依法给予行政处分。

(5) 行政机关及其工作人员违反规定，对可能造成社会影响的重大、紧急信访事项和信访信息，隐瞒、谎报、缓报，或者授意他人隐瞒、谎报、缓报，造成严重后果的，对直接负责的主管人员和其他直接责任人员依法给予行政处分；构成犯罪的，依法追究刑事责任。

三、信访人的法律责任

根据《信访条例》规定，信访人的责任追究有以下情形：

(1) 信访人违反法律规定，经劝阻、批评和教育无效的，由公安机关予以警告、训诫或者制止；违反集会游行示威的法律、行政法规，或者构成违反治安管理行为的，由公安机关依法采取必要的现场处置措施、给予治安管理处罚；构成犯罪的，依法追究刑事责任。

(2) 信访人捏造歪曲事实、诬告陷害他人，构成犯罪的，依法追究刑事责任；尚不构成犯罪的，由公安机关依法给予治安管理处罚。

第十章　行政监察法律制度

1997年5月9日，第八届全国人民代表大会常务委员会第二十五次会议审议通过了《中华人民共和国行政监察法》，2010年6月25日，第十一届全国人民代表大会常务委员会第十五次会议决定对《中华人民共和国行政监察法》进行修改，自2010年10月1日起施行。2004年国务院通过了《中华人民共和国行政监察法实施条例》。行政监察是行政监察法和行政监察法实施条例在行政机关系统内部设置的专门监督制度，是我国专门监督的形式之一。

第一节　概　　述

行政监察是国家专门机关依法对国家行政机关及其公务员和国家行政机关任命的其他人员的行政行为进行监督检查，并对行政违法失职行为进行调查处理的活动。这里的国家专门机关是指行政监察机关。

一、基本原则

行政监察活动的基本原则是，依法行使职权，不受其他行政部门、社会团体和个人的干涉；坚持实事求是，重证据、重调查研究，在适用法律和行政纪律上人人平等，实行教育与惩处相结合，监督检查与制度建设相结合；监察工作应当依靠群众。

二、行政监察体制

从总体上讲，我国的行政监察实行“条”和“块”双重领导，以“条”为主的体制。国务院和地方县级以上各级人民政府设立监察机关。国务院监察机关主管全国的监察工作。县级以上地方各级人民政府监察机关负责本行政区域内的监察工作，对本级人民政府和上一级监察机关负责并报告工作，监察业务以上级监察机关领导为主。县级以上地方各级人民政府监察机关正职、副职领导人员的任命或者免职，在提请决定前，必须经上一级监察机关同意。

县级以上各级人民政府监察机关根据工作需要，经本级人民政府批准，可以向政府所属部门派出监察机构或者监察人员。监察机关派出的监察机构或者监察人员，对监察机关负责并报告工作。监察机关对派出的监察机构和监察人员实行统一管理，对派出的监察人员实行交流制度。在实行垂直管理的国家行政机关中，监察机关派出的监察机构根据工作需要，经派出它的监察机关批准，可以向驻在部门的下属行政机构再派出监察机构或者监察人员。

三、行政监察的对象

行政监察的对象是指行政监察活动所指向的对象。

1. 国务院监察机关对下列机关和人员实施监察：

（1）国务院各部门及其公务员；

（2）国务院及国务院各部门任命的其他人员；

（3）省、自治区、直辖市人民政府及其领导人员。

2. 县级以上地方各级人民政府监察机关对下列机关和人员实施监察：

（1）本级人民政府各部门及其公务员；

（2）本级人民政府及本级人民政府各部门任命的其他人员；

（3）下一级人民政府及其领导人员。县、自治县、不设区的市、市辖区人民政府监察机关还对本辖区所属的乡、民族乡、镇人民政府的公务员以及乡、民族乡、镇人民政府任命的其他人员实施监察。

第二节　行政监察机关的职责与权限

一、职责

监察机关对监察对象执法、廉政、效能情况进行监察，履行下列职责：

（1）检查国家行政机关在遵守和执行法律、法规和人民政府的决定、命令中的问题；

（2）受理对国家行政机关及其公务员和国家行政机关任命的其他人员违反行政纪律行为的控告、检举；

（3）调查处理国家行政机关及其公务员和国家行政机关任命的其他人员违反行政纪律的行为；

（4）受理国家行政机关公务员和国家行政机关任命的其他人员不服主管行政机关给予处分决定的申诉，以及法律、行政法规规定的其他由监察机关受理的申诉；

（5）法律、行政法规规定由监察机关履行的其他职责。

监察机关按照国务院的规定，组织协调、检查指导政务公开工作和纠正损害群众利益的不正之风工作。

二、权限

行政监察机关的权限有采取监察措施，提出监察建议和作出监察决定。

1. 采取监察措施

分为一般措施和专门措施。

行政监察机关可以采取的一般措施有：

（1）要求被监察的部门和人员提供与监察事项有关的文件、资料、财务账目及其他有关材料，进行查阅或者予以复制；

（2）要求被监察的部门和人员就监察事项涉及的问题作出解释和说明；

（3）责令被监察的部门和人员停止违反法律、法规和行政纪律的行为。

此外，监察机关在办理违反行政纪律案件中，可以提请有关行政部门、机构予以协助。被提请协助的行政部门、机构应当根据监察机关提请协助办理的事项和要求，在职权范围内予以协助。

行政监察机关可以采取的专门措施有，在调查贪污、贿赂、挪用公款等违反行政纪律的行为时，经县级以上监察机关领导人员批准，可以查询案件涉嫌单位和涉嫌人员在银行或者其他金融机构的存款；必要时，可以提请人民法院采取保全措施，依法冻结涉嫌人员在银行或者其他金融机构的存款。

2. 提出监察建议

根据检查、调查结果，在法定情形下可以提出监察建议。有关部门没有正当理由拒绝的，应当采纳监察建议。《行政监察法》第二十三条规定了提出监察建议的若干情形：

（1）拒不执行法律、法规或者违反法律、法规以及人民政府的决定、命令，应当予以纠正的；

（2）本级人民政府所属部门和下级人民政府作出的决定、命令、指示违反法律、法规或者国家政策，应当予以纠正或者撤销的；

（3）给国家利益、集体利益和公民合法权益造成损害，需要采取补救措施的；

（4）录用、任免、奖惩决定明显不适当，应当予以纠正的；

（5）依照有关法律、法规的规定，应当给予行政处罚的；

（6）需要给予责令公开道歉、停职检查、引咎辞职、责令辞职、免职等问责处理的；

（7）需要完善廉政、勤政制度的；

（8）其他需要提出监察建议的。

3. 作出监察决定

根据法定情形，可以作出监察决定或者提出监察建议。对于监察机关依法作出的监察决定，有关部门和人员应当执行。《行政监察法》第二十四条规定了作出监察决定或者提出监察建议的若干情形：

（1）违反行政纪律，依法应当给予警告、记过、记大过、降级、撤职、开除的行政处分的；

（2）违反行政纪律取得的财物，依法应当没收、追缴或者责令退赔的。

对根据第 1 项所列情形作出监察决定或者提出监察建议的，应当按照国家有关人事管理权限和处理程序的规定办理。

第三节 行政监察程序

一、检查、调查程序

1. 检查程序

（1）对需要检查的事项予以立项；

（2）制定检查方案并组织实施；

（3）向本级人民政府或者上级监察机关提出检查情况报告；

（4）根据检查结果，作出监察决定或者提出监察建议。

重要检查事项的立项，应当报本级人民政府和上一级监察机关备案。

2. 调查处理程序

监察机关对违反行政纪律的行为依照下列程序进行调查处理：

（1）对需要调查处理的事项进行初步审查；认为有违反行政纪律的事实，需要追究行政纪律责任的，予以立案；

（2）组织实施调查，收集有关证据；

（3）有证据证明违反行政纪律，需要给予处分或者作出其他处理的，进行审理；

（4）作出监察决定或者提出监察建议。

重要、复杂案件的立案，应当报本级人民政府和上一级监察机关备案。

监察机关对于立案调查的案件，经调查认定不存在违反行政纪律事实的，或者不需要追究行政纪律责任的，应当予以撤销，并告知被调查单位及其上级部门或者被调查人员及其所在单位。重要、复杂案件的撤销，应当报本级人民政府和上一级监察机关备案。

监察机关在检查、调查中应当听取被监察的部门和人员的陈述和申辩。

3. 调查处理期限

监察机关立案调查的案件，应当自立案之日起六个月内结案；因特殊原因需要延长办案期限的，可以适当延长，但是最长不得超过一年，并应当报上一级监察机关备案。

二、监察决定、监察建议的执行

监察决定、监察建议应当以书面形式送达有关单位、人员。监察机关对违反行政纪律的人员作出给予处分的监察决定，由人民政府人事部门或者有关部门按照人事管理权限执行。人民政府人事部门或者有关部门应当将监察机关作出的给予处分的监察决定及其执行的有关材料归入受处分人员的档案。有关单位和人员应当自收到监察决定或者监察建议之日起三十日内将执行监察决定或者采纳监察建议的情况通报监察机关。

三、对监察决定、监察建议的救济程序

对监察决定不服的，可以自收到监察决定之日起三十日内向作出决定的监察机关申请复审，监察机关应当自收到复审申请之日起三十日内作出复审决定；对复审决定仍不服的，可以自收到复审决定之日起三十日内向上一级监察机关申请复核，上一级监察机关应当自收到复核申请之日起六十日内作出复核决定。复审、复核期间，不停止原决定的执行。上一级监察机关认为下一级监察机关的监察决定不适当的，可以责

成下一级监察机关予以变更或者撤销，必要时也可以直接作出变更或者撤销的决定。上一级监察机关的复核决定和国务院监察机关的复查决定或者复审决定为最终决定。

对监察建议有异议的，可以自收到监察建议之日起三十日内向作出监察建议的监察机关提出，监察机关应当自收到异议之日起三十日内回复；对回复仍有异议的，由监察机关提请本级人民政府或者上一级监察机关裁决。

监察机关在办理监察事项中，发现所调查的事项不属于监察机关职责范围内的，应当移送有处理权的单位处理；涉嫌犯罪的，应当移送司法机关依法处理。接受移送的单位或者机关应当将处理结果告知监察机关。

四、对申诉的处理程序

国家行政机关公务员和国家行政机关任命的其他人员对主管行政机关作出的处分决定不服的，可以自收到处分决定之日起三十日内向监察机关提出申诉，监察机关应当自收到申诉之日起三十日内作出复查决定；对复查决定仍不服的，可以自收到复查决定之日起三十日内向上一级监察机关申请复核，上一级监察机关应当自收到复核申请之日起六十日内作出复核决定。复查、复核期间，不停止原决定的执行。

监察机关对受理的不服主管行政机关处分决定的申诉，经复查认为原决定不适当的，可以建议原决定机关予以变更或者撤销；监察机关在职权范围内，也可以直接作出变更或者撤销的决定。法律、行政法规规定由监察机关受理的其他申诉，依照有关法律、行政法规的规定办理。

第十一章　公务员法律制度

2005 年 4 月 27 日，第十届全国人民代表大会常务委员会第十五次会议审议通过了《中华人民共和国公务员法》（下简称《公务员法》），自 2006 年 1 月 1 日起施行。《公务员法》是我国五十多年来干部人事管理第一部总章程性质的法律。

第一节　概　　述

公务员是指依法履行公职、纳入国家行政编制、由国家财政负担工资福利的工作人员。我国公务员的范围包括下列七类机关人员：

一、中国共产党机关工作人员

包括：

（1）中央和地方各级党委、纪检委的领导人员。

（2）中央和地方各级党委工作部门的工作人员。

（3）中央和地方各级纪检机关内设机构的工作人员。

（4）街道、乡、镇党委机关的工作人员。

二、人大机关的工作人员

包括：

（1）各级人大常委会的领导人。

（2）各级人大常委会工作机构的工作人员。

（3）各级人大专门委员会的办事机构的工作人员。

三、行政机关的工作人员

包括：

（1）各级人民政府的组成人员。

（2）县级以上各级人民政府工作部门和派出机构的工作人员。

（3）乡镇人民政府机关的工作人员。

四、政协机关的工作人员

包括：

（1）政协各级委员会的领导人员。

（2）政协各级委员会工作机构的工作人员。

（3）政协专门委员会的办事机构的工作人员。

五、审判机关的工作人员

包括：各级人民法院的法官、审判辅助人员和行政管理人员。

六、检察机关的工作人员

包括：各级人民检察院的检察官、检察辅助人员和行政管理人员。

七、民主党派机关的工作人员

中国民主党派有八个，即中国国民党委员会、中国民主同盟、中国民主建国会、中国民主促进会、中国农工民主党、中国致公党、九三学社、台湾民主自治同盟。民主党派中的下列人员是公务员：

（1）中央和地方各级委员会的领导人员。

（2）中央和地方各级委员会职能部门和办事机构的工作人员。

另外，法律、法规授权的具有公共事务管理职能的事业单位中除工勤人员以外的工作人员，经批准参照公务员管理。

第二节　公务员管理的原则

一、公开、平等、竞争、择优的原则

公开、平等、竞争、择优的原则，又简称为公平竞争的原则，它是社会主义民主政治在干部人事制度中的体现，也是人事管理和人才成长规律在公务员制度中的反映。这一原则贯穿于公务员制度的各个方面和公务员管理的各个重要环节之中，是确立各项具体管理制度的指导原则。

1. 公开的原则

主要体现为：向社会公开有关公务员制度的法律法规和政策；向社会公开录用公务员和选拔公务员的职位及报考资格条件、公开考试内容的范围及考试方式和方法，并采取适当方法公开考试成绩和录用或者选拔结果；对公务员公开考核、奖惩、职务升降、竞争上岗、辞退辞职等工作的标准、依据和程序。所有这些公开，是实现平等竞争的前提，也是落实公民或者公务员的知情权、参与权、监督权的保证。

2. 平等原则

公务员管理的平等原则是宪法关于法律面前人人平等的原则在公务员制度中的体现和贯彻。平等即机会均等。在承认人的知识、能力等差异的基础上，保证所有符合

法定条件的公民都享有依法担任公务员的权利和机会。每个符合条件的公民均有申请报考公务员的权利，并有同等的机会参加公务员的录用考试和公开选拔，以同一标准决定是否被录用和选拔，不因民族、家庭出身、宗教信仰、性别和教育程度等受到歧视或享有特权（少数民族在特定情况下可以依法受到适当照顾）。在进入公务员队伍以后，在考核、培训、奖惩、职务升降、工资福利和退休等方面，同样是机会均等，即依照法律规定的情形，平等地享有权利，在同等条件下享受同等待遇。

3. 竞争的原则

在公务员管理特别是在公务员的录用、职务晋升等方面，引入竞争机制。在公开、平等的基础上，实行优胜劣汰，优升劣降，选贤任能，好中选优，以使优秀人才脱颖而出，使公务员队伍保持生机和活力，从整体上不断提高公务员的素质。竞争体现在多个方面，如：在录用公务员时，报考者之间相互竞争；在竞争上岗时，本单位或本系统的公务员之间的竞争；在公开选拔时，公务员和非公务员之间的竞争。此外，在考核、奖惩等方面也体现竞争。

4. 择优的原则

竞争的目的是为了择优，择优是竞争的必然结果。择优主要体现在两个方面：一是择优录用，即一个职位由多个报考者报考，将最优秀的报考者录用为公务员。如录用主任科员以下及其他相当职务层次的非领导职务公务员，采取公开考试、严格考察、平等竞争、择优录取的办法。二是择优任用，即按照德才兼备的原则，选贤任能，将最优秀、最合适的公务员任用到每个职位上。如机关内设机构厅局级正职以下领导职务出现空缺时，可以在本机关或者本系统内通过竞争上岗的方式，产生任职人选；厅局级正职以下领导职务或者副调研员以上及其他相当职务层次的非领导职务出现空缺，可以面向社会公开选拔，产生任职人选；确定初任法官、检察官的任职人选，可以面向社会，从通过国家统一司法考试取得资格的人员中公开选拔等。

二、监督约束与激励保障并重的原则

监督约束与激励保障并重，是公务员制度的一个基本原则，也是公务员管理的本质特征之一。

1. 对公务员的监督约束

公务员是国家公职人员，掌握和行使公权力，代表和反映机关的形象。权力的本质是为公众服务，为公众谋取福利，但行使权力者是有血有肉的具体的人，他们不可避免地会有个人利益和自己的偏好。如果不对行使权力的个人加以限制和监督，就会滋生利用手中权力谋取私利的腐败现象。权力的运行规律表明，权力必须有制约和监督。没有监督制约的权力，必然导致腐败。加强对公务员的监督的目的，不仅是要保证公务员正确行使权力，而且要促使公务员忠于职守，勤勉尽责，努力为人民服务，既要廉政又要勤政。

2. 对公务员的激励保障

在对公务员实行严格管理、严格监督的同时，要加强对公务员的激励保障。公务员队伍是国家各项管理工作的决策者、执行者、实施者。为了吸引各种优秀人才加入到公务员队伍，并有效稳定公务员队伍，特别是为了充分调动广大公务员的积极性，需要强化激励保障机制。《公务员法》在完善和强化对公务员的激励保障方面，一是明确了公务员的权利。公务员享有获得履行职责应当具有的工作条件，获得工资报酬，享受福利、保险待遇，非因法定事由、非经法定程序，不被免职、降职、辞退或者处分等权利。二是规定了公务员的奖励制度。三是在公务员的职务晋升上，注重工作实绩，鼓励公务员在工作岗位上勤奋努力工作。四是规定了公务员的培训制度。五是规定了公务员的工资、福利和保险制度以及退休养老制度。

对公务员的监督约束和激励保障是相互联系、相互依存的。两者要并重，都要给予足够的重视。既要监督约束，又要激励保障，不可只强调一面，而忽略另一面。只有如此，才能调动公务员队伍的积极性，保持公务员队伍的廉洁高效。

三、任人唯贤、德才兼备，注重工作实绩的原则

《公务员法》第七条规定，“公务员的任用，坚持任人唯贤、德才兼备的原则，注重工作实绩”。这一原则包括两层含义：

1. 任人唯贤、德才兼备

所谓德，是指干部的政治标准，包括政治理论和思想基础、政治立场和政治倾向、道德观念和思想品质、工作态度和工作作风、自律意识和纪律观念等。所谓才，是指干部的能力水平，包括知识素养、业务水平、决策能力、组织协调能力、综合分析和解决实际问题的能力等。任人唯贤是相对于任人唯亲而言的。“贤”是德才的统一，也是德才与工作实绩的统一。任人唯贤，就要反对任人唯亲，坚决抵制用人上的不正之风，公道正派地用人。《公务员法》将任人唯贤、德才兼备的要求体现为具体的制度性规定。例如，录用公务员，采取公开考试，严格考察，择优录用的办法，考试主要是测试适应工作的能力，考察主要考察政治思想和道德品质。再如，公务员的晋升职务，要求具备拟任职务所要求的思想政治素质、工作能力、文化程度等方面的条件，晋升级别也要根据公务员的德才条件。在考核方面，坚持对德、能、勤、绩、廉全面考核。

2. 群众公认、注重工作实绩

群众公认，就是为大多数群众所认可和拥护。实绩是指公务员在履行岗位职责的实践中所取得的实际成效。注重工作实绩也就是以工作实绩作为评价公务员的主要依据。它排斥按年龄资历高低、亲疏关系、家庭背景等作为公务员录用和晋升的标准。群众公认，注重工作实绩，它所要回答和解决的是公务员由谁评价和如何评价的问题。

四、分类管理的原则

《公务员法》第八条规定，“国家对公务员实行分类管理，提高管理效能和科学

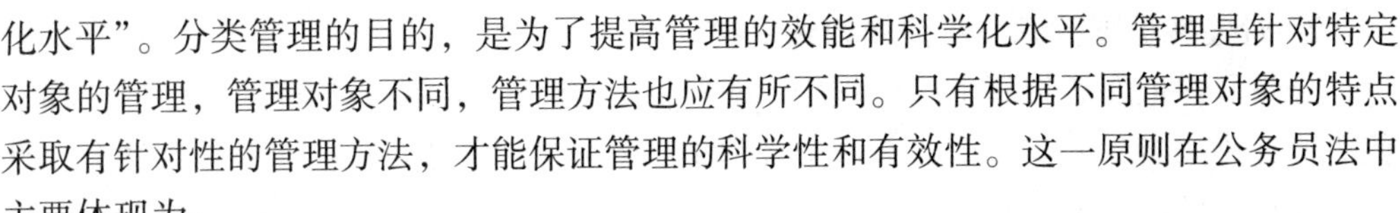

化水平”。分类管理的目的，是为了提高管理的效能和科学化水平。管理是针对特定对象的管理，管理对象不同，管理方法也应有所不同。只有根据不同管理对象的特点采取有针对性的管理方法，才能保证管理的科学性和有效性。这一原则在公务员法中主要体现为：

（1）根据职位的性质、特点和管理需要，将公务员职位划分为综合管理类、专业技术类和行政执法类等类别，再根据职位类别设置不同的职务序列。对不同类别的公务员，管理办法有所不同。例如：在录用公务员时，考试内容根据公务员应当具备的基本能力和不同职位类别分别设置；在对全体公务员进行更新知识、提高工作能力的在职培训时，其中对担任专业技术类职务的公务员，应当按照专业技术人员继续教育的要求进行专业技术培训等。

（2）根据产生、任免方式及管理主体的不同，将公务员分为领导成员和非领导成员。公务员法第一百零五条专门对领导成员作了界定。领导成员和非领导成员除了产生任免方式不同之外，在一些管理环节上也有所不同。在考核、职务任免、培训、交流与回避、辞职辞退等章中，对领导成员与非领导成员有所不同的管理办法，分别作了规定。

（3）根据任用方式的不同，将公务员分为委任制、选任制和聘任制公务员。委任制公务员经录用、调任或公开选拔进入公务员队伍后，非因法定事由、非经法定程序，不被免职、降职、辞退，保留公务员身份直至退休。选任制公务员经选举担任公务员职务。选任职务终止，继续担任公务员职务的，保留公务员身份，不再担任公务员职务的，不保留公务员身份。聘任制公务员则按照平等自愿、协商一致的原则与机关签订期限为一至五年的聘任合同，聘任期满，任用关系自然解除，不再保留公务员身份。聘任制公务员的管理方法与委任制公务员有很大的区别，所以公务员法第十六章对聘任制公务员的管理作了专章规定。

五、法治的原则

法治原则突出体现在两个方面：

1. 对公务员的依法管理

《公务员法》第五条中规定，公务员的管理，“依照法定的权限、条件、标准和程序进行”。《公务员法》对国家、各机关、公务员主管部门、有关组织机构在公务员管理中的权限都作了原则规定，做到权限法定；《公务员法》对公务员的基本条件、录用的条件、职务晋升的条件、退休的条件等作了规定，做到条件法定；《公务员法》对职位分类的标准、奖励的标准、惩戒的标准、回避的标准、工资水平的标准、辞职的标准、辞退的标准等作了原则规定，做到标准法定；《公务员法》对录用的程序、考核的程序、晋升的程序、奖励惩戒的程序、回避的程序、辞职的程序作了规定，做到程序法定。《公务员法》设专章规定了法律责任，对违反公务员法的，要依法纠正并追究相关人员的责任。

2. 对公务员履行职务行为的依法保护

公务员在依法履行职责的过程中，对不法行为予以制止，对合法行为予以保护，依法追究违法者的法律责任。在这个过程中，公务员履行职务的行为有可能遭致某些个人或集团的抗拒或报复。为了保障公务员有效地执行公务，公正无私地履行职责，解除公务员履行职务的后顾之忧，国家对公务员执行职务的行为给予保护。《公务员法》第九条规定，"公务员依法履行职务的行为，受法律保护"。

职务行为通常是指工作人员行使职务权力、履行职务职责的活动。认定职务行为一般应遵循以下标准：一是职权标准。即国家机关工作人员根据法律赋予的职责权限实施的行为属职务行为。二是时空标准。即国家机关工作人员在行使职权、履行职责的时间、地域范围内实施的行为通常都认定为职务行为。三是身份标准。即在通常情况下，凡以国家机关工作人员的身份和名义实施的行为都是执行职务的行为。如公务人员着装、佩戴标志、出示证件、宣布代表机关实施的行为一般都以职务行为论。四是目的标准。即国家机关工作人员为了履行法定职责和义务，维护公共利益而做出的行为，通常都认定为是职务行为。

公务员依法履行职务的行为受法律保护,其含义有四层:一是公务员依法执行职务,受法律保护,不受干扰和破坏。《刑法》第二百七十七条第一款规定:"以暴力、威胁方法阻碍国家机关工作人员依法执行职务的,处三年以下有期徒刑、拘役、管制或者罚金。"二是公务员依法执行职务,有关当事人有服从或者配合的义务。如交通警察在疏导、指挥交通时,机动车辆应当服从指挥。三是公务员依法执行职务时,他的人身安全是受法律保护的,如果公务员因执行职务,人身受到伤害,国家要依法追究伤害人的责任，坚决打击妨碍执行公务的行为。如果公务员不是因为执行职务而受到人身伤害,那就不在本条规定范围之内,而是作为一个公民受到的法律保护。四是公务员依法执行公务,由此所发生的责任问题,原则上由所在机关来承担责任。如公安人员在追捕刑事犯罪分子过程中,征用公民、法人或者其他组织的交通工具,由此造成的损失应由所在机关给予补偿。

关于公务员履行职务免责的特殊情形，《公务员法》第五十四条对这个问题作了规定。即公务员执行公务时，认为上级的决定或者命令有错误的，可以向上级提出改正或者撤销该决定或者命令的意见。上级不改变该决定或者命令，或者要求立即执行的，公务员应当执行，执行的后果由上级负责。但是，公务员执行明显违法的决定或者命令的，应当依法承担相应的责任。根据这个规定，公务员执行公务，以免责为原则，以不免责为例外。即在一般情形下，公务员履行职责，执行上级的决定或者命令，即使执行了错误的决定或命令，都享有免责权。因为公务员的义务和纪律中都含了不对抗依法作出的决定或者命令。决定或者命令是上级下达的，执行的后果由上级承担顺理成章。但这里必须有一个例外，即对于明显违法的决定或者命令，如行刑逼供、走私、做假账等，公务员应当维护法制的尊严，予以抵制。如果不加抵制而是盲目执行这种明显违法的决定或者命令，则必须承担相应的责任，以维护法制的统一和尊严，做到法律面前人人平等。

第三节　公务员基本资格、义务与权利

一、公务员应具备的基本条件

（一）具有中华人民共和国国籍
（二）年满十八周岁
（三）拥护中华人民共和国宪法
（四）具有良好的品行
（五）具有正常履行职责的身体条件
（六）具有符合职位要求的文化程度和工作能力
（七）法律规定的其他条件

二、公务员的义务

（一）遵守宪法、法律和法规
（二）按照规定的权限和程序认真履行职责，努力提高提高效率
（三）全心全意为人民服务，接受人民监督
（四）维护国家的安全、荣誉和利益
（五）忠于职守，勤勉尽责，服从和执行上级依法作出的决定和命令
（六）保守国家秘密和工作秘密
（七）遵守纪律，恪守职业道德，模范遵守社会公德
（八）清正廉洁，公道正派
（九）法律规定的其他义务

三、公务员的权利

（一）获得履行职责应当具有的工作条件
（二）非因法定事由、非经法定程序，不被免职、降职、辞退或者处分
（三）获得劳动报酬，享受福利、保险待遇
（四）参加培训
（五）对机关工作和领导人员提出批评和建议
（六）提出申诉和控告
（七）申请辞职
（八）法律规定的其他权利

第四节　公务员的职务和级别

职务与级别设置是公务员管理的基础环节，通过合理设置职务级别，健全职务级别制度，为公务员管理提供一个科学的管理基础和管理框架，使公务员管理工作有序

进行。

一、职位分类

职位分类是进行职位设置，确定职位职责和任职资格条件的人事管理活动。职位分类是以工作职位需要择人，有利于公务员的专业化发展。

职位分类有以下几个工作环节：第一，进行职位设置。各级国家行政机关依照国家有关规定对该行政机关的行政职位进行总体设立和安排。设置行政职位的基础是该行政机关的职能、机构和编制。即根据履行职能需要、内设机构的种类、核定的人员定额和领导职数，确定行政职位；第二，确定职位的职责。这是职位分类的工作重心。规定特定行政职位必须要完成的任务、要达到的目标和责任；第三，确定每个职位的任职资格条件，即规定能够完成职位职责的资格和条件。

各级人民政府工作部门因工作需要，增设、减少或者变更职位时，应当按照规定程序重新确定。

公务员职位类别的划分：

（1）专业技术类职位。专业技术类职位是指机关中从事专业技术工作，履行专业技术职责，为实施公共管理提供专业技术支持和技术手段保障的职位。与其他类别职位相比，专业技术类职位具有下列三个特征：一是具有只对专业技术本身负责的纯技术性。二是专业技术类职位与其他职位相比具有不可替代性。三是技术权威性。这种权威性体现在技术层面上，为行政领导的决策提供参考和支持，最终的行政决策权仍属于行政领导。根据上述特征，专业技术类职位首先体现为行业特有专业的技术岗位，如公安部门的法医鉴定、痕迹检验、理化检验、影像技术、声纹检验，国家安全部门的特种技术、特种翻译，外交部门的高级翻译，海关的商品归类、原产地管理专家职位，卫生系统的疾病控制专家等职位。其次，还包括一些社会通用性专业的技术岗位，如专门从事工程技术、化验技术工作的职位。需要指出的是，机关工作大多需要一定的专业知识，许多职位还需要一定的专业技术知识，但并不是需要专业技术知识的职位都是专业技术职位，专业技术职位与需要专业技术知识的职位，不是一个概念。

划分和设置专业技术类职位主要是为从事专业技术工作的公务员提供职业发展阶梯，吸引和稳定机关不可缺少的专业技术人才，激励他们立足本职岗位，成为本职工作的专门家。从加入世界贸易组织后提高政府应对国际贸易摩擦的能力看，设置专业技术职位也是势所必需。加入世界贸易组织后，关税壁垒逐步取消，“技术性贸易壁垒”这种非关税措施将成为保护国家经济利益的主要手段。政府中专业技术人才的能力，从一个方面体现了一个国家保护本国经济利益的基本能力。

（2）行政执法类职位。行政执法类职位是指政府部门中直接履行监管、处罚、强制稽查等现场执法职责的职位。与政府机关的综合管理类、专业技术类职位相比，行政执法类职位具有下列特点：一是纯粹的执行性。只有对法律法规的执行权，而无解释权，不具有研究、制定、解释法律、法规、政策的职责，这一点，与综合管理类职位的区别尤为明显。二是现场强制性。依照法律、法规现场直接对具体的管理对象进行监管、处罚、强制和稽查。行政执法类职位主要集中在公安、海关、税务、工商、质检、药监、环保等政府部门，且只存在于这些政府部门中的基层单位。

划分行政执法类职位，有利于为基层执法公务员提供职业发展空间，激励他们安心在基层做好行政执法工作。在我国，基层一线行政执法队伍将近200万，70%左右只有办事员和科员两个职业发展台阶，有人兢兢业业工作一辈子也难以得到晋升。长此以往，必然会影响基层一线执法公务员的积极性。设置行政执法类职位，还有利于加强对一线执法公务员队伍的管理和监督。规范执法岗位职责，严格其任职资格条件，可以更好地规范执法行为，更好地提高一线行政执法队伍的专业化水准，更好地落实执法责任追究制度。

设立行政执法类职位具有现实可行性。一些执法系统比较健全的岗位责任体系与不断成熟的信息化管理手段为设置行政执法类职位提供了基本条件。对行政执法人员特有的管理制度，如持证上岗制度也为对行政执法人员实行专门的管理打下了基础。

（3）综合管理类职位。综合管理类职位则是指机关中除行政执法类职位、专业技术类职位以外的履行综合管理以及机关内部管理等职责的职位。这类职位数量最大，是公务员职位的主体。综合管理类职位具体从事规划、咨询、决策、组织、指挥、协调、监督及机关内部管理工作。

（4）法官、检察官类职位。该类职位分别行使国家的审判权与检察权，具有司法强制性与较强的专业性，与其他类别职位的性质、特点有一定区别。按照法官法、检察官法的规定，法官、检察官在等级、义务、权利、资格条件、任免程序、回避等方面的管理也与其他类别公务员有所区别。考虑到法官法、检察官法对法官、检察官的职务设置已有规定，故公务员法在“职务与级别”一章中没有单独将其列出来。法官法、检察官法与公务员法是特别法与一般法之间的关系。

（5）其他类别职位。以上类别并没有穷尽和终止公务员职位类别的划分。以后根据实践的需要，还可能划分为新的类别。因此，《公务员法》明确规定：“国务院根据本法，对于具有职位特殊性，需要单独管理的，可以增设其他职位类别。”作出这样的授权，是为进一步完善职位分类制度预留制度空间。同时还规定，各职位类别的适用范围由国家另行规定。

二、公务员的职务

（1）领导职务。包括从国家级正职到科级副职的十个领导职务层次。分别为：国家级正职、国家级副职、省部级正职、省部级副职、厅局级正职、厅局级副职、县处级正职、县处级副职、乡科级正职、乡科级副职。

（2）非领导职务。非领导职务序列的职务层次是八个，分别为：巡视员、副巡视员、调研员、副调研员、主任科员、副主任科员、科员、办事员。根据规定，巡视员以下、副主任科员以上六个非领导职务，与厅局级正职以下、乡科级副职以上的六个领导职务层次是一一对应的。

三、公务员的级别

从各国公务员制度看，公务员都是有级别的。一般来说，实行职位分类的国家，主要依据公务员所在职位级别来确定公务员级别。实行品位分类的国家，主要依靠公务员身份、经历、学历、考核结果等因素来确定公务员的级别。中国公务员级别是反映职务、能力、业绩、资历的综合标志，既体现了职位的因素，又考虑了个人的品位因素，是二者的有机结合。

级别与职务一样，可以标识公务员在机关中的位置的高低，是确定公务员待遇的重要依据。职务与级别是公务员职业发展的台阶，职务晋升与级别晋升都是职业发展的标志，同样可以带来公务员待遇的提高。

公务员的职务应该对应相应的级别。在中国，“级别”与“职务”不是彼此取代的关系，也不是完全分离的关系，而是“一职数级，上下交叉”的关系。公务员职务与级别的具体对应关系，主要在工资制度中体现。

公务员的级别根据所任职务及德才表现、工作实绩和资历确定与晋升。这是中国公务员级别确定与晋升的依据。级别的晋升分为两种情况：一是当公务员晋升职务时，原级别没有达到新任职务对应级别的，相应晋升级别。二是不晋升职务，也可以在对应的级别范围内，根据德才表现、工作实绩和资历晋升级别。

第五节　公务员的录用与任免

一、公务员的录用

公务员的录用，是根据法定程序和方法，将符合条件的人员吸收为公务员的制度。录用制度适合于初次进入行政机关，担任主任科员以下非领导职务的公务员。

（一）招考条件

招考条件是指招录机关应当具备的条件，这是录用公务员的前提。机关录用公务员，必须同时符合两个招考条件：一是必须在规定的编制限额内。二是必须有相应的职位空缺。

（二）录用的方法

主要采取公开考试、严格考察的办法，择优录用。

公开考试，是指面向社会，以考试为测评手段，公开选拔人才。公开的内容包括：拟录用公务员的部门、职位及其数量向社会公开；报考的资格条件向社会公开；考试的方法、程序、科目和时间公开；考试的成绩、录用的结果公开，使报考者具有知情权。公务员考试分为笔试和面试。

严格考察，是指对考试合格者以往的情况和表现进行全面考察，并做出评价，主要内容包括：政治思想、道德品质、工作表现、工作实绩、廉洁自律以及需要回避的情况等。公开考试和严格考察是测评人员的两种方式，这两种方式在录用工作中要同时运用，不能只用其一。

实践证明，采取考试和考察相结合的办法选拔录用公务员是比较公平、客观、科学的办法。考试能较客观地反映一个人的知识、分析综合能力、文字水平、理解能力、反应和协调能力等。而且通过竞争性考试择优汰劣，还可以激发和引导青年人不断学习，奋发进取。但考试只能反映报考者当前所具有的知识水平、业务能力等素质情况，很难反映其思想素质、道德品质，也难发现其潜在的能力。将考试作为基础，和考察相结合，就可以弥补这一不足。

（三）录用公务员的程序

录用公务员应当经过以下程序：

（1）发布招考公告。

（2）资格审查。

（3）对资格审查合格者进行考试。

（4）对考试合格者进行考察。

（5）体检。

（6）提出拟录用人员名单，予以公示。

（7）审批、备案。

（8）试用。

二、公务员的任免

（一）任免方式

公务员职务作用方式有三种，即选任、委任和聘任。选任和委任是公务员职务的主要任用方式。

1. 选任制

指通过选举产生的方式来确定作用对象的作用方式。选任制公务员包括下列职务：

（1）中国共产党机关。选举产生的职务有：第一，中央政治局委员、候补委员，中央政治局常务委员会委员和中央委员会总书记；中央纪律检查委员会党委和书记、副书记。第二，地方各级委员会常务委员会委员和书记、副书记；地方各级纪律检查委员会常委和书记副书记。第三，乡镇、街道党委书记、副书记；乡镇、街道纪律检查委员会书记和副书记。

（2）人大机关。选举产生的职务有：第一，全国人大常委会委员长、副委员长、秘书长。第二，县级以上地方各级人大常委会主任、副主任、秘书长。第三，乡镇人大主席、副主席。

（3）行政机关。选举产生的职务有：省长、副省长，自治区主席、副主席，市长、副市长，州长、副州长，县长、副县长，区长、副区长，乡长、副乡长，镇长、副镇长。

（4）审判机关。选举产生的职务是：第一，最高人民法院院长。第二，地方各级人民法院院长。

（5）检察机关。选举产生的职务是：第一，最高人民检察院检察长。第二，地方各级人民检察院检察长。

（6）政协机关。选举产生的职务有：第一，政协全国委员会主席、副主席、秘书长。第二，政协各级地方委员会主席、副主席、秘书长（县级地方委员会根据具体情况也可不设秘书长）。

（7）民主党派机关。选举产生的职务有：中央和地方各级委员会主席（主委）、副主席（副主委）、秘书长。

2. 委任制

指由任免机关在其任免权限范围内，委派公务员担任一定职务或者免去公务员担任的一定职务的任用方式。委任制公务员遇有试用期满考核合格、职务发生变化、不再担任公务员职务以及其他情形需要任免职务的，应当按照管理权限和规定的程序任免其职务。委任制公务员分布在中国共产党机关和人大、行政、政协、审检察、民主党派等机关，其职务任免权相应地由这些机关行使。

3. 聘任制

指以招聘方式确定人选，以合同方式决定其在一定任期内担任行政职务的任用制度。根据公务员法规定，两类职位可以实行聘任制，即专业性较强的职位和辅助性职位。但是涉及国家秘密的这两种职位不实行聘任制。

（二）任免机关

国务院和县级以上地方各级人民政府及其工作部门，按照规定的任免权限和程序任免公务员。公务员中的各级人民政府组成人员的产生和任免，依照国家有关法律规定，由国家权力机关选举或者决定。

（三）任职的情形

主要有以下几种情形：新录用人员试用期满合格的；从其他机关及企业、事业单位调入国家行政机关任职的，转换职位任职的；晋升或者降低职务的；因其他原因职务发生变化的。

（四）免职的情形

主要有以下几种情况：换职位任职的；晋升或者降低职务的；离职学习期限超过一年的；因健康原因不能坚持正常工作一年以上的；退休的；因其他原因职务发生变化的。

（五）兼职

公务员原则上一人一职，确实因为工作需要，经过任免机关批准，可以在国家行

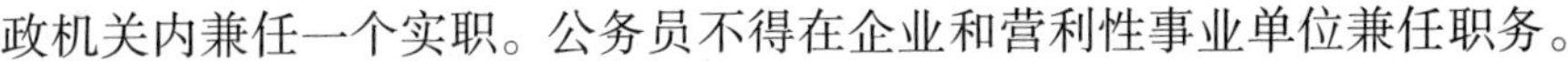

政机关内兼任一个实职。公务员不得在企业和营利性事业单位兼任职务。

（六）任职年龄

公务员担任不同层次领导职务的最高任职年龄，由国家专门作出规定。

第六节　公务员管理制度

公务员担任行政职务期间的管理制度主要有考核、奖励、纪律处分、培训、职务升降、交流、回避等。

一、考核

它是对公务员履行职务情况进行考察核查并且作出评价的活动。考核的作用，是作为对公务员的奖惩、培训、辞退以及调整职务、级别和工资的依据。考核的内容，有德、能、勤、绩四个方面。考核的结果，分为优秀、称职、不称职三个等次。考核结果应当以书面形式通知本人。本人如果对考核结果有异议，可以按照有关规定申请复核。

二、奖励和惩戒

是在考核基础上对工作表现突出，有显著成绩和贡献以及有其他突出事迹的公务员的褒奖和鼓励。奖励的种类，是嘉奖、记三等功、二等功、一等功，授予荣誉称号。惩戒，是指对违反行政纪律尚未构成犯罪，或者虽然构成犯罪但是依法不追究刑事责任的公务员给予的行政处分。行政处分种类有：警告、记过、记大过、降级、撤职、开除。违纪行为情节轻微，经过批评教育后改正的，也可以免于行政处分。

三、纪律处分

是公务员违反纪律应当承担的法律责任，是一种惩戒形式。公务员法第五十五条规定："公务员因违法违纪应当承担纪律责任的，依照本法给予处分；违纪行为情节轻微，经批评教育后改正的，可以免予处分。"

四、培训

培训是开发人的智力和潜能的基本途径。公务员培训作为公务员管理体系的重要环节和重要组成部分，是指机关根据公务员工作职责的要求和提高公务员素质的需要，通过各种形式，有计划、有组织地对公务员进行的，以政治理论、政策法规、业务知识、文化素养和技能训练为主要内容的各种教育和训练活动。公务员培训是一种继续教育，是人才资源开发的重要手段。机关通过培训公务员，不断挖掘公务员的潜能，提高公务员的政治素质、工作能力和工作水平，建设高素质的公务员队伍，提高机关的工作效能。

五、职务升降

它指公务员行政职务的晋升和降低。职务晋升是对公务员的工资档次和行政级别的向上调整。职务晋升的级别跨度，原则上应当按照规定的职务序列逐级晋升。降职是对公务员工资档次和行政级别的向下调整。降职的条件，是在年度考核中被确定为不称职的，或者不胜任现职又不宜转任同级其他职务的公务员。

六、交流

公务员的交流，是指机关根据工作需要或公务员个人愿望，通过调任、转任、挂职锻炼等形式变换公务员的工作职位，从而产生或变更公务员职务关系或工作关系的一种人事管理活动与过程。把这一活动与过程的有关事项以法律的形式确定下来，并保证贯彻执行，就形成公务员的交流制度。

七、回避

公务员回避是指通过对公务员所任职务、执行公务和任职地区等方面作出限制性规定，减少因亲属关系等人为因素对工作的干扰，保证公务员公正廉洁地执行公务的法律制度。包括任职回避、地域回避和公务回避。

八、公务员退出行政职务

公务员退出行政职务的制度主要是退休、辞职和辞退。

1. 退休

退休是因为客观原因或者条件的变化消灭公务员与行政机关之间行政职务关系的制度。所谓客观原因或者条件的变化，是指公务员男性年满 60 周岁，女性年满 55 周岁，或者丧失工作能力。公务员退休后从国家获得的待遇，是享受国家规定提供的养老保险金和其他待遇。

2. 辞职

辞职是公务员自愿申请并经任免机关批准，消灭公务员与行政机关之间行政职务关系的制度。辞职的程序是，首先向任免机关提出书面申请，任免机关在三个月内予以审批。审批期间，申请人不得擅自离职。擅自离职的，给予开除处分。国家规定不得辞职的职位或者期间，公务员不得辞职。

3. 辞退

辞退是国家行政机关单方面解除公务员与行政机关之间行政职务关系的制度，以使不宜继续担任行政职务的公务员退出行政职务。辞退的后果，是被辞退的公务员不再保留公务员的身份，但是可以根据国家有关规定享受待业保险。

九、对公务员的保障

对公务员的保障制度，分为物质保障和权益保障。

物质保障包括工资和保险福利两方面。权益保障是国家有义务保障公务员申诉权和控告权的依法实现。国家行政机关对公务员处理错误的，应当及时予以纠正；造成名誉损害的，应当负责恢复名誉、消除影响、赔礼道歉，造成经济损失的，应当负赔偿责任。

第七节 法律责任

一、公务员法律责任的特征

公务员的法律责任是指相关主体违反公务员法规定的规则、义务或纪律时，必须承担的不利后果。公务员的法律责任除了一般法律责任的特征外，还具有以下两点：

（1）承担公务员法律责任的相关主体主要是实施公务员制度的机关及其领导人员以及从事公务员管理工作的公务员。在某些特定情况下，一般公务员和公民也可以成为公务员法律责任的主体，例如在竞争上岗、公开选拔和录用考试中扰乱考场纪律等。

（2）它是一种违反公务员法相关规定的行为，而不是违反其他法律法规规定的行为。必须依照公务员法以及其他相关法律法规的规定承担不利性的法律后果。

二、法律责任的内容

（一）违反公务员法的主要情形

（1）不按编制限额、职数或者任职资格条件进行公务员录用、调任、转任、聘任和晋升；

（2）不按规定条件进行公务员奖惩、回避和办理退休；

（3）不按规定程序进行公务员录用、调任、转任、聘任、晋升、竞争上岗、公开选拔以及考核、奖惩；

（4）违反国家规定，更改公务员工资、福利、保险待遇标准；

（5）在录用、竞争上岗、公开选拔中发生泄露试题、违反考场纪律以及其他严重影响公开、公正的现象；

（6）不按规定受理和处理公务员申诉、控告；

（7）公务员辞去公职或者退休后，违反公务员法规定的从业限制；

（8）违反公务员法规定的其他情形。

（二）公务员法律责任主体

根据公务员法的规定，公务员法律责任主体包括以下几种：

（1）机关。包括县级以上领导机关、公务员主管部门、作为用人单位的机关，以及其他主管部门。

（2）公务员。公务员不履行公务员法规定的义务，不遵守公务员纪律和有关规定，滥用职权和违反职责的行为，必须承担相应法律责任。

（3）其他单位和个人。按照公务员法的规定，已退休、辞职等离职的公务员必须继续遵守公务员法关于退休或辞职后的有关规定的义务，包括保守秘密、遵纪守法、从业限制等。此外，其他的有关单位和个人，包括违规接收离职公务员的单位、参加公务员考试有违法行为的个人等，他们也被称为法律责任的相对主体或义务主体。

（三）违反公务员法应当承担的法律责任的形式

公务员法从一般的法律责任规范出发，结合公务员管理的特点，规定违反公务员法承担法律责任的形式包括行政责任和刑事责任。

1. 行政责任

（1）处分。对有违反公务员法规定情形的，由县级以上领导机关或者公务员主管部门按照管理权限，区别不同情况，分别予以责令纠正或者宣布无效；对负有责任的领导人员和直接责任人员，根据情节轻重，给予批评教育或者处分。对滥用职权、玩忽职守、徇私舞弊，构成犯罪的，依法追究刑事责任；尚不构成犯罪的，给予处分。”

（2）行政处罚。《公务员法》第一百零二条规定，“公务员辞去公职或退休的，原系领导成员的公务员在离职三年内，其他公务员在离职二年内，不得到与原工作业务直接相关的企业或者其他营利性组织任职，不得从事与原工作业务直接相关的营利活动。公务员辞去公职或者退休后有违反前款规定行为的，由其原所在机关的同级公务员主管部门责令限期改正；逾期不改正的，由县级以上工商行政管理部门没收该人员从业期间的违法所得，责令接收单位将该人员予以清退，并根据情节轻重，对接收单位处以被处罚人员违法所得一倍以上五倍以下的罚款。”

（3）其他行政责任。机关因错误的具体人事处理对公务员造成名誉损害的，应当赔礼道歉、恢复名誉、消除影响；造成经济损失的，应当依法给予赔偿。

2. 刑事责任

《公务员法》第一百零一条规定，对有违反公务员法规定情形，情节严重，已构成犯罪的，应当依据刑法追究负有责任的领导人员和直接责任人员的刑事责任。《公务员法》第一百零四条规定：“公务员主管部门的工作人员，违反本法规定，滥用职权、玩忽职守、徇私舞弊，构成犯罪的，依法追究刑事责任；尚不构成犯罪的，给予处分。”

《刑法》的有关规定包括《刑法》第二百五十四条、第三百九十七条和第四百一十八条。《刑法》第二百五十四条规定：“国家机关工作人员滥用职权、假公济私，对控告人、申诉人、批评人、举报人实行报复陷害的，处二年以下有期徒刑或者拘役；情节严重的，处二年以上七年以下有期徒刑。”《刑法》第三百九十七条第一款规定：“国家机关工作人员滥用职权或者玩忽职守，致使公共财产、国家和人民利益遭受重大损失的，处三年以下有期徒刑或者拘役；情节特别严重的，处三年以上七年以下有期徒刑。本法另有规定的，依照规定。”《刑法》第四百一十八条：“国家机关工作人员在招收公务员、学生工作中徇私舞弊，情节严重的，处三年以下有期徒刑或者拘役。”